PROCÈS

DU

PRINCE WORONZOW

CONTRE LE PRINCE

PIERRE DOLGOROUKOW

ET LE

COURRIER DU DIMANCHE

TRIBUNAL CIVIL DE LA SEINE, PREMIÈRE INSTANCE
Président : M. BENOIT-CHAMPY
Procureur Impérial : M. S. DUMAS
1861-1862. — PARIS.

PARIS

LIBRAIRIE DE POULET-MALASSIS

97, RUE RICHELIEU, 97
—
1862

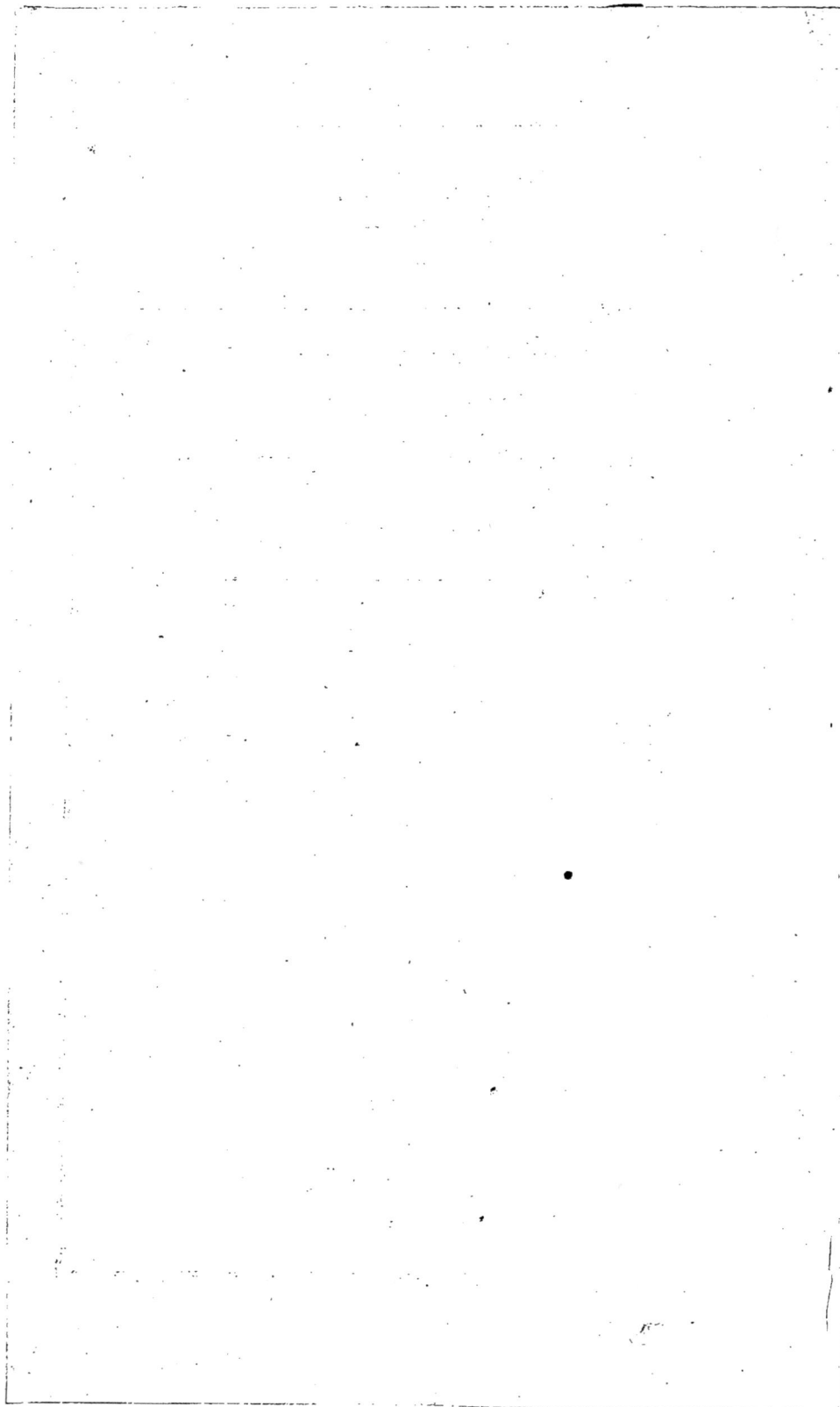

PROCÈS

DU

PRINCE WORONZOW

CONTRE LE PRINCE

PIERRE DOLGOROUKOW

ET LE

COURRIER DU DIMANCHE

PARIS. — IMP. POUPART-DAVYL ET COMP.

30, RUE DU BAC, 30.

PROCÈS

DU

PRINCE WORONZOW

CONTRE LE PRINCE

PIERRE DOLGOROUKOW

ET LE

COURRIER DU DIMANCHE

TRIBUNAL CIVIL DE LA SEINE, PREMIÈRE INSTANCE

Président : **M. BENOIT-CHAMPY**

Procureur Impérial : M. S. DUMAS

1861-1862. — PARIS.

PARIS

LIBRAIRIE DE POULET-MALASSIS

97, RUE RICHELIEU, 97

—

1862

8° Z Le femme 10.638

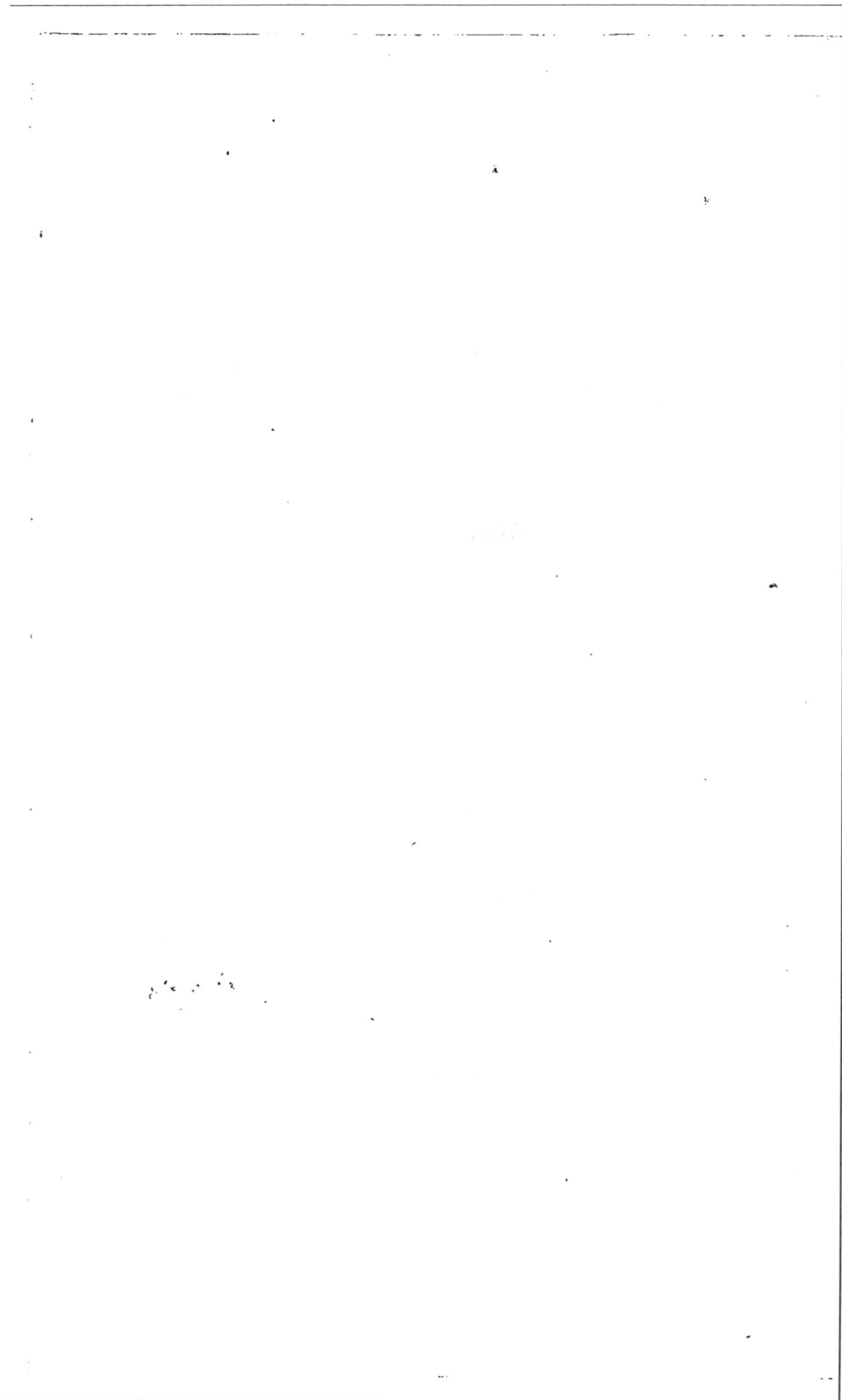

AVANT-PROPOS

Le maréchal prince Woronzow a consacré au service de sa patrie sa longue et glorieuse existence, et ses richesses au soulagement de bien des infortunes. En Russie, son nom seul l'eût défendu contre la calomnie, et un jury composé indistinctement *de toutes les personnes honorables* de l'Empire n'eût pas hésité un moment à laver sa pure mémoire des souillures qu'aurait voulu jeter sur elle la plume d'un écrivain peu scrupuleux.

Son fils a volontairement renoncé à ces avantages, il n'a point hésité à recourir aux tribunaux d'un pays étranger, tant était grande sa foi dans la lumière et l'impartialité d'une magistrature que l'Europe peut envier à la France ; car, à travers les siècles et au milieu des révolutions, elle a su conserver intacte sa glorieuse renommée d'intégrité et d'indépendance.

Le débat que le prince Simon Woronzow est venu soumettre à la première chambre du tribunal de la Seine est de nature, d'ailleurs, à intéresser vivement la haute société européenne, par son objet même, et surtout par le nom et la condition sociale des parties en cause. Il soulève, en effet, un de ces problèmes délicats qui touchent à l'honneur, c'est-à-dire à la vie morale des familles, et dont l'importance et les difficultés grandissent avec le rang de ceux qui y sont engagés.

Quelques réflexions préliminaires en faciliteront l'intelligence à nos lecteurs.

Un livre a paru en France pendant l'hiver de 1860, sous ce titre : LA VÉRITÉ SUR LA RUSSIE, *par le prince Pierre Dolgoroukow.*

Le *Courrier du Dimanche* a rendu compte de ce livre dans son numéro du 29 avril 1860, sous la signature A.-V. Michenski.

Dans cet article on lisait: « Il y a quelque temps, nous « étions sur le point d'analyser un ouvrage qui, de « prime abord, nous offrait un grand attrait. Il s'agis- « sait de la biographie généalogique des familles aris- « tocratiques d'un pays étranger, lorsqu'on nous mit

« sous les yeux une lettre que l'auteur de cet ouvrage
« avait adressée à un des hauts personnages dont la gé-
« néalogie devait figurer dans ledit recueil biographi-
« que. Cette lettre était une invitation catégorique de
« remettre une somme de 50,000 roubles au signataire,
« qui, moyennant cette taxe, s'engageait à annuler les
« documents qu'il disait avoir en sa possession, et qui
« rendaient contestables, selon lui, l'origine et la
« descendance directe du personnage auquel il s'adres-
« sait. Le noble prince, indigné, voyant, comme nous
« le disons en France, un honteux chantage dans une
« semblable proposition, fit autographier l'épître au-
« dacieuse de l'auteur, et en expédia la copie à des
« milliers de lecteurs. »

Quoiqu'il ne fût ni nommé ni désigné, le prince
Dolgoroukow se reconnut dans cette anecdote, et une
lettre en réponse, signée de lui, parut dans le *Courrier
du Dimanche* du 6 mai 1860. Là, prenant l'offensive,
il prétend que l'article de M. Michenski contient une
assertion attentatoire à son honneur, assertion qui
prend sa source dans la calomnie la plus infâme et
dans le *faux* le plus audacieux qui aient pu être commis, même en Russie. Puis, partant de là, il raconte

ses relations avec le feu maréchal prince Michel Woronzow, à l'occasion du volume de son livre généalogique, dans lequel devaient avoir leur place les anciens
boyards Woronzow dont le maréchal prétendait descendre. S'il faut l'en croire, après avoir vainement attendu des documents promis par le maréchal, il lui aurait écrit par déférence et par politesse, afin *de lui exprimer le regret de n'être point à même de satisfaire à son
désir, n'ayant point eu l'occasion de voir les documents
historiques dont il lui avait parlé.* « L'on peut juger,
« ajoutait-il, de ma stupéfaction et de mon indigna-
« tion en recevant du maréchal une lettre où il me
« faisait l'injure de m'écrire comme si, dans la lettre
« que je lui avais adressée, il avait trouvé un billet
« d'une écriture différente de la mienne, où on lui
« proposait de m'envoyer 50,000 roubles. Indigné, je
« répondis au maréchal une lettre peu polie où j'exi-
« geais que l'original du billet en question fût produit.
« Mon projet était de provoquer une enquête judi-
« ciaire, et ne pouvant croire qu'un vieux guerrier
« pût manquer à ce devoir de loyauté, j'attendis en
» vain une réponse pendant plusieurs semaines. »

Racontant ensuite une démarche par lui faite, dit-il,

auprès du ministre de la police russe, le prince Basile Dolgoroukow, dans le but d'obtenir une enquête, enquête impossible, objecte le ministre, dans une affaire où se trouvait impliqué un chevalier de Saint-André, un maréchal, l'auteur de la lettre au *Courrier du Dimanche* ajoute : « Je lui demandai s'il existait pour « les maréchaux et les chevaliers de Saint-André un « privilége d'impunité pour des actes qui, chez les sim- « ples particuliers, constitue un crime de faux. » Et « l'article se terminait ainsi : « En Russie, quand on a « affaire à un homme puissant en cour, il n'y a plus ni « justice ni équité. Voilà un *faux* évident qui vient d'être « commis, et le ministre de la police, un homme per- « sonnellement intègre, mais imbu des funestes tradi- « tions du despotisme asiatique, se refuse à toute en- « quête par la raison qu'un chevalier de Saint-André, « un maréchal, y serait impliqué ! L'on se croit au « fin fond de l'Asie. »

Le maréchal prince Michel Woronzow est mort le 18 novembre 1856 ; son fils, Simon Woronzow, héritier de son nom, a vu dans la lettre du prince Dolgoroukow, publiée par le *Courrier du Dimanche*, et dans les passages notamment que nous venons de reproduire, des imputations offensantes pour la mémoire de son père et pour l'honneur de son nom. Il a assigné devant le tribunal de la Seine l'auteur de la lettre et le journal qui l'avait accueillie, et il a dit au prince Pierre Dolgoroukow : « Ce billet que vous im- « putez comme faux au maréchal mon père, c'est vous « qui en êtes l'auteur. Il est parvenu au maréchal le 25 « juin 1836 (il était à Wilbad), en même temps qu'une « lettre signée de vous, sous une enveloppe cachetée « et scellée de vos armes. Cette lettre, il l'a reçue, « ouverte et lue, comme le billet anonyme qui s'y « trouvait joint, en présence de témoins que j'offre « de faire entendre, si le fait est dénié ou paraît dou- « teux. D'ailleurs, la comparaison de l'écriture du bil- « let anonyme à vos lettres signées, et que vous ne mé- « connaissez pas, démontre l'identité de leur origine. « Je demande à la justice de déclarer que le billet ano- « nyme émane de vous et qu'il est écrit de votre main ; « et à titre de réparation de votre calomnie contre « mon père, je demande l'insertion du jugement dans « six journaux, à mon choix, en France, en Angle- « terre et en Russie, et des dommages-intérêts dont « je laisse au tribunal le soin de fixer le chiffre. » Mais, comme le disait le défenseur du prince Simon Woronzow, M⁽ᶜ⁾ Mathieu, si des dommages-intérêts étaient demandés, ce n'était pas en vue de l'argent qu'ils pouvaient représenter, mais à titre de sanction. « *L'honneur du maréchal Woronzow ne s'estime pas au* « *poids de l'or.* »

De son côté, le prince Pierre Dolgoroukow, pris ainsi à partie, accusé d'une basse et honteuse spéculation, accusé, chose plus grave encore peut-être ! d'avoir reporté, pour s'en défendre, l'accusation sur un innocent, a cru devoir attaquer à son tour pour se disculper de l'imputation si nettement dirigée contre lui.

Sans prétendre, comme il l'avait fait dans sa lettre au *Courrier du Dimanche*, que le maréchal Woronzow fût directement ou indirectement l'auteur du billet anonyme, il a soutenu qu'il était l'œuvre de passions ennemies déchaînées contre lui à l'occasion de ses publications récentes ou anciennes sur la Russie. « Je suis incapable, dit-il, de l'indigne spéculation que vous osez m'attribuer ; le billet n'est pas de moi, il appartient à une main étrangère, vénale ou ennemie ; en persistant à m'en imputer la paternité, vous vous rendez coupable envers moi d'une abominable diffamation ; je demande à mon tour, à titre de réparation, 50,000 francs de dommages-intérêts. »

Telle était la double question... nous nous trompons, l'unique question soumise à la première chambre du tribunal ; unique, en effet, car si le prince Pierre Dolgoroukow est l'auteur du billet anonyme, non-seulement il a fait descendre l'honneur du nom qu'il tient de ses ancêtres et sa conscience d'écrivain au niveau des plus misérables pratiques de l'industrialisme littéraire, mais il a sciemment diffamé et calomnié la mémoire du maréchal Woronzow.

Nous laissons maintenant la parole aux avocats des parties et à la justice qui a prononcé.

PLAIDOIRIE DE Mᵉ MATHIEU

DÉFENSEUR DU PRINCE WORONZOW

MESSIEURS,

D'illustres familles sont venues, dans ces derniers temps, s'adresser à votre justice et demander protection, je ne veux pas dire vengeance, — c'est un mot que vous ne me permettriez pas, — contre des attaques dont avaient été l'objet des mémoires vénérées, consacrées par le respect et l'admiration publics. Ces débats, à l'un desquels mon contradicteur d'aujourd'hui a pris une si grande part, que le tribunal n'a pas oubliée, offraient à résoudre des problèmes qui semblaient délicats et difficiles. En effet, les noms illustres auxquels je fais allusion étaient mêlés aux plus grands événements de notre siècle ; à ce titre, ils appartenaient à

l'histoire, l'histoire devait les revendiquer et les reven-
diquait en effet. De sorte que, si, d'un côté, la piété
des familles, le sentiment de leur considération, liée à
celle de leurs auteurs, et la légitime susceptibilité de
leur honneur offensé, sollicitaient à la fois vos esprits et
vos cœurs, de l'autre côté de la balance se présentaient
les droits, les immunités, les nécessités même de l'histoire contemporaine. Votre sagesse a su triompher de
ces difficultés, et grâce à vos décisions et à des arrêts
dont j'ai à peine besoin d'évoquer devant vous le souvenir, aujourd'hui il est certain en France que la mémoire des morts est défendue contre la diffamation, au
même titre que l'honneur et la considération des vi-
vants. Grâces, messieurs, en soient rendues à la sagesse
de vos décrets.

Toutefois, le débat dont vous êtes en ce moment saisis, et sur lequel je viens appeler votre bienveillante attention, s'il réveille les souvenirs que je viens d'évoquer, ne pose pas devant vous les problèmes qui s'y
sont rattachés. Si je viens au nom d'un fils, du prince
Simon Woronzow, vous demander justice d'attaques
dirigées contre une mémoire illustre, une mémoire
chère et sacrée pour lui, l'histoire est complétement désintéressée dans la lutte ; car les faits sur lesquels repose
la contestation dont vous êtes saisis appartiennent exclu-
sivement à la vie privée. Aussi, sur le terrain des principes,—j'en ai, quant à moi, la conviction,—je ne rencontrerai pas, de la part de mon éminent adversaire, l'ombre,

l'apparence d'une contradiction. C'est un motif, quand il n'y en aurait pas de meilleur, pour que j'abandonne ces considérations, dans lesquelles je courrais risque de m'égarer, et pour que j'entre, sans plus de retard, dans le récit des faits au milieu desquels ce procès a pris naissance.

Ces faits, les voici :

Un homme qui porte un nom illustre aussi, qui, par son origine et sa filiation incontestables, se rattache aux plus anciens, aux plus nobles souvenirs de l'histoire de Russie, un homme qui a quitté son pays dans des conditions, dans des circonstances que j'ignore, et dont, là même où je les connaîtrais, je m'abstiendrais de parler, le prince Dolgoroukow, vivant tour à tour en Angleterre et en France, a publié, dans ces derniers temps, en 1860, un livre intitulé : *la Vérité sur la Russie*. Ce n'est pas ce livre qui est en question devant vous, grâce à Dieu, et de ce livre, heureusement pour moi, heureusement pour lui peut-être, je n'ai absolument rien à dire. Est-ce un pamphlet, est-ce une histoire que *la Vérité sur la Russie?* Le gouvernement de ce pays y est-il calomnié? Ce sont des questions qui n'appartiennent ni directement, ni indirectement, au débat actuel. Je n'en veux dire qu'un mot : c'est que je désire, quant à moi, quoique complétement étranger par ma naissance, et je dirai, messieurs, par mes sympathies, aux questions dont parle l'auteur, je désire de tout mon cœur que ce soit non pas de l'histoire, mais un pamphlet, une calomnie, et non une diffamation. Dans tous les cas, il faut reconnaître une chose : si c'est une diffamation, elle ne pouvait venir à la Russie que de l'un de ses enfants ; car, à supposer que les faits déroulés dans ce livre soient vrais, seul un homme ayant vécu au cœur de ce pays pouvait en livrer au public les scandales, les indignités, les turpitudes. Voilà des mots bien violents, mais il n'en est pas un qui le soit assez quand on a lu ce livre, où l'auteur livre à l'indignation, au dégoût publics, toutes ces choses qu'il se croit en droit d'affirmer. Du livre je n'ai à dire que cela ; il n'est pas en cause dans le procès. On essaiera de l'y rattacher ; si mon adversaire entre dans cet ordre de considérations, je verrai ce qu'il convient à la cause que je défends d'y répondre. Pour moi, je n'attaque pas le livre, je n'attaque pas l'auteur, je n'ai mission directe ou indirecte de le faire ; je plaide au nom du prince Simon Woronzow ; je défends la mémoire de son père, rien de plus, et j'entends renfermer le débat dans cette thèse, la seule qui puisse vous être soumise.

Ce livre fut donc publié en 1860. Il devint, à la date du 29 avril 1860, dans un journal appelé le *Courrier du Dimanche*, l'objet d'observations critiques. Un article y parut, signé d'un nom que je vous révèle tout d'abord : M. A. de Michenski. Cet article, qui est le point de départ des calomnies dont nous demandons réparation à votre justice, il est important de le placer immédiatement sous vos yeux, sans commentaires. Le voici :

LA VÉRITÉ SUR LA RUSSIE

PAR UN RUSSE

Au bas de la colonne on lit : *La Vérité sur la Russie*, par le prince Pierre Dolgoroukow, chez A. Franck, libraire, — Paris, 1860.

« Qui ne se rappelle la tempête soulevée dans les salons de toutes les capitales de l'Europe, aussi bien que dans la presse périodique de tous les pays, à l'apparition de l'ouvrage de M. le marquis de Custine sur la Russie? Les outrages les plus cruels ne furent point alors épargnés au noble auteur ; on l'accusa même d'avoir abusé de l'hospitalité pompeuse que lui accordèrent le tzar Nicolas Ier et l'aristocratie de la métropole du Nord. Qui ne se rappelle que notre célèbre Balzac, s'étant rendu quelque temps après à Saint-Pétersbourg, trouva les portes des palais russes fermées, et qu'à son retour parmi nous l'illustre romancier déclara avoir reçu de la noblesse moscovite le soufflet qu'elle destinait à M. le marquis de Custine?

« Or, nous avons en ce moment sous les yeux un ouvrage bien autrement curieux que celui du marquis de Custine, — c'est *la Vérité sur la Russie*, par le prince Pierre Dolgoroukow, un boyard moscovite et descendant de Jacob Dolgoroukow, le patriote populaire. »

Puis viennent deux paragraphes sur lesquels j'appelle plus particulièrement votre attention :

« Chaque fois qu'apparaissent des ouvrages de hautes révélations, qui frisent de près la délation très-caractérisée et visent au scandale patent, la tâche du bibliographe devient on ne peut plus difficile. En effet, malgré l'extrême curiosité de pareils écrits, on se voit forcé de se tenir sur la réserve, de crainte de servir d'instrument aveugle aux rancunes et aux mauvaises passions d'un auteur bilieux. De plus, un bibliographe privé des éléments indispensables à un contrôle sérieux court le risque de se rendre complice de l'auteur, en propageant à son insu des faits faux ou erronés.

« Il y a quelque temps, nous étions sur le point d'analyser un ouvrage qui, de prime abord, nous offrait un grand attrait; il s'agissait de la biographie généalogique des familles aristocratiques d'un pays étranger, — lorsqu'on nous mit sous les yeux une lettre que l'auteur de cet ouvrage avait adressée à un des hauts personnages dont la généalogie devait figurer dans ledit recueil biographique.

« Cette lettre était une invitation catégorique de remettre une somme de 50,000 roubles au signataire, qui, moyennant cette taxe, s'engageait à annuler les documents qu'il disait avoir en sa possession et qui rendaient contestables, selon lui, l'origine et la descendance directe du personnage auquel il s'adressait. Le noble prince, indigné, voyant, comme nous le disons en

France, un honteux chantage dans une semblable proposition, fit autographier l'épître audacieuse de l'auteur, et en expédia la copie à des milliers de lecteurs.
Ce fut une de ces copies qui, en nous édifiant sur la
moralité de l'écrivain, nous fit renoncer au compte rendu
d'un ouvrage réduit désormais à nos yeux aux proportions d'un infâme libelle. »

Voilà, messieurs, vous le remarquerez, une anecdote
étrangère à l'analyse, à la critique du livre ; c'est une
entrée en matière, une sorte de prologue. On y parle
d'un auteur de généalogies, on ne le nomme pas, on ne
le désigne pas même. Rien n'indique la nationalité à laquelle il peut appartenir, si ce n'est ce mot de *roubles*,
essentiellement russe. Quant au prince Dolgoroukow,
quant à sa situation personnelle, rien qui puisse les rattacher par un lien saisissable à l'auteur de ces biographies auxquelles fait allusion M. Michenski ; pas un
mot, pas un trait. Il y a mieux : il semble que l'auteur
de l'article prenne à tâche de prévenir toute interprétation, toute insinuation, et qu'il veuille à l'avance désintéresser de toute imputation, même indirecte, dans
le scandale qu'il révèle, l'auteur du livre qu'il va analyser, *la Vérité sur la Russie*. Et, en effet, dans le paragraphe qui suit immédiament et forme la transition
entre l'anecdote et la critique, il avertit le lecteur que
de pareilles choses n'étaient pas à craindre de la part de
l'auteur de *la Vérité sur la Russie*. Est-ce une de ces
précautions perfides qui dissimulent mal la passion, la

malveillance et la haine ? Vous en jugerez au ton de la critique, qui, si elle n'est pas celle d'un ami et d'un approbateur, n'est pas non plus celle d'un ennemi. Voici d'abord la transition :

« Ce n'est pas sans doute avec les mêmes sentiments d'appréhension que nous abordons l'examen de *la Vérité sur la Russie.* »

Ainsi, nulle affinité entre l'auteur des biographies et celui du livre que l'on va juger. Voyons maintenant la critique :

« Disons d'abord que cet ouvrage du prince Pierre Dolgoroukow est appelé à un succès exceptionnel ; et, pour notre compte, nous ne serions nullement étonnés d'apprendre un jour qu'il a atteint sa dixième, voir sa vingtième édition. Ces quatre cents pages grand in-8°, remplies des révélations les plus curieuses, des données les plus extraordinaires, des faits les plus inattendus, constituent un véritable acte d'accusation lancé par le prince Pierre Dolgoroukow contre sa patrie !

« Que de fois n'a-t-on pas exprimé la crainte de voir l'Europe envahie par la Russie, et amenée par le régime du knout sous l'autocratie moscovite ! Cette Russie est-elle donc à craindre ? Demandez-le au prince russe ; — à l'entendre, « la Russie est en pleine décomposition « sociale, — l'autocratie elle-même n'y existe plus qu'à « titre de simple tradition ; la Russie est vouée, à cette « heure, à la plus ignominieuse de toutes les anar- « chies !... » C'est un Russe, bien plus, c'est un prince russe, un enfant terrible de la littérature moscovite, qui l'affirme péremptoirement et l'établit d'une manière claire, nette et précise.

« *La Vérité sur la Russie* semble avoir mission de tranquilliser les âmes timorées de l'Occident, qui ont longtemps redouté pour le monde civilisé l'invasion moscovite.

« Sans passer en revue tous les ouvrages qui ont été écrits sur la Russie, depuis Voltaire jusqu'à nos jours, nous ne craignons pas d'affirmer qu'aucun écrivain ne nous l'a encore présentée sous un aspect aussi repoussant, disons même aussi dégradant, et cependant l'auteur ne saurait être assurément taxé de partialité ou d'ignorance! Il faut avoir renoncé à tout jamais à l'espérance de revoir sa patrie pour commettre de pareils écrits. Quoi qu'il en soit, ne possédant point, en semblable matière, la compétence du prince Pierre Dolgoroukow, nous devons avouer l'impuissance absolue où nous sommes de contester ses affirmations, d'autant plus qu'il n'est pas à notre connaissance qu'un écrivain ait jamais dressé contre son propre pays un réquisitoire aussi implacable sans preuve probantes à l'appui. Nous devrons donc, jusqu'à nouvel ordre, accorder, sinon toute notre confiance, au moins notre attention la plus scrupuleuse au livre du prince Pierre Dolgoroukow, et considérer le noble écrivain comme un juge compétent et surtout désintéresré dans le procès qu'il intente à l'empire du tzars.

« Comment ne pas être saisi par cette assertion réitérée et logiquement déduite dans son in-8°, que « la « Russie n'est plus, à cette heure, une puissance de « premier ordre, mais qu'elle est descendue au niveau « des puissances du deuxième rang. »

« Devons-nous traiter de fables les mille et une révélations terribles qu'il porte à la connaissance du public, en déroulant à ses yeux les erreurs et les délits, les fautes et les crimes commis en plein jour et au su de leur souverain, par les hauts dignitaires de l'empire russe, alors que les noms, les titres et les qualités des coupables se trouvent articulés sans hésitation par un de leurs compatriotes ?

« La justice, la magistrature, l'administration civile et la bureaucratie, l'administration militaire, l'armée, la noblesse, la bourgeoisie, la classe des serfs, les finances, la police politique, le clergé, la presse, tous les éléments enfin qui constituent un pays sont exposés par le prince Pierre Dolgoroukow sous des couleurs aussi sombres qu'abjectes.

« La Russie, suivant le prince Dolgoroukow, est menacée d'un cataclysme imminent et d'autant plus épouvantable, que les remèdes qu'il propose lui-même seraient, en dépit ou à cause de leur empirisme, incapables de l'en préserver.

« En effet, en prenant à la lettre son assertion, qu'en Russie du haut en bas on vole, et que de bas en haut on trompe, le tzar ne saurait jamais trouver de serviteurs intègres, probes ni intelligents, pour le seconder consciencieusement dans l'œuvre de régénération de son pays qu'il entreprend en vain.

« La constitution que le prince Dolgoroukow réclame, à cors et à cris pour la Russie, comme l'unique sauvegarde de la patrie, ne saurait, du moins pour l'instant, être pour l'empire du Nord, aussi efficace que sont des chartes analogues pour les pays qui en jouissent. Toute constitution, pour ne pas être une lettre morte, nécessite non-seulement l'assentiment de toutes les classes de la population à ce pacte entre les gouvernements et les gouvernés, mais encore une garantie réciproque des uns et des autres, qu'elle sera religieusement respectée : de là, la nécessité des chambres représentatives. Or, de quels éléments, nous le demandons, pourrait se composer une assemblée représentative en Russie, s'il est vrai, ainsi que l'affirme l'auteur, « qu'on n'y trouve en haut que des voleurs et en bas que des coquins? » Les trouverait-on dans la bourgeoisie, dans le clergé, dans le peuple? demandera peut-être le lecteur curieux. Que ce dernier nous permette, pour toute réponse, de le renvoyer à *la Vérité sur la Russie*; il puisera dans cet étrange document la conviction qu'à moins d'avoir indignement calomnié sa patrie, le prince Pierre Dolgoroukow a eu l'insigne courage de prouver, d'une manière irréfutable, que la Russie court à pas précipités vers une abîme, duquel le Dieu de la Russie en personne, le Rouski

Bogh de Poléjaéw, serait incapable de la préserver. »

Tel est l'article.

Qu'est-ce que M. Michenski ? Je l'ignore. Est-ce un
correspondant habituel du *Courrier du Dimanche?* Le
Courrier du Dimanche ne cache pas ses rédacteurs ; il
vous l'apprendra sans doute. Pour moi, jusqu'à preuve
contraire, M. Michenski n'est pas un mythe, un rêve ;
c'est une individualité de chair et d'os dont, encore une
fois, le *Courrier du Dimanche* dira la situation véritable.
Mais ce que je remarque, c'est que cet article, sans
parler du paragraphe sur lequel j'ai appelé l'attention du
tribunal, n'est pas un article hostile au prince Dolgoroukow, hostile même à son livre. Il semble que l'auteur soit, comme son nom l'indique, un Polonais, moins
hostile peut-être à la Russie qu'on ne pourrait l'attendre
de ses ressentiments patriotiques, mais qui ne se constitue pas non plus son champion. Il semble, en le lisant,
entendre le rapporteur un peu intéressé d'un procès
plein de révélations cruelles, et dont il se plaît à extraire
les traits les plus saillants. Voilà les réflexions que provoque la lecture de l'article de M. Michenski.

J'ai dû le mettre sous vos yeux *in extenso* pour que
vous en appréciiez le véritable caractère. Mais, encore
une fois, le livre n'est pas en cause, et tout ce que je veux
dire, c'est que, dans l'analyse, je ne puis dire la critique
de son livre, le prince Dolgorouki n'était ni désigné ni

nommé par des allusions personnellement injurieuses.

Qu'arrive-t-il, messieurs, cependant? Quelques jours s'écoulent ; quelques jours, je me trompe : l'article paraît le 29 avril ; le 1er mai, le prince Dolgoroukow prend la plume, et écrit une lettre que vous allez lire, et l'adresse immédiatement au *Courrier du Dimanche*. Celui-ci la reçoit et l'imprime sans hésitation aucune, sans se préoccuper des noms, étrangers à l'article de M. Michenski, qui y sont écrits à chaque ligne, sans se préoccuper du caractère de cette lettre, des allusions, des insinuations, je me trompe, des affirmations qui s'y dressent contre eux. Chose étrange ! il reconnaît qu'il pourrait, qu'il devrait peut-être refuser à la lettre du prince Dolgoroukow l'hospitalité de ses colonnes ; il n'est pas nommé, il n'est pas désigné dans l'article ; il ne peut y trouver le principe du droit de réponse ; le *Courrier* reconnaît tout cela, et pourtant, avec une complaisance et un aveuglement qui me surprennent étrangement, il donne à cette lettre, je répète mon expression, l'hospitalité de son prochain numéro, du numéro du 6 mai 1860. Cet article du *Courrier* et la lettre du prince Dolgoroukow sont la cause véritable du procès, et j'aurais dû peut-être me borner à les lire, mais j'ai pensé qu'il était impossible de les placer sous vos yeux sans les faire précéder de l'article de M. Michenski. Voici d'abord l'article du *Courrier* signé du secrétaire de la rédaction :

« Le prince Dolgoroukow adresse à notre directeur une longue lettre, non pas en réponse à l'article que nous avons publié sur son intéressant livre : *la Vérité sur la Russie*, mais à propos d'une anecdote qui s'y trouvait racontée. Bien que notre correspondant, M. Michenski, n'eût nommé ni le pays où le fait se serait passé, ni la personne qui aurait demandé une somme de 50,000 roubles, ni celle qui aurait eu à repousser une semblable proposition, et que, par conséquent, il eût couvert du plus inviolable anonyme cette anecdote ; bien enfin que notre correspondant eût pris le minutieux soin de dire, après avoir raconté l'incident : « *Ce n'est* « *pas sans doute avec le même sentiment d'appréhen-* « *sion que nous abordons l'examen de la Vérité sur la* « *Russie,* » nous ne refusons pas la rectification que réclame de notre loyauté le prince Dolgoroukow, et nous insérons sa lettre. Encore une fois, nous aurions pu lui refuser cette publication. Nous avons établi hautement une distinction absolue entre l'auteur qu'on avait accusé d'avoir demandé 50,000 roubles, et dont nous n'aurions jamais consenti à nous occuper, et le prince Dolgoroukow, que le *Courrier du Dimanche* s'est fait un plaisir de discuter, à propos de son ouvrage : *la Vérité sur la Russie.*

« Mais puisque le prince Dolgoroukow reconnaît dans l'anecdote de notre correspondant une calomnie qu'on avait cherché à propager contre lui, nous sommes sincèrement heureux de lui avoir offert l'occasion d'en faire une aussi bonne justice. »

Voilà, messieurs, l'article du *Courrier;* nous verrons

plus tard quelles conséquences il faut en tirer contre lui,
Voici maintenant la lettre du prince Dolgoroukow :

A MONSIEUR LE RÉDACTEUR EN CHEF
DU *Courrier du Dimanche*

Paris, ce 1ᵉʳ mai 1860.

« Monsieur,

« Dans le numéro du 29 avril de votre journal, il y
a un article de M. Michenski au sujet de mon livre :
la Vérité sur la Russie. Je n'entends nullement entamer
une polémique avec M. Michenski sur son appréciation
de mon ouvrage; je me bornerai à faire remarquer qu'il
semble prendre plaisir à dénaturer mes intentions, en
reportant sur la nation russe, aux admirables qualités
de laquelle je rends toute justice, et dont je m'honore
de faire partie, le blâme sévère, mais mérité, infligé à
l'administration russe.

« Mais l'article de M. Michenski contient en plus
une assertion attentatoire à mon honneur, une assertion qui prend sa source dans la calomnie la plus infâme
et dans le faux le plus audacieux qui ait jamais pu être
commis, même en Russie, où l'impunité est assurée
aux personnages haut placés et à leur entourage. »

Ainsi, le point de départ et le prétexte de l'anecdote
racontée par M. Michensky n'est pas seulement un
mensonge, c'est un *faux*. Quant au prince Dolgoroukow,
partie principale, témoin et acteur dans les faits aux-

quels l'anecdote se rattache, il va raconter la vérité, il
va offrir au public le récit exact de cette odieuse et ténébreuse affaire :

« Pendant les dernières années de mon séjour en
Russie, j'ai publié, en russe, quatre volumes de généalogies. Ce livre souleva de vives susceptibilités, et me
valut de nombreux ennemis. Parmi les personnages
dont les prétentions généalogiques n'étaient point admissibles se trouvait le maréchal prince Michel Woronzow. Pendant son dernier séjour à Pétersboug, en
1856, il ne cessa de me solliciter de dire dans le quatrième volume, que j'allais faire paraître, que les Woronzow actuels sont issus de l'ancienne maison des
boyards Woronzow (éteinte à la fin du xvie siècle) ; il
affirmait avoir en sa possession les documents à l'appui.
Je savais que son assertion était contraire à la vérité ;
mais les égards dus à ses cheveux blancs d'octogénaire
ne permettaient point une dénégation directe ; je me
bornai à lui répéter chaque fois qu'il m'en parla que je
serais charmé de voir et d'examiner ses documents.
M'étant rendu à la campagne, et comptant, à mon retour à Saint-Pétersbourg, mettre sous presse le quatrième volume, j'ai cru convenable, en souvenir des
politesses dont m'avait comblé le vieux maréchal, de
lui écrire que le volume paraîtrait bientôt, et que je regrettais vivement de n'être point à même de satisfaire
à son désir, n'ayant point eu l'occasion de voir les documents historiques dont il m'avait parlé. C'était un

acte de courtoisie vis-à-vis d'un vieillard qui, plus d'une fois, avait conduit nos troupes à la victoire. »

Je demande la permission de m'arrêter ici. L'article est long, et par ce motif, peut-être, il importe, à chaque paragraphe qui contient une imputation, de bien mettre en saillie, sous vos yeux, les faits allégués et leur réfutation.

Voici donc le récit du prince Dolgoroukow. Il était à Saint-Pétersbourg en 1856 ; il avait publié les trois premiers volume de son ouvrage, le quatrième allait paraître. On le savait sans doute en Russie, le prince Woronzow, comme les autres familles nobles intéressées dans une publication de ce genre. Le prince Dolgoroukow est assailli de sollicitations, et, parmi les plus empressées, sont celles du prince Woronzow. Quel en est le but ? Faire écrire, par le prince Dolgoroukow dans son quatrième volume, une biographie mensongère, contraire à la vérité, qui donnera aux Woronzow actuels une descendance impossible, puisque les anciens boyards auxquels ils prétendent se rattacher ont disparu dans le dernier de leur race au xvie siècle. Le maréchal a des renseignements qui prouvent sa prétention. Le prince Dolgoroukow, quoiqu'il soit convaincu du mensonge de l'assertion du maréchal, témoigne cependant le désir de connaître les documents. On les lui promet, il ne les reçoit pas, et à la veille de publier son dernier volume, il écrit au maréchal, par égard pour ses cheveux blancs d'octogénaire ; il lui demande les documents, il ne les reçoit pas.

Voilà le récit. Eh bien ! je dis que c'est un audacieux mensonge ; je ne dis pas une erreur, — il faut appeler les choses par leur nom, — je dis un mensonge que je prouverai, non par des affirmations intéressées, mais par des documents que mes adversaires ne récuseront pas. Cette preuve, je la ferai. Quant à présent, je passe outre et je poursuis la lecture de l'article :

« L'on peut juger de ma stupéfaction et de mon indignation en recevant du maréchal une lettre où il me faisait l'injure de m'écrire, comme si dans la lettre que je lui avais adressée il avait trouvé un billet d'une écriture différente de la mienne, où on lui proposait de m'envoyer 50,000 roubles. Indigné, je répondis au maréchal par une lettre peu polie, où j'exigeais que l'original du billet en question fût produit. Mon projet était de provoquer une enquête judiciaire, et ne pouvant croire qu'un vieux guerrier pût manquer à ce devoir de loyauté, j'attendis en vain une réponse pendant plusieurs semaines. Dans l'état d'anarchie où se trouvent les tribunaux en Russie, la procédure n'étant chez nous qu'une fusion de l'arbitraire et de la versatilité, je savais bien que toute plainte portée contre un homme puissant à la cour aboutirait infailliblement à une fin de non-recevoir. Il ne me restait qu'à m'adresser à l'équité du gouvernement, et c'est ce que je fis sans aucun succès.

« Je revins à Pétersbourg ; j'allai voir le ministre de
la justice, le prince Basile Dolgoroukow ; je lui montrai
la lettre du maréchal, je le priai d'en parler à l'empereur, et je demandai une enquête sévère. Le prince
Basile me répondit que l'on ne pouvait procéder à une
enquête dans une affaire où se trouvait impliqué un chevalier de Saint-André, un maréchal. Je lui demandai
s'il existait pour les maréchaux et les chevaliers de Saint-
André un privilége d'impunité pour des actes qui,
chez les simples particuliers, constituent un crime de
faux. Le prince Basile me déclara qu'il ne parlerait point
à l'empereur, qu'il n'y aurait point d'enquête, et se refusa même à prendre la lettre du maréchal pour la
montrer à l'empereur. (Cette lettre se trouve dans mes
papiers, déposés aujourd'hui en Angleterre.) Je répondis au prince Basile que j'espérais le voir revenir sur sa
décision, et que je reviendrais lui en parler au bout d'une
semaine. J'avais le projet, si l'on continuait à vouloir
étouffer cette affaire, d'en publier le récit à l'étranger,
afin d'obliger le maréchal lui-même à demander une enquête.

« Trois ou quatre jours après ma conversation avec
M. le ministre de la police, je dînais chez madame la
baronne Georges de Meyendorff, née comtesse Stackelberg, et j'y appris qu'une dépêche télégraphique
d'Odessa venait d'annoncer la mort du maréchal. Je
racontai à M. et madame de Meyendorff l'épisode dont
je viens de parler, et ils doivent se souvenir du chagrin

profond que m'inspira la mort du maréchal, à cause de l'impossibilité absolue, une fois lui décédé, d'arriver à une enquête.

« Aux personnes qui me connaissent, et même à celles qui savent les fureurs soulevées par mon livre *la Vé-rité sur la Russie*, les explications sont inutiles; mais je crois de mon devoir de les donner au public, qui ne me connaît point.

« M. Michenski, dans son article, dit « que le signa-taire, moyennant cette taxe, s'engageait à annuler les documents qu'il disait avoir en sa possession et qui ren-daient incontestables, selon lui, l'origine et la descen-dance directe du personnage auquel il s'adressait. »

« Si M. Michenski et les misérables qui lui ont transmis cette calomnie, connaissaient bien l'histoire de Russie, ils auraient su que ces documents ne peu-vent être détruits, par la raison toute simple qu'ils se trouvent dans le domaine public. Le principal d'entre eux, le *Livre de velours*, recueil officiel de généalogies où l'extinction des anciens Woronzow se trouve con-statée, et a été imprimé en 1787, et l'original officiel de ce livre, se trouvent en dépôt au département héral-dique du Sénat de Pétersbourg. Aux yeux de tout homme impartial, ce fait seul est la preuve évidente que le billet en question est un faux.

« M. Michenski dit : « Le prince fit autographier l'é-pître et en expédia la copie à des milliers de lecteurs. Le prince, mort dans l'automne de 1856, n'a pu faire autographier le billet que de son vivant. Comment se fait-il que, durant quatre années consécutives, aucune copie ne soit tombée ni sous mes yeux, ni sous les yeux de mes amis? Comment ces copies ont-elles pu ne point arriver à la connaissance du gouvernement russe, auquel l'entretien de sa nombreuse police secrète coûte si cher? et si ces copies étaient connues du gouvernement, pourquoi ce dernier n'a-t-il point procédé à une enquête? Comment se fait-il que ces copies n'ont fait leur apparition qu'après la publication du livre : *la Vérité sur la Russie?* Pourquoi le maréchal Woronzow n'a-t-il point demandé une enquête, qu'on ne lui aurait point refusée, à lui? Pourquoi n'a-t-il point répondu à la lettre dans laquelle j'exigeais la production de l'original du billet?

« Je ne veux point troubler la cendre d'un mort, mais je dois dire que cet épisode projette une lueur honteuse sur l'administration russe, et vient complétement à l'appui de ce que je dis dans mon livre. En Russie, quand on a affaire à un homme puissant en cour, il n'y a plus ni justice ni équité. Voilà un faux évident qui vient d'être commis, et le ministre de la police, un homme personnellement intègre, mais imbu des funestes traditions du despotisme asiatique, se refuse à toute enquête par la raison qu'un chevalier de Saint-André, un maréchal, y serait impliqué! L'on se croit au fin fond de l'Asie! Je somme M. Michenski de produire la copie de l'épître dont il a parlé et de nommer les personnes qui la lui ont remise! S'il ne le fait point, je me verrai obligé de lui intenter, ainsi qu'à votre journal, un procès en diffamation.

« Je réclame de votre loyauté, monsieur, l'insertion de ma lettre dans le prochain numéro de votre journal, et je vous prie d'agréer l'assurance de ma considération. »

Voilà, messieurs, l'article. Je vous l'ai lu, vous le connaissez tout entier. Ce que j'ai fait tout à l'heure pour un de ses paragraphes, je vous demande à le faire pour un autre bien plus important au point de vue de l'appréciation, non pas matérielle, mais morale de ce procès.

Le prince Dolgoroukow raconte qu'un jour il reçoit avec une stupéfaction et une indignation faciles à comprendre une lettre du maréchal prince Woronzow, lettre dans laquelle on lui faisait l'injure de lui écrire, comme si dans la lettre qu'il avait adressée, lui, au maréchal, celui-ci avait trouvé un billet d'une écriture différente de la sienne, et où on lui proposait d'envoyer au prince Dolgoroukow 50,000 roubles.

Il est indigné, et il adresse immédiatement au maréchal Woronzow une lettre peu polie. Il veut demander une enquête et il exige, c'est son expression répétée à différentes reprises dans l'article, il exige la représentation de l'original du billet. Quatre semaines s'écoulent sans qu'il reçoive à cette sommation une réponse.

Eh bien! messieurs, ce que je disais tout à l'heure

des prétendues sollicitations biographiques du prince
Woronzow, je le redis à l'occasion du récit tout entier
que vous venez d'entendre : C'est un mensonge, et,
vous allez le voir tout à l'heure, un mensonge attesté
par une lettre incontestable du prince Woronzow, mieux
encore, par la lettre même, originale et incontestée du
prince Pierre Dolgoroukow.

Maintenant, ai-je besoin de faire ressortir à vos yeux
le caractère de l'article? Ai-je besoin de dire qu'il y a là,
en fait, une injure et en même temps une diffamation?
Est-ce que le maréchal Woronzow n'est pas accusé
d'être l'auteur, tout au moins le complice, d'un faux ca-
ractérisé? Est-ce qu'en lisant le récit de l'entrevue du
prince Dolgoroukow avec le ministre de la police russe,
il est possible de résister à cette évidence qu'il accuse
le maréchal Woronzow d'un faux, quand il répond au
ministre de la police : « Ici, en Russie, il n'y a pas de
justice possible à l'occasion d'un fait qui, s'il s'agissait
d'un simple particulier, constituerait un crime de faux! »
Quand cela est répété, non pas une fois, mais trois fois
dans le courant de l'article, cela, messieurs, est évident.

Le sentiment qu'a éprouvé, à la lecture de cet article,
la famille du maréchal prince Woronzow, son fils surtout, dans lequel seul aujourd'hui se personnifie ce nom
illustre, je n'essaierai pas de le peindre devant vous;
ma parole serait faible et répondrait mal aux sentiments
que chacun de vous devine, parce qu'ils sont dans le
cœur de chacun de vous.

Mais qu'était donc ce maréchal qui, comme le dit le prince Dolgoroukow, avait conduit les troupes russes à la victoire, et dont la mémoire, quand il n'était plus là pour se défendre, était ainsi indignement outragée! Qu'était-il donc? Mon Dieu! messieurs, il s'agirait du plus obscur des particuliers, qu'il appartînt à la Russie ou à un autre pays, le problème serait absolument le même. La diffamation, qu'elle s'attache à une mémoire obscure ou glorieuse, est une offense à cette mémoire, un outrage à l'honneur d'une famille, une violation de la loi ; tous sont intéressés au même titre à ce que de telles attaques ne restent pas impunies. Mais, à côté du problème légal, le même pour tous, il y a, dans un procès de cette nature, un problème moral à la solution duquel concourent à un haut degré le nom de la victime, sa condition en ce monde, la réputation qu'elle a laissée parmi les hommes. C'est pour cela que je vous demande la permission, avant d'entrer dans la discussion, de vous dire quelques mots rapides ; je ne veux pas écrire une biographie à l'audience touchant le prince Woronzow. Si ce nom appartenait à la France, si les œuvres de sa vie s'étaient accomplies parmi nous, sous nos yeux, je me bornerais à le prononcer ; ce nom dirait à lui seul, mieux que ne pourraient le faire mes paroles, ce qu'a été l'homme illustre pour la mémoire duquel je viens demander raison d'indignes calomnies. Mais ce nom est étranger ; vous ignorez la vie de celui qui l'a porté, ses origines, ses titres à l'admiration et au respect, et vous me pardonnerez de vous les dire en quelques mots.

Le prince Woronzow, le père de celui pour lequel je plaide, aurait pu se passer de l'illustration de ses aïeux. S'il avait été le premier de sa race, il aurait pu dire comme ce héros des guerres de la République et de l'Empire qui, sergent aux gardes, était devenu par son courage maréchal de France et duc de Dantzick, il aurait pu dire : « Moi aussi, je *suis un ancêtre.* » Sa longue vie a été consacrée tout entière au service de son pays. Elle s'y est usée dans les travaux de la paix et dans ceux de la guerre. Et quand, au couronnement de l'empereur Alexandre II, un titre glorieux lui était conféré, nul en Russie, pas même le prince Dolgoroukow, n'a songé à y voir autre chose que la plus légitime des récompenses. Et, en effet, en parcourant à grands traits cette noble et longue vie, il est impossible de lui refuser, même sans le connaître, un tribut d'admiration ; et il sera impossible d'imaginer un instant qu'il eût pu se rendre coupable, je ne dis pas d'un faux, mais même de ces sollicitations misérables et qu'une mesquine vanité n'excuserait pas même dans un tel homme. Sa vie que je viens de résumer en deux mots, il faut que vous la connaissiez en détail... Rassurez-vous et pardonnez-le-moi... Je n'abuserai pas de votre patience : quelques traits rapides suffiront au tableau. Il est né, pour ainsi dire, dans la libre Angleterre, car il venait de naître, quand son père fut nommé, par Catherine, son ambassadeur dans ce pays. Il y vécut jusqu'à dix-huit ou dix-neuf ans C'est là que son âme et son intelligence s'ouvrirent et qu'il reçut des impressions qu'il devait garder toute sa vie. Il fut élevé au milieu de cette aristocratie anglaise dont je n'ai pas besoin de faire l'éloge. Il y rencontra entre autres, comme compagnon de son enfance et de sa jeunesse, un homme qui a présidé bien des fois pendant sa longue carrière et qui préside encore aujourd'hui aux destinées de son pays. Quand Paul mourut, Woronzow revint en Russie et fut attaché à Alexandre en qualité de chambellan. Mais bientôt, lassé des loisirs inutiles d'une charge de cour, il avait sollicité un emploi où il pût trouver plus de périls, plus de gloire, et se créer des titres plus légitimes à l'estime de ses concitoyens. Ses désirs avaient été entendus et jusqu'en 1805 ou 1806, son activité et son courage avaient eu pour théâtre ces provinces du Caucase qui devaient encore, au déclin de sa vie, être témoins de ses dernières luttes et ses efforts les plus glorieux. En 1807, il prenait sa part, et une part glorieuse, à la lutte engagée entre son pays et la Turquie, et puis, quand, en 1812, nos armées franchirent la Vistule et vinrent affronter les rigueurs du climat plus encore que le courage des hommes, Woronzow défendit son pays contre nous. Il assistait comme général de division à cette héroïque bataille de la Moskowa à laquelle se rattachent tant de souvenirs immortels, et il y recevait de glorieuses blessures. Il prenait part aux campagnes de 1813, de 1814 et de 1815, et restait en France à la tête du contingent russe de l'armée d'occupation. Si tristes que soient, pour un cœur français, ces pages douloureuses de notre histoire, elles ne sauraient dispenser de la justice, et je suis heureux de pouvoir dire que, dans ce commandement difficile, sans manquer à son devoir, Woronzow sut conquérir et mériter la sympathie et la reconnaissance de ceux-là mêmes auxquels s'imposait cette invasion prolongée.

Il rentrait en Russie en 1818, avec le corps d'armée qu'il avait commandé; et bientôt s'ouvrait pour lui une carrière nouvelle, qui aurait suffi à elle seule pour la gloire de son nom. Le duc de Richelieu revenait en France prendre, dans les conseils de la Restauration, la place à laquelle ses talents, autant que le nom glorieux qu'il portait, semblaient l'appeler. Il avait, qui ne le sait? administré pendant longtemps la Crimée. Il avait créé Odessa, créé le commerce de la mer Noire, préparé, en un mot, les éléments d'une prospérité que l'avenir devait féconder. Woronzow fut appelé à l'honneur de lui succéder, de continuer et de développer son œuvre. De 1820 à 1844, c'est-à-dire pendant près de vingt-cinq ans, il a été investi de ces fonctions de gouverneur d'Odessa et de la Nouvelle-Russie. Ce qu'il a fait pendant cette longue période, les institutions qu'il a fondées, les améliorations qu'il a introduites, les progrès qu'il a réalisés, je n'entreprendrai pas de vous le dire, votre audience n'y suffirait pas; je dépasserais mon but et votre patience. Si je pouvais en présenter le récit, vous y trouveriez, à côté d'un génie actif, supérieur, les traces

visibles des influences libérales qui avaient soufflé sur
sur son berceau, en Angleterre.

Cette œuvre pacifique avait été interrompue à peine
en 1829, par la part qu'il avait prise à la campagne qui
aboutit au traité d'Andrinople ; elle durait depuis vingt-
quatre ans, depuis un quart de siècle, lorsqu'en 1844
il fut appelé à commander l'armée du Caucase avec des
pouvoirs extraordinaires. Il a consacré dix années de sa
vie à cette tâche nouvelle. Ce qu'elle a été, je n'ai pas
besoin de le dire ; un mot suffira pour vous l'indiquer :
les défilés du Caucase étaient occupés par Schamyl.

Souvenez-vous, messieurs, de nos luttes en Algérie,
souvenez-vous de celui qui tint si longtemps nos armées
en échec, de ce glorieux ennemi dont la reconnaissance
a conquis le cœur à la France, et vous aurez une idée
des luttes, des fatigues, des périls que Woronzow a eu
à subir dans cette longue campagne. Il semble qu'il y ait
pris pour devise celle d'un illustre maréchal qui voulait
conquérir par l'épée et civiliser par l'œuvre pacifique
de l'agriculture. Il n'y révéla pas seulement les fortes
qualités de l'homme de guerre, mais là, comme en Crimée, à côté du soldat, il s'est trouvé en lui un adminis-
trateur, un organisateur habile, consolidant par les
idées, par les institutions, les conquêtes de son épée,
mettant en œuvre les leçons qu'il avait reçues dans un
pays libre, préparant ainsi la domination définitive de
la Russie sur des contrées qui ont tenu si longtemps sa
puissance en échec.

Il avait soixante-treize ans lorsque, en 1854, vaincu par la maladie plus encore que par l'âge, il demanda et obtint une retraite que la mort devait suivre de près, retraite qui ne fut pas tout à fait stérile, car il fut appelé à présider une commission créée pour la défense des places. Et quand cette guerre de Crimée, à laquelle son âge et ses infirmités ne lui avaient pas permis de prendre part, sembla toucher à son terme par un exploit glorieux pour nos armes, il rendit encore service à son pays et à l'humanité, en conseillant au jeune empereur qui venait de succéder à son père la paix avec la France.

Une récompense suprême l'attendait. Bientôt après, avant qu'il ne quittât cette terre, il fut, comme je l'ai dit, créé maréchal lors du couronnement d'Alexandre. Le maréchalat n'est pas en Russie, comme en France, une institution régulière permanente, et ce titre, glorieux chez nous assurément, semble avoir en Russie quelque chose de plus exceptionnel. C'est un titre unique, comme celui de connétable, comme celui que le grand roi conférait à Turenne, et qui s'est retrouvé de nos jours pour celui qu'on a pu appeler en riant une *illustre épée*, un des compagnons du grand Empereur, illustré sur vingt champs de bataille, sans parler de celui de Toulouse, et qui, malgré des critiques adressées à sa gloire, restera glorieux devant la postérité.

Cet honneur suprême du maréchalat semble marquer pour le prince Woronzow le terme de sa vie ; car quelques jours après le couronnement, il mourait le 8 novembre 1856.

Telle a été, résumée à grands traits, l'existence du maréchal princé Woronzow, telles sont ses œuvres. Et voilà, messieurs, la noble et pure mémoire insultée par e prince Pierre Dolgoroukow! Voilà l'homme, voilà le nom auquel on accole, d'une part, ces misérables intrigues que la vanité n'excuserait pas chez un si grand homme et en même temps ces actes honteux que le prince Dolgoroukow a qualifiés et qu'il appelle un crime de faux.

Je vous ai dit ce qu'était l'homme attaqué. C'est le moment, avant d'entrer dans la partie la plus grave de ma discussion, de revenir en arrière et de vous démontrer, si je le puis, et je le pourrai, ce qu'il y avait de vrai ou de faux dans le récit offert aux lecteurs du *Courrier du Dimanche* dans la lettre du 1er mai 1860.

Je l'ai dit, et je le répète, tout cela est mensonge, et vous allez, messieurs, en juger.

Mais le mensonge, quand il veut être habile, prend souvent, presque toujours, le vrai pour point de départ. C'est ce qui se rencontre dans la cause. Il y a dans le récit une part de vérité, et cette part, la voici. Le prince Pierre Dolgoroukow, comme il le raconte, est en effet l'auteur d'une biographie que je ne connais pas, et qui devait avoir quatre volumes, dont trois volumes étaient déjà publiés. Qu'en 1856, le maréchal prince Woronzow ait eu la pensée très-naturelle d'offrir au biographe volontaire de la noblesse russe des documents sur les origines de sa famille, de la famille Woronzow, il n'y a rien là assurément que de légitime. Il est possible que le prince Woronzow ait rencontré dans les salons de Saint-Pétersbourg le prince Dolgoroukow, qui habitait encore la Russie à cette époque; cela est possible, vraisemblable, vrai même, si l'on veut : je n'ai aucun intérêt à le contredire. Que des conversations se soient engagées entre eux au sujet de la publication du prince Dolgoroukow ; que le prince Woronzow, je le répète, ait parlé de documents qu'il avait en sa possession et qui étaient de nature à affirmer, à prouver ses prétentions à une descendance ancienne et illustre, je n'ai aucune espèce d'intérêt à le méconnaître. Mais ce que vous ne croirez pas, c'est que le prince soit descendu à ces misérables, à ces méprisables sollicitations dont parle l'auteur de l'article. Est-il vrai, comme le dit la lettre du 1er mai 1860, qu'en même temps qu'il affirmait l'existence dans ses mains de documents propres à justifier ses prétentions, en même temps qu'il offrait à Dolgoroukow de les lui remettre, le maréchal se soit abstenu de les envoyer ? Est-il vrai que Dolgoroukow ne les ait point eus en sa possession ; qu'il en ait été réduit à solliciter, solliciteur impuissant, la remise de ces documents? Voilà, messieurs, où est le mensonge. J'entre ici dans le récit des faits, dans la lecture des documents que vous aurez à apprécier tout à l'heure au double point de vue matériel et moral. Les faits, les voici.

En 1856, le maréchal prince Woronzow était à

Wilbad, où l'avait appelé le soin de sa santé ébranlée. Il n'y était pas seul ; sa femme était là, et en même temps qu'elle des personnes considérables, une entre autres qui occupe en Angleterre un rang éminent. Ces personnes étaient là quand, le 7 juillet, arrive à Wilbad un pli cacheté et scellé aux armes du prince Pierre Dolgoroukow. Le cachet est brisé en présence des témoins dont j'ai parlé, le pli est ouvert ; sous ce pli étaient deux choses : une lettre, dont je viens d'indiquer la date de réception, écrite et signée de la main du prince Dolgoroukow et portant la date du 4/16 juin 1856, et un billet anonyme d'une écriture contrefaite. Nous articulons ces faits, nous en offrons la preuve.

La lettre signée était ainsi conçue :

« Mon prince,

« Je m'occupe en ce moment à mettre la dernière main au quatrième volume de mon livre *généalogique ;* dans ce volume se trouveront les Wéliaminow, et par conséquent les anciens Woronzow. J'examine scrupuleusement les papiers que Votre Altesse m'a envoyés, et jusqu'à présent il m'a été impossible de découvrir dans les vieux documents et les chroniques des preuves de l'authenticité des papiers en question. Les sentiments de respect et d'admiration que je professe pour Votre Altesse m'auraient rendu bien doux le plaisir de vous être agréable, mais je serai obligé d'imprimer l'article d'une manière complétement opposée à celle que vous auriez désirée, mon prince, si vous ne vous pressez point de m'envoyer des documents supplémentaires qui, éclaircissant les passages obscurs auraient pu lever toutes les difficultés.

« Le temps marche (c'est une expression que je vous recommande, j'y reviendrai tout à l'heure), le temps marche : il faut se hâter dans l'envoi des documents.

« Je resterai ici, à la campagne, jusqu'aux premiers jours d'octobre. Mon adresse est... (Ceci est en russe; je ne le lis pas, je ne sais pas le russe.)

« Je prie Votre Altesse d'agréer l'hommage du proond respect et du sincère dévouement avec lequel j'ai l'honneur d'être,

« Votre très-obéissant serviteur,

« Prince PIERRE DOLGOROUKOW. »

Ainsi, messieurs, pas d'équivoque : les documents avaient été réunis ; le prince Dolgoroukow les avait examinés ; il n'avait trouvé, dit-il, ni dans eux-mêmes, ni dans les documents publics extérieurs, la preuve de leur authenticité, et il demandait des documents ultérieurs qui pussent, éclaircissant les faits obscurs, lui permettre de faire ce que désirait le maréchal. Donc les documents ont été envoyés, donc le maréchal n'a pas été infidèle à sa parole, donc le prince Dolgoroukow n'a pas eu à sommer le maréchal d'exécuter la promesse qu'il lui avait faite.

Voici maintenant ce que contenait le billet anonyme :

« Son Altesse le prince Woronzow a un moyen *sûr* de faire imprimer sa généalogie dans la *Ross. Rodos. Kniga* (ce qui en russe veut dire : livre biographique de Russie), telle qu'il la veut, c'est de faire cadeau au prince Pierre Dolgoroukow d'une somme de 50,000 roubles argent; alors *tout* se fera suivant ses désirs. *Mais il n'y a pas de temps à perdre.* »

Quel est, messieurs, l'auteur de ce billet anonyme ? Je ne le recherche pas, je ne le discute pas quant à présent, je raconte. Mais le tribunal n'oubliera pas que le billet anonyme se trouvait renfermé sous le même pli, scellé des mêmes armes que la lettre signée par le prince Dolgoroukow, et dont on ne conteste en aucune façon l'authenticité.

Les sentiments qui soulevèrent le prince Woronzow à la lecture de ce billet audacieux, je n'ai pas besoin de le dire, chacun les devine. Il y a dans sa famille une tradition ; je parle de cette tradition, j'en parle en présence de son fils, de Simon Woronzow ; le maréchal, quels que soient les termes de sa réponse, que je vais lire, le maréchal n'hésita pas à penser que la main qui avait écrit la lettre authentique et celle qui avait tracé le billet anonyme, l'invitation aux 50,000 roubles, étaient une seule et même main.

Cependant il s'agissait du prince Pierre Dolgoroukow après tout, c'est-à-dire de l'un des grands noms de la Russie. Fallait-il, comme on le dit vulgairement, briser les vitres, l'accuser en s'adressant à lui d'une façon directe et précise? Fallait-il, obéissant à un légitime sentiment de mépris, rompre toute espèce de relations avec lui? Le maréchal prince Woronzow ne pensa pas que sa conduite dût être celle-là; il pensa que des ménagements pouvaient être gardés en la forme; mais il fallait répondre sans retard, sur l'heure, pour ainsi dire. C'est ce qu'il fit; il avait reçu la lettre le 25; le 27, le surlendemain, il écrivait la lettre que voici:

« Au prince Pierre Dolgoroukow.

« Mon prince,

« Je m'empresse de répondre à la lettre que vous avez bien voulu m'écrire le 4/16 juin. Vous me demandez des documents en addition à ceux que je vous ai remis à Pétersbourg, et qui me paraissaient suffisants pour prouver que les Woronzow actuels étaient de la même race, et descendaient de père en fils de ceux qui ont joué un grand rôle dans notre histoire jusqu'à leur ruine par le tzar Iwan Wassiliewitch. Après avoir examiné ces documents, vous m'avez dit franchement qu'ils ne vous avaient pas entièrement persuadé du fait qui nous paraît à nous si clair, mais que, pour toute justice dans la controverse, vous imprimeriez dans votre prochain volume tout ce que je vous ai communiqué, laissant au public de juger la contraverse. A présent vous me demandez de nouveaux documents que je ne puis avoir, encore moins ici à Wilbad, en me pressant de le faire immédiatement, parce que vous êtes en train de publier votre quatrième volume, où il s'agira des Wéliaminow, et par conséquent de ce que vous appelez les anciens Woronzow. Il dépend de vous de faire là-dessus tout ce que vous voulez; mais comme je crois à la vérité des documents que je vous ai livrés, et que je ne voudrais qu'il soit dit sans contestation que les Woronzow actuels n'ont rien à faire avec les anciens, et que nous descendons de quelque vagabond, qui aurait pris, seulement depuis environ cent cinquante ans, le nom d'une famille de laquelle il ne descendrait pas, je me réserve le droit de protester par une publication de ma part, de soumettre au jugement du public le sujet des controverses existantes sur ce point entre nous. Permettez-moi, en attendant, de vous remercier pour la peine que vous vous êtes donnée dans toute cette affaire; je regrette seulement que vous ne jugiez pas possible de me tenir la promesse que vous m'aviez faite de mettre mes documents en regard avec les pièces que vous aviez déjà sur notre famille, sans donner une opinion décisive de votre part là-dessus, et laissant la chose au jugement du public.

« Veuillez agréer l'assurance des sentiments distingués que je vous porte. »

Puis, à la suite, vient un *post-scriptum*. Ce n'est pas seulement dans les lettres des femmes, comme on l'a dit avec autant d'esprit que de vérité, que l'on rencontre au post-scriptum la pensée vraie qui les inspire. Vous allez en juger par celui que je vais vous lire :

« P. S. *J'ai trouvé, à ma grande surprise, dans votre lettre une zapiska non signée et d'une main* QUI ME PARAIT DIFFÉRENTE DE LA VOTRE, DONT JE VOUS ENVOIE CI-JOINT LA COPIE. *Vous saurez peut-être apprendre qui a* OSÉ *envoyer une pareille zapiska dans une lettre cachetée par vous et de votre cachet.* J'AI CRU DEVOIR GARDER L'ORIGINAL AVEC LA LETTRE QUE VOUS AVEZ BIEN VOULU M'ÉCRIRE, *et quand nous nous verrons,* JE SERAI PRÊT A VOUS REMETTRE CETTE ZAPISKA , *dans l'idée que peut-être vous voudrez en faire usage pour découvrir la main qui l'a écrite.* »

Eh bien, messieurs, je ne crois pas me faire illusion. Pour qui sait lire, pour qui sait comprendre les délicatesses qui appartiennent à certaines intelligences, à des hommes élevés dans certaines conditions sociales, je dis qu'il y a là, non pas sans doute l'affirmation brutale, mais la pensée transparente et claire qu'aux yeux du prince Woronzow cette zapiska non signée, le prince Dolgoroukow en était l'auteur. Ce que je remarque, ce que vous retiendrez comme moi, c'est que le maréchal envoie une copie de cette pièce, et qu'il garde l'original. Pourquoi? Est-ce pour l'anéantir, pour la soustraire à

4

une vérification, à une enquête ? Au contraire, il se dit
et il dit nettement dans ce post-scriptum : Le prince
Dolgoroukow comprendra qu'il est de son honneur,
qu'il doit être par conséquent dans sa volonté la plus
énergique de se mettre en voie « d'apprendre qui a osé
envoyer une pareille pièce dans une lettre de lui Dolgoroukow, et fermée de son cachet. » Le maréchal ne la
garde pas pour la cacher, il offre de la lui remettre,
« dans l'idée peut-être qu'il voudra en faire usage pour
découvrir la main qui l'a écrite. »

Voilà qui est clair.

Que répond le prince Dolgoroukow ? Rappelez-vous
sa lettre au *Courrier du Dimanche* : il est « stupéfait et
indigné ; » il écrit au maréchal « une lettre peu polie, »
ce sont ses expressions. Il veut une enquête, et pour
qu'elle soit efficace, il exige impérieusement du maréchal la remise de ce document. Voilà ce qu'il affirme en
1860 ; voyons ce qu'il écrit en 1856, et j'espère que le
procès sera jugé dans vos esprits. Il répond, à la date
du 15 juillet 1856, la lettre que voici :

« Mon prince,

« J'ai eu l'honneur de recevoir votre lettre de Wilbad
du 27 juin — 9 juillet. J'ai été stupéfait en lisant, dans
cette lettre, que vous aviez trouvé dans la mienne un
billet à écriture inconnue, et en parcourant la copie du

contenu de ce billet que vous m'avez envoyée, j'aurais
été bien curieux de savoir qui a osé se permettre ce tour
audacieux, cette action qui n'a pas de nom ! »

Vous auriez été *curieux* ! C'est une curiosité bien
facile à satisfaire ; le maréchal va au-devant de vos désirs.

Voilà tout ce qu'il dit, et puis, sans plus de façon ni
d'indignation, il continue ainsi :

« *Pour en revenir, mon prince, à la question généalogique*, sur laquelle nous avons chacun notre manière de
voir différente, vous me dites, dans votre lettre, qu'après
la publication, en hiver, du quatrième volume de mon
livre généalogique, vous publierez une protestation.
C'est très-juste : chacun a le droit de protester contre
un livre imprimé ; mais une fois cette polémique engagée, je me réserve, à mon tour, de faire alors paraître
une contre-protestation, appuyée sur des faits et des
preuves irréfutables. Le public jugera.

« Je prie Votre Altesse d'agréer l'hommage de mon
respect.

                    « Prince Pierre Dolgoroukow. »

Je m'abstiens, messieurs, de toute espèce de réflexion,
je laisse cette lettre à l'appréciation de vos consciences.

Depuis, cette lettre n'a été suivie d'aucune autre ; le
prince Dolgoroukow n'en a pas adressé une seule au
maréchal prince Woronzow, qui, de son côté, vous le

comprenez sans peine, n'ayant aucune raison d'écrire
s'est abstenu. Il est mort le 8 novembre 1856, à quelques mois, par conséquent, de cette correspondance et
de ces faits. Quant au quatrième volume des *Généalogies*, il a paru quand le maréchal prince Woronzow
avait fermé les yeux. Le prince Dolgoroukow a-t-il été
fidèle à cette promesse invoquée par le maréchal? Non,
le livre a paru sans tenir compte des documents, sans
les publier, sans en dire un mot; et, vous l'avez deviné, au lieu de rattacher la famille Woronzow aux anciens boyards, il la fait descendre de je ne sais quelle
souche obscure, vers le xvII^e siècle sans doute. Après
cette publication tout est resté dans le silence. La famille
n'a pas même songé à une publication contradictoire :
tout cela a été oublié, enfermé dans la tombe du maréchal. Tout entier à son deuil et à ses regrets, son fils ne
songeait guère à protester contre des erreurs généalogiques, quel qu'en fût, d'ailleurs, le mobile.

Ces faits, accomplis en 1856, dormaient dans l'oubli
du passé, lorsqu'ils ont été réveillés dans les conditions
que vous savez par l'article de M. Michenski d'une part,
et de l'autre par la lettre du 1er mai 1860. Je laisse à vos
consciences le soin d'apprécier quelle a dû être l'impression du prince Woronzow quand ces publications
sont tombées sous ses yeux.

Pour sentir l'outrage sanglant fait à une mémoire
illustre et vénérée, l'outrage fait au fils dans l'honneur
de son père, il n'avait à consulter que son cœur. Mais

quel parti devait-il prendre? Fallait-il répondre au *Courrier du Dimanche?*

C'était un moyen, et le premier qui se présentait à la pensée. Fallait-il s'adresser à la justice? aurait-elle des réparations pour une telle offense? Ses conseils n'hésitèrent point. Il y avait là une injure, une diffamation évidentes ; la loi ne pouvait être ni muette ni impuissante. Mais quelle juridiction fallait-il saisir? Messieurs, nous étions au lendemain de ce débat célèbre qui retentissait encore, dans lequel un prince de l'Eglise était accusé de diffamation envers la mémoire d'un de ses prédécesseurs. La Cour de cassation venait de rendre un arrêt mémorable, précédé, préparé par un rapport que je considère, en ce qui me touche, comme un de ses plus beaux titres à notre estime et à notre respect. La diffamation envers la mémoire des morts était un délit et la police correctionnelle était compétente. Le tribunal correctionnel nous était donc ouvert ; nous n'avons pas voulu de cette juridiction qui est la vôtre, cependant, sous une autre forme ; pourquoi? Parce que la loi, dans une pensée de paix publique, fidèle jusqu'au but qu'elle se propose, frappe d'interdit la publicité des débats en matière de diffamation ; parce que, loin de redouter la publicité, la famille Woronzow voulait appeler sur ces débats une lumière éclatante ; parce que, dans ma bonne foi, j'imaginais qu'en changeant de juridiction, un tel procès cessait d'être soumis aux restrictions de la loi de 1819 ; que, devant vous, la publicité était la règle ; que rien, si ce n'est votre volonté, ne mettait le scellé sur vos audiences, et qu'en conséquence ces diffamations, ces injures propagées contre le maréchal Woronzow par le prince Dolgoroukow trouveraient non-seulement dans la solennité de vos débats, mais dans leur publicité que j'appelle de tout mon cœur, de tous mes vœux, une réparation éclatante. Ma conviction, m'assure-t-on, serait une erreur, la loi ferait obstacle à cette publicité, et les journalistes. dans un sentiment que je comprends, celui de leur conservation, non-seulement hésiteraient devant cette publicité, mais la refuseraient, à moins, je ne dirai pas du consentement de la loi qui ne le peut donner, mais de celui de l'une et de l'autre des parties. Quant au mien, je le donne ; quant à celui de mon adversaire, je n'en suis pas le maître ; mais je le dis ici : c'est dans la pensée que ces débats seraient publiés, et par votre audience, et par la publicité des journaux, que j'ai choisi cette juridiction et non une autre. Fasse le tribunal, s'il le peut, que mes espérances ne soient pas trompées, afin que je n'aie pas, je ne dirai pas ce remords, mais cette déception et ce regret !

Ceci dit, j'aborde, et je ne vous y arrêterai pas longtemps, j'espère, j'aborde la discussion.

Si je voulais démontrer uniquement qu'une injure, une diffamation existent et que je dois en obtenir la réparation ; si je me proposais uniquement d'établir que de cette diffamation le prince Dolgoroukow en est l'au-

teur ou le complice, que le journal en est l'auteur dans
la personne de M. Laurent, je considérerais ma tâche
comme accomplie. Quant au prince Dolgoroukow, c'est
incontestable ; quant au journal, ce n'est pas moins
évident, devant vous surtout, devant la juridiction civile. Si je ne pouvais pas invoquer contre lui l'intention
que je ne lui prête pas de diffamer la mémoire du maréchal Woronzow, je pourrais tout au moins lui reprocher une imprudence suprême, une faute, et invoquer
contre lui l'art. 1382 du Code Napoléon. Comment! en
effet, vous reconnaissiez, d'une part, que le prince
Pierre Dolgoroukow, dans cette anecdote qui est le point
de départ du procès, n'est ni dénommé, ni désigné.
Vous n'avez donc pas à le désintéresser d'attaques qui
ne le touchent en rien. D'un autre côté, la famille Woronzow, le prince Michel Woronzow ne sont pour rien
dans l'article de M. Michenski ; rien ne les met en cause,
en scène, et vous acceptez sans scrupule et sans examen
une lettre en réponse pleine de ces insinuations, de ces
accusations, de ces diffamations, de ces calomnies!
Vous êtes coupable de légèreté tout au moins, d'imprudence grave, si ce n'est aux yeux de la loi pénale,
dont je n'ai pas à m'occuper, au moins au terme de la
loi civile, et cela me suffit pour obtenir une condamnation contre le prince Dolgoroukow et contre vous. Ce
serait toute ma discussion si je voulais seulement démontrer la diffamation et une faute, et obtenir de l'argent à titre de réparation. Je n'en demande pas; si

mes conclusions tendent à une condamnation aux dommages-intérêts qu'il plaira au tribunal de fixer, c'est parce qu'une sanction est nécessaire ; ce ne sera rien si le tribunal le veut ; l'honneur du maréchal Woronzow ne se mesure pas au poids de l'or. Mais si je m'arrêtais là, si votre justice n'allait pas au delà, j'aurais poursuivi une satisfaction insuffisante. Au fond de ce procès, il y a un problème à résoudre. Dans les écritures signifiées au cours du procès et dont le prince Dolgoroukow est l'auteur ou l'inspirateur, car sa pensée personnelle y éclate à chaque ligne, on a posé la question dans des termes que j'accepte et que voici :

« Il n'y a pas à s'y tromper, un faux a été commis ou une tentative odieuse a été pratiquée. » Eh bien ! oui, vous avez raison : ou un faux a été commis, nous verrons par qui ; ou une tentative odieuse a été pratiquée à l'encontre du maréchal Woronzow, et je soutiens que c'est par vous. Mon procès n'a pas d'autre but.

Je dis au prince Dolgoroukow : Vous n'êtes pas seulement un diffamateur, vous êtes un calomniateur. Ce que vous appelez un faux, en l'appliquant au maréchal Woronzow, est votre œuvre à vous ; c'est vous qui avez écrit ce billet anonyme, reçu par le prince dans les circonstances que j'ai racontées dans cette lettre scellée de vos armes, à côté de cette lettre que vous reconnaissez comme votre œuvre. Voilà ce que nous articulons et ce que nous offrons de prouver : voilà, messieurs, l'objet des conclusions subsidiaires que j'ai prises à votre barre, dont je ne crois pas le succès nécessaire, car je demande à faire une preuve, et je suis en présence d'une preuve dès à présent faite, et voici comment je veux l'établir.

Ce billet anonyme, que je faisais passer tout à l'heure sous vos yeux, a un auteur ; il n'est pas tombé du ciel, on ne peut lui appliquer ce que disait Montesquieu de son œuvre immortelle avec plus d'orgueil que de vérité peut-être : *Prolem sine matre natam.* Ce billet anonyme a donc un auteur ; cet auteur quel est-il ? Est-ce le prince Woronzow ? Je ne veux pas discuter une pareille hypothèse. Mon adversaire lui-même, j'en suis convaincu, ne s'y arrêtera pas lui-même ; je le suppose, du moins, messieurs. Cette hypothèse écartée, que reste-t-il ? Uniquement ceci : le billet est l'œuvre d'un étranger ou du prince Dolgoroukow lui-même : il n'y a pas de milieu. Les écritures signifiées, auxquelles j'ai déjà fait allusion, ces écritures graves, parce qu'elles ne peuvent avoir été rédigées que sur des notes du prince Dolgoroukow lui-même, ces écritures, entrant dans ma pensée, éprouvent le besoin d'expliquer, en dehors de l'action directe et personnelle du prince Dolgoroukow, en dehors de celle du prince Woronzow lui-même, l'existence de ce billet. Eh bien ! en partant de cette idée, quelle supposition a créée l'imagination du prince Dolgoroukow ? Je pourrais vous lire les conclusions elles-mêmes, permettez-moi de vous en présenter l'analyse exacte, fidèle, et vous la jugerez. Voici ce qu'il

dit : Ma lettre, je ne l'ai point adressée directement au
prince Woronzow ; il n'était point à Saint-Pétersbourg,
je le savais; mais j'ignorais où il était. J'ai donc adressé
ma lettre à ses bureaux, aux bureaux de l'administration de ses biens. Or, il a pu se rencontrer (il faudrait
dire, il s'est rencontré) dans les bureaux du prince un
employé (il ne dit pas lequel) qui connaissait mon écriture, qui, reconnaissant d'ailleurs au cachet, qui est
celui des armes de la famille Dolgoroukow , que cette
lettre émanait de moi, a pu supposer qu'elle se rattachait à une négociation qui pouvait avoir ses difficultés
et ses délicatesses. La curiosité, le désir peut-être d'en
tirer parti, ont déterminé cet employé à ouvrir l'enveloppe ; il a vu ma lettre, ma lettre l'a mis sur la trace
de son objet, bien entendu, et alors cet employé a rêvé
la combinaison que voici : placer à côté de la lettre du
prince Dolgoroukow un billet portant la proposition au
maréchal Woronzow de donner au prince Dolgoroukow
cinquante mille roubles. L'employé savait à merveille
que le prince Dolgoroukow était incapable de faire une
pareille proposition, de recevoir comme prix de l'altération de la vérité une somme quelconque. Alors il
s'est dit : Je serai, moi, l'auteur de l'écrit anonyme;
je serai nécessairement l'employé sur lequel le prince
Woronzow jettera les yeux pour négocier avec le
prince Dolgoroukow cette affaire délicate. Je rece-
vrai les cinquante mille roubles, le prix de cette
corruption généalogique. Je me garderai bien de les

offrir au prince; je les conserverai pour moi. L'article biographique paraîtra, comme il devait paraître, sans altération de la vérité; et alors, grâce à cette combinaison diabolique, j'aurai cinquante mille roubles, et le prince Dolgoroukow sera perdu dans l'esprit du maréchal Woronzow, comme coupable d'une infamie; il aura reçu cinquante mille roubles sans en avoir donné l'équivalent. Mais qu'importe! le tour sera joué, au détriment du prince Dolgoroukow et du maréchal Woronzow lui-même.

Voilà l'hypothèse.

Les conclusions se font une objection. On dira peut-être que le document est parvenu au maréchal Woronzow, comme il l'affirme, sous le cachet du prince Dolgoroukow. Qu'à cela ne tienne, ce n'est point là une difficulté pour l'imagination du rédacteur; la famille Dolgoroukow est très-nombreuse; il n'y a pas, en Russie, moins de quarante-deux personnes qui portent ce nom et qui ont droit de le porter, car il leur appartient ainsi que les armes. Pourquoi ne pas supposer que l'un des cachets de ces quarante-deux personnes se sera égaré, qu'il sera tombé dans les mains de l'employé en question, qui, après avoir altéré le sceau de la lettre, aura trouvé le moyen, sans mettre en usage ceux qui sont familiers aux cabinets noirs, dit-on, de sceller de nouveau la lettre sans que le cachet parût avoir été violé?

Voilà, messieurs, très-exactement, très-sérieusement, ce que disent les conclusions de mon adversaire, auxquelles j'ai emprunté le curieux récit que je viens de faire.

Est-ce qu'elle est vraie cette histoire ? Comment ! il y aurait eu un employé du prince Woronzow assez audacieux d'abord (j'admets que ce soit possible), assez imbécile ensuite (qu'on me permette l'expression), pour créer une machine aussi abominable que cette pièce qui devait être imputée inévitablement par le prince Woronzow au prince Dolgoroukow, et se fiant sur quoi, pour en avoir le bénéfice ? sur un hasard, et le plus singulier des hasards ; car, remarquez-le bien, il fallait que l'auteur de l'écrit anonyme fût précisément l'employé que le prince Woronzow chargerait de cette étrange négociation auprès du prince Dolgoroukow ; sans cela, à moins qu'il n'eût des complices, il n'aurait point atteint son but ; si, par hasard, le prince Woronzow s'adressait à un autre, cet autre n'y devait rien comprendre, et alors, si vous me pardonnez l'expression, la mèche était éventée, et le succès absolument impossible. Je le répète, c'est un tissu d'absurdités. Il faut conclure, et la conclusion forcée c'est qu'il n'est pas possible un seul instant de croire que ce soit là, comme on le soutiendra sans doute, l'œuvre d'un étranger. Si ce n'est pas l'œuvre d'un étranger, comment ne serait-ce pas celle du prince Pierre Dolgoroukow ? Ne l'oubliez pas, c'est sous

son cachet, dans une enveloppe scellée de ses armes,
à côté d'une lettre émanée de lui, que se trouvait
l'écrit anonyme. Il y a dans ces premières indications
et dans l'impossibilité que ce soit le prince Woronzow ou un employé quelconque de ses bureaux
qui ait créé cette machine, la preuve morale la plus
forte, la plus irréfutable que le prince Dolgoroukow en
est seul l'auteur.

Voyons si, à côté de ces premières inductions, nous
ne trouvons pas ce que j'appelle, moi, la preuve matérielle, certaine, qui se dresse évidente, décisive. Ici j'ai
besoin de mettre sous les yeux du tribunal les pièces
mêmes sur lesquelles repose cette appréciation délicate
au premier aspect...

M. le Président. — Voulez-vous, Me Mathieu, vous
reposer un instant ?

Me Mathieu. — Si le tribunal le veut bien, je lui en
serai reconnaissant.

(L'audience est suspendue pendant quelques mi-
nutes.)

M. le Président. — Me Marie, entendez-vous parler
aujourd'hui ?

Me Marie. — Cela me paraît difficile, monsieur le
président, car je suppose que Me Mathieu en a encore
pour un instant.

M. le Président. — De combien de temps croyez-
vous avoir besoin encore, Me Mathieu ?

Mᵉ Mathieu. — Je ne peux pas le mesurer au juste ; j'espère ne pas excéder trois quarts d'heure.

M. le Président. — Continuez votre plaidoirie.

Mᵉ Mathieu. — Messieurs, pour qu'il n'y ait pas de méprise, j'ai remis à M. le président les originaux mêmes de l'écrit anonyme et de la lettre officielle du prince Dolgoroukow qui provoquent vos investigations, et à plusieurs membres du tribunal des *fac-simile* aussi exacts que possible, puisqu'ils sont reproduits par la photographie, cet art admirable et vraiment précieux à bien des titres. Je regrette de ne pas avoir eu un assez grand nombre d'épreuves pour en remettre à chacun de Messieurs ; il ne m'en reste qu'un seul exemplaire, qui m'est indispensable pour plaider.

Mᵉ Marie. — J'aurais besoin d'en avoir un pour suivre l'argumentation.

Mᵉ Mathieu. — Il m'est impossible de vous le donner en ce moment.

(Un de Messieurs fait passer son exemplaire à Mᵉ Marie.)

Mᵉ Mathieu. — Pour examiner ces écrits en détail, autant que cela est possible à l'audience, il faudrait — mais rassurez-vous, je n'irai pas jusque-là — prendre chaque lettre de l'écrit anonyme et la comparer aux lettres semblables qui se rencontrent dans la lettre qui appartient bien au prince Dolgoroukow. Cet examen, je le ferai de la manière la plus sobre, laissant à vos esprits le soin de décider entre mon adversaire, qui niera la ressemblance, et moi qui l'affirme. Mais, avant d'entrer dans cet examen de détail, il est une observation qui m'a frappé, sur la vérité de laquelle je ne crois pas me faire illusion et dont je demande à vous faire part. Je reprends ce que je disais il y a un moment.

Il n'y que deux hypothèses possibles entre mon adversaire et moi : ou l'écrit anonyme émane d'une main étrangère, ou il est du prince Dolgoroukow. Qu'il soit de la main du prince Woronzow, car je veux aller jusque-là, ou de celle d'un de ses employés innommés, ce sera toujours une main étrangère; si ce n'est pas cette main, c'est celle du prince Dolgoroukow ; il n'y a pas de milieu entre ces deux hypothèses, et je défie mon adversaire d'en trouver une intermédiaire. Ou quand vous examinerez ces écrits, vous direz avec moi : Si c'est un étranger, voici le phénomène qui a dû effectivement se produire, phénomène que vous ont révélé plus souvent qu'à moi-même les débats civils ou criminels en matière de faux. Quelle est la préoccupation du faussaire, de celui qui veut s'approprier par une imitation plus ou moins complète, plus ou moins parfaite, l'écriture d'autrui? d'effacer sa personnalité pour entrer en quelque sorte dans une autre. Son but et son désir, c'est d'imiter l'écriture qu'il veut s'approprier. L'imitation, sans doute, ne sera pas absolue, on y trouvera des différences, parce que certains caractères habituels, indélébiles, de l'écriture personnelle, de l'écriture personnelle du faussaire, se trahiront dans l'œuvre d'imitation qu'il entreprendra. Dans l'écrit d'un étranger qui sera un faussaire, pour me servir de l'expression du prince Dolgoroukow, ce qui se produira, c'est le calque, pour ainsi dire servile, de l'écriture étrangère qu'il voudra contrefaire. Ou bien, car c'est une autre hypothèse admissible, l'étranger, si c'en est un, sans s'inquiéter d'autre chose, s'appliquera uniquement à déguiser sa propre écriture.

Voilà ce que vous rencontrerez sous une main, sous une plume étrangère, que ce soit celle du prince Woronzow, ou celle du premier venu qui voudra calomnier le prince Dolgoroukow, en lui prêtant gratuitement l'indigne proposition que vous connaissez, ou une imitation servile, un calque de faussaire, ou une écriture sans ressemblance aucune avec celle de l'homme que l'on voudra déshonorer.

Mais si l'œuvre anonyme est, en réalité, personnelle à celui qu'elle trahit et qu'elle accuse, les procédés et les résultats seront tout différents. Au lieu de s'appliquer à imiter son écriture, il s'appliquera à la déguiser; seulement, quelle que soit son habileté, quelque forte et énergique que soit sa volonté, quelque patiente même qu'elle soit, il y a dans la main comme dans le caractère ce que j'appelle des idiotismes, des habitudes invariables, auxquelles l'homme obéit instinctivement, et contre lesquelles la volonté ne peut rien. Que si c'est l'œuvre du prince Dolgoroukow, nous trouverons son écriture à lui, son écriture déguisée; mais à côté de ces déguisements, des caractères particuliers, individuels, qui accuseront l'identité d'origine des deux écrits, la lettre vraie et le billet anonyme qui sont sous les yeux du tribunal. Voilà ce que je me permets de recommander à vos méditations comme la base de l'examen auquel vous vous livrerez dans la chambre de vos délibérations. Et maintenant, sous le bénéfice de ces réflexions, je vous demande la permission d'examiner, non pas lettre à lettre, ce serait une œuvre difficile, fastidieuse, impossible même, mais d'une façon générale, l'écrit anonyme et les deux lettres officielles du prince Dolgoroukow des 4/16 juin et 16/28 juillet 1856.

Avant d'entrer dans le détail, permettez-moi d'en signaler à votre attention quelques éléments qui m'ont singulièrement frappé, et qui, j'espère, vous frapperont comme moi.

Le premier mot est celui d'*Altesse*, écrit trois fois dans la première lettre officielle, et une fois dans le billet anonyme. Il commence par un *A* majuscule qui a une forme très-individuelle, en ce que le deuxième jambage se termine par une boucle arrondie d'une façon qui n'est pas ordinaire, et doit être habituelle à la main qui a tracé ce caractère. Examinez la liaison de l'*l* avec le *t*, examinez les deux *ss* intermédiaires entre les deux *ee*, dont l'un termine le mot, et puis reportez-vous à la lettre authentique, vous allez y trouver un terme de comparaison rare et précieux, le même mot écrit de la même main, et écrit à différentes reprises. A la

5

quatrième ligne de cette lettre, nous retrouvons le mot *Altesse;* quant à l'*A*, il y a identité absolue entre l'anonyme et la lettre du prince Pierre Dolgoroukow. Quant à l'*l* et sa liaison avec le *t*, vous y retrouverez absolument les mêmes caractères. Le *t* qui vient ensuite, il est, celui-là, un peu déguisé. Dans la lettre authentique ce *t* est bouclé à son extrémité inférieure, comme le dernier jambage de l'*A*, tandis que dans l'anonyme il est un peu arrondi. Mais quant aux deux *ss*, quant à leur enchaînement, leur forme presque droite, et non pas inclinée comme elle est d'ordinaire ; quant à ces deux *ss* dans leur enchaînement et leur caractère particulier, vous ne trouverez aucune différence. Ces lettres caractéristiques, vous les retrouverez avec la même ressemblance dans les mots *impossible* (5ᵉ ligne), *professe* (7ᵉ ligne), *pressez* (10ᵉ ligne).

Ces deux *ss* du mot *Altesse* ne sont pas les seuls sur lesquels puissent porter les observations que je viens de soumettre à votre attention sur ce caractère ; elles sont nombreuses, et dans l'écrit anonyme, et dans la lettre officielle. Vous pouvez les prendre l'une après l'autre. Elles ne sont pas toutes absolument semblables, elles se ressemblent cependant, ainsi que le dit le poëte :

Facies non omnibus una,
Non diversa tamen, qualem debet esse, sororum.

Elles ont comme des airs de famille, et, quant à la

physiononomie générale, assurément la ressemblance
n'est pas contestable.

Ces remarques, vous pouvez les faire sur le même
mot qui se trouve à la septième ligne de la lettre authentique du prince Dolgoroukow. Vous trouverez là, en
effet, encore le mot *Altesse*, l'*A* et le *l* enchaînés de la
même façon, et les deux *ss* d'une similitude incroyable.

Mais il y en a d'autres, une notamment, qui est
toute une révélation. Rien assurément n'est plus personnel, plus invariable, si je puis m'exprimer ainsi,
que la signature que nous apposons chaque jour au
pied des lettres qui émanent de nous, que ce mot que
nous avons tracé depuis longtemps, ce mot qui, aussitôt
que nous avons eu âge d'homme, a été le signe caractéristique de notre qualité de citoyen. Il n'y a pas de
mot plus habituel à l'homme, plus individuel, que celui
qui forme sa signature; cela est évident. Eh bien!
regardez au bas de la lettre du 4/16 juin la signature
incontestable du prince Pierre Dolgoroukow; et puis,
si vous le voulez bien, rapprochez de cette signature
les mêmes mots, je dirai presque la même signature
qui se trouve à la sixième ligne de l'anonyme. Il y a
dans le billet anonyme *le prince Pierre Dolgorouky*,
de même qu'il y a dans la signature *prince Pierre
Dolgoroukow*. Il y a identité si vous examinez l'ensemble; il y a identité si vous prenez la peine d'examiner les détails. Prenez le billet anonyme, et vous
verrez la forme du *P* qui commence le mot prince. Le

mot n'est pas écrit en entier ; il y a un *P* allongé, et
puis en haut la syllabe *ce* en petits caractères. Prenez
le *P*, il y a un allongement d'écriture, un déguisement
nécessaire ; mais la forme de cette lettre, dans le billet
comme dans la signature, est une forme caractérisée,
exceptionnelle, qui tient à des habitudes invétérées ; eh
bien ! la forme est identique, sauf, je le répète, l'allongement de l'écriture. Il en est de même du *c* et de l'*e*,
en tenant compte ici du raccourcissement de ces deux
lettres. Elles sont enchaînées de la même manière. Je
ne m'arrête pas davantage à ce détail, et j'examine le
mot *Pierre*. Dans ce mot, vous le voyez, l'anonyme a
hésité un peu ; l'*e* est surchargé ; mais, à la suite de l'*e*
viennent deux lettres que je recommande à votre attention, les deux *rr* de Pierre. Ces lettres sont enchaînées de telle sorte qu'elles ont l'apparence d'un *n*. Eh
bien ! prenez le mot de la signature, prenez Pierre
Dolgoroukow ; examinez les *r*, et vous y remarquerez,
non pas une ressemblance, mais une identité absolue ;
elles ont la forme d'un *n*. Comparez les deux mots
Dolgoroukow ; ce sont les mêmes formes de lettres, la
même inclinaison, le même caractère, il n'y a aucune
espèce de différence ; les deux *D* majuscules ne diffèrent en rien ; l'*o* et le *l* sont liés l'un à l'autre de la même
façon. Vient ensuite le *g*, sur lequel je pourrais faire
une observation identique. Viennent, à la suite des
lettres *Dolg* les deux lettres *or*. Appliquez-leur le système d'analyse que je viens d'appliquer au mot *Pierre*,

et vous verrez que le *r* s'enchaine à l'*o* d'une façon absolument semblable. La tête de l'*o* est à peine achevée, et la main est si rapide que le *r* n'est pas formé, si ce n'est par un trait qui fait corps avec le second jambage de l'*o* et s'incline de gauche à droite de la façon la plus bizarre. Prenez l'*o* et le *r* de *Dolgorouky* dans la lettre anonyme, et vous serez frappés de l'identité des signes que je viens de faire ressortir.

Ce n'est pas le seul mot auquel je puisse appliquer la même interprétation ; il y en a un autre qui, dans le procès, a un caractère à part ; c'est le mot *généalogie*, que vous trouverez à la deuxième ligne de la lettre du prince Pierre Dolgoroukow. Vous y lisez ceci : « *Quatrième volume de mon livre généalogique.* » Vous trouverez à la troisième ligne du billet anonyme le mot *généalogie*. Je ne prétends pas que l'écriture des deux mots soit absolument semblable, mais je prétends qu'ils sont de la même main, qu'ils ont la même individualité, la même physionomie ; ils ne diffèrent que dans leurs détails.

Après ces observations générales sur quelques mots pris au hasard, et où j'ai démontré la même forme, le même enchaînement, l'identité la plus absolue entre le billet anonyme et la lettre officielle, je pourrais leur faire subir une comparaison de détail qui conduirait aux mêmes résultats. Mais à quoi bon ce travail complexe, fatigant et fastidieux ? Je ne veux pas abuser des moments du tribunal ; il a les pièces sous les yeux, il peut comparer; il n'a pas besoin de cette analyse minutieuse. Il y a cependant une lettre que je recommande encore à son attention, c'est la lettre *W*. Elle ne se rencontre qu'une fois dans l'anonyme; c'est celle qui commence le mot *Woronzoff*. Ce *W* a un caractère particulier; il indique une main qui est habituée à le tracer d'une certaine manière qui n'est pas celle de tout le monde. Eh bien! prenez cette lettre dans l'écrit authentique du prince Dolgoroukow, et comparez. Voyez à la deuxième ligne de la lettre le *W*, dans *Weliaminow*, dans *Woronzoff*, qui se trouve à la troisième ligne, et vous verrez que les deux sont exactement les mêmes. Comparez la forme de cette lettre à celle de l'anonyme, et indiquez-moi, si vous le pouvez, une différence. Je le répète, ce travail, que j'ai appliqué tout à l'heure à la lettre *A*, je pourrais l'appliquer à presque toutes; mais il en est une que je veux vous recommander encore. Je vous ai montré tout à l'heure, dans la première lettre du mot *Altesse*, que l'*A* se terminait par une boucle d'une allure tout à fait particulière. Si vous voulez bien l'examiner de près, vous verrez que, dans la lettre authentique du prince Dolgoroukow, le *t*, par exemple, a absolument le même caractère et la même forme, c'est-à-dire qu'au lieu de se terminer par un trait arrondi, il se termine par une boucle de droite à gauche qui vient former l'extrémité inférieure du *t*. Prenez dans la lettre du prince Dolgoroukow du 4/16 juin 1856 la lettre *t* par exemple, au mot *été* qu'on rencontre à la quatrième ligne, et vous y verrez le même caractère individuel, et qui porte avec lui-même son cachet et son certificat d'origine, si l'on peut dire, c'est-à-dire cette boucle arrondie qui le ter-mine.

Si des lettres isolées présentent ces caractères écrasants de ressemblance, que sera-ce si on le trouve dans des mots entiers, identiques dans l'un et l'autre écrit ? Je vous ai montré quelques-uns de ces mots : il en est d'autres. A la dixième ligne de la lettre du prince Dolgo-roukow, vous lisez les mots : « *Si vous ne vous pressez point.* » Je remarque d'abord les deux *ss* ; j'engage le tribunal à les comparer aux deux *ss* du mot *Altesse*, et je passe. Mais il y a le monosyllabe *point* que je recom-mande de toutes mes forces à votre attention. Remar-quez le *p*, la façon dont le premier jambage est fait et dont il se relève de droite à gauche, sa liaison avec l'*o*, l'*i* sortant de cet *o*, comme l'*r* tout à l'heure dans le mot *Dolgoroukow*. Et quand vous aurez examiné ces carac-tères, reportez-vous, je vous prie, à l'avant-dernier mot de la dernière ligne : « Il n'y a *point* de temps à per-dre. » Comparez et répondez. Vous répondrez comme moi : Les deux mots sont véritablement identiques. L'un est d'une écriture un peu plus longue ; mais, quant aux lettres, quant à leur forme, il y a identité absolue.

J'arrive à un autre mot, celui qui commence le deuxième alinéa dans la lettre authentique du prince Dol-goroukow : « *Le temps marche.* » Vous trouvez le même monosyllabe à la dernière ligne de l'anonyme : « Il n'y

a point de temps à perdre. » Eh bien ! prenez le mot
temps de la lettre anonyme et de la lettre authentique,
le *t* est exactement le même avec sa boucle inférieure, l'*e*
est lié de la même façon, et quant à l'*m*, il représente
quelque chose de la physionomie des deux *rr* de la
signature *Pierre Dolgoroukow*, si particulière et si saisissante ; la lettre est renversée de gauche à droite, les
jambages sont inégaux, le premier s'élève plus que le
second, celui-ci s'abaisse, et le troisième est à peine
accusé ; or, à cela près de quelques dissemblances inévitables, l'*m* des deux pièces est exactement le même, et
quant au mot tout entier, il a la même physionomie. Ce
sont là des preuves matérielles que la comparaison so-
litaire, silencieuse, complète, doit faire encore plus
énergiquement ressortir.

Je me suis livré à ce travail devant vous, messieurs,
parce que c'était une des nécessités de ma cause ; je l'ai
fait pour démontrer l'inutilité d'une expertise que mes
conclusions ne demandent pas, en effet, mais que je ne
crains pas.

Le tribunal est libre de l'ordonner ; pour moi, je le
dis sans flatterie, il n'y en a pas de meilleure, quoi qu'on
en puisse penser, que celle que font les magistrats
eux-mêmes avec les yeux du corps et ceux d'une
intelligence habituée à pénétrer ces sortes de mys-
tères.

Mais il y a entre ces deux écrits d'autres ressemblances, qui ont à mes yeux un caractère plus grave,

peut-être, et plus significatif encore; non-seulement l'écrit anonyme appartient au prince Dolgoroukow, mais les deux écrits sont contemporains, ils ont été inspirés par la même pensée; secrète et voilée dans la lettre officielle, patente et cyniquement affichée dans l'écrit anonyme. Eh bien! si les deux écrits sont l'œuvre d'une inspiration commune, si l'écrit anonyme a été placé dans l'enveloppe par la main du prince Dolgoroukow, au moment où il venait d'y placer la lettre authentique, vous retrouverez, malgré la volonté de dissimuler, vous trouverez dans l'un et dans l'autre certaines pensées identiques, fraternelles, des expressions communes, identiques pour les exprimer.

Or, que dit le prince Pierre Dolgoroukow quand il parle des documents qu'il a reçus? Il manifeste le désir d'obtenir du maréchal des documents dont celui-ci ne lui a jamais parlé, bien entendu; il lui dit : « Mon quatrième volume a été imprimé; puis, il ajoute, en forme de conclusion : « *Le temps marche, il faut se hâter dans l'envoi des documents.* » Que retrouvons-nous dans l'anonyme comme conclusion, comme pensée finale, comme expression dernière? « Mais il n'y a point de temps à perdre, le temps marche, il faut se hâter. » Ce ne sont pas tout à fait les mêmes mots, c'est assurément la même pensée ; je n'ai pas besoin d'insister. Dans les deux lettres on retrouve cette analogie de mots et de pensées qui accuse l'identité d'origine.

Arrivé à ce point de ma démonstration, je reviens à

ce qui a été le point de départ : De qui cet écrit est-il l'œuvre ? Est-ce du maréchal Woronzow ? on ne le soutiendra pas.

C'est donc l'œuvre d'un étranger ou du prince Dolgoroukow : l'impossibilité que ce soit un étranger, je l'ai démontrée par des considérations générales que vous apprécierez, messieurs, et je viens de le démontrer par l'examen matériel des deux écrits, par cette série de preuves que j'ai fait passer sous vos yeux. Ce n'est pas un étranger, ce n'est pas le prince Woronzow qui a écrit le billet anonyme ; c'est vous, ce ne peut être que vous. C'est votre nom, votre écriture, votre caractère, votre cachet. J'en appelle à tous ceux qui ont pu le comparer à vos lettres ; nul autre que vous n'a pu écrire le billet anonyme, vous ne le ferez croire à personne. Nierez-vous l'intérêt que vous aviez à l'écrire ? Vous demandie z cinquante mille roubles, c'est-à-dire un peu plus de deux cent mille francs, c'est-à-dire un trésor tout entier ! Deux cent mille francs ! direz-vous ; mais vous oubliez, sans doute, contre qui vous parlez : je suis le prince Pierre Dolgoroukow, je suis le descendant de ce patriote, de ce Jacob Dolgoroukow dont M. Michenski, dans son article, a célébré les louanges, sans trop dénigrer son successeur ; je suis un écrivain distingué ; j'appartiens par mon nom, par ma naissance, à une des familles les plus vieilles, les plus nobles de la Russie, et ma fortune me met à l'abri de ces tentations misérables qui pourraient assaillir ces auteurs faméliques dont parle Boileau. Ce fier langage, je l'ai lu dans les écritures du procès.

Oui, vous avez une illustre origine ; oui, vous descendez de ce boyard moscovite, de ce patriote populaire, de Jacob Dolgoroukow ; oui, votre famille est très-noble et très-ancienne, et vous y appartenez incontestablement ; mais je n'ai pas besoin de le dire au tribunal, il ne suffit pas d'avoir une origine illustre et de porter un beau nom pour être digne de cette origine et de ce nom.

Le prince Pierre Dolgoroukow parle de sa fortune, de sa fortune mobilière sans doute, car sa fortune immobilière, il a dû l'aliéner au moment où il a voulu diffamer le gouvernement de son pays ; en écrivant *la Vérité sur la Russie*, il ne pouvait guère y demeurer propriétaire. Mais enfin je serais curieux de voir mon confrère apporter à la barre du tribunal des preuves irrécusables de cette fortune que les conclusions donnent à son client et qui, le mettant non-seulement à l'abri de la misère et du besoin, mais lui donnant le superflu, cette chose si nécessaire, comme le disait Voltaire, aurait épargné à son cœur ces tentations misérables auxquelles, suivant nous, il s'est abaissé. Quand on nous montrera cette fortune, je croirai peut-être qu'en effet il y a là un argument moral, un obstacle moral, comme l'affirment les écritures. Jusque-là je me permettrai de penser que ni sa fortune ni celle de sa femme, dont il est séparé depuis bien longtemps, ne le mettent à l'abri du soupçon,

en lui interdisant, pour ainsi dire, de céder à la tenta-
tion dont je l'accuse. Mais enfin, après tout, ce ne serait
qu'une présomption morale, et si grave qu'elle fût, je
ne crois pas qu'elle pût prévaloir contre des preuves
matérielles, là où ces preuves matérielles ne seraient pas
combattues par des objections matérielles aussi. Ceci
m'amène à un argument que je saisis sur les lèvres de
mon confrère, et qui est emprunté aussi aux écritures
signifiées.

Le prince Dolgoroukow dit: Il y a quelque chose dans
cette *zapiska* qui prouve que j'y suis complétement
étranger. Ce sont deux noms propres : le nom de Woronzow et le nom de Dolgoroukow. Or, moi écrivain,
mais fidèle, quoique j'écrive en français, à l'ancienne
orthographe, à la véritable orthographe de la Russie,
j'écris Woronzow par un *w* et non par *ff*. J'écris également
ment mon nom par un *w* et non par un *y*, Dolgorouko*w*
et non Dolgorouk*y*. Or, mes adversaires les Woronzow
écrivent leur nom en vertu de l'orthographe nouvelle et
par *ff*, de même ils écrivent mon nom par un *i* et non
par un *w*. Est-il possible que cet écrit m'appartienne
quand on voit mon nom écrit Dolgorouky au lieu de
Dolgoroukow, et celui de mes adversaires tracé selon
l'orthographe qui leur est familière?

Voilà l'objection. Je ne sais pas si on y compte beaucoup ; quant à moi, elle ne m'embarrasse guère ; je ne
prétends pas que le prince Dolgoroukow, en écrivant son
billet, ait voulu donner la preuve que cet écrit émanait

de lui ; ce serait le renversement de la raison. Je soutiens, au contraire, qu'il a voulu, sans y réussir, comme
font tous ceux qui se placent dans cette condition, en
écrivant de sa main, dissimuler sa personnalité, et par
conséquent modifier, altérer sa propre écriture, cacher,
en un mot, sa propre individualité ; ce qu'il a cru faire
en traçant les signes matériels des mots qui exprimaient
sa pensée, est-ce qu'il n'a pas voulu aussi l'accomplir
dans les mots eux-mêmes ? est-ce que l'altération de
l'orthographe du nom de Woronzow et de son propre
nom n'a pas dû être la première idée qui lui est venue
pour dépister les investigations ? C'est ainsi qu'il a terminé ces deux noms d'une façon qui diffère de ses habitudes. Mais puisque je suis ramené à l'objection par ces
deux mots, et notamment par le mot *Woronzoff* je
vous recommande les deux *ff* qui terminent le nom de
mon client dans l'écrit anonyme. Voyez comment ils
s'adaptent l'un à l'autre : la forme penchée de droite à
gauche du premier et la forme presque verticale du
second. Comparez ces deux *ff*, dans lesquelles il a voulu
dissimuler son écriture, avec ces deux lettres accou-
plées ailleurs dans ses lettres officielles. Je les rencontre
dans le mot *difficultés* qui se trouve au dernier mot du
dernier alinéa de la lettre authentique du prince Pierre
Dolgoroukow ; comparez-les aux deux *ff* du mot Woronzoff, dans l'écrit anonyme, et voyez s'ils ne se ressemblent pas.

Je me suis livré à un bien long examen devant vous,

et je vous prie de me le pardonner. J'aurais pu vous l'é-
pargner, je l'aurais dû peut-être. Je le voulais, et dans
ce but j'ai désiré avoir pour moi-même et pour la justice, afin de l'aider dans son œuvre, quelque chose qui
vînt en aide à l'impuissance relative, au moins, où je pourrais me sentir d'entreprendre et d'accomplir sous vos
yeux une telle démonstration. Je me suis adressé à un
homme habile dans son art, et qui a le bon sens de ne
pas professer cette doctrine d'*infaillibilité* que l'on prête
parfois à ses confrères. C'est un homme éminent par ses
connaissances, par son caractère et par la confiance que
la justice lui accorde à bon droit : c'est M. Delarue, expert de la Banque de France. Son opinion, ici, n'a pas
d'autre valeur que celle d'un témoignage grave ; il n'a
point obéi aux ordres de la justice, il a déféré à un désir
que je lui ai exprimé, et il l'a fait avec une modestie de
forme et avec un désintéressement qui donne à son travail un cachet qui n'est pas habituel aux œuvres de ce
genre. Permettez-moi d'en placer une partie sous les
yeux du tribunal. Voici ce que M. Delarue m'écrit :

« Ordinairement, lorsqu'il s'agit, comme dans le cas
présent, d'une mission officieuse, qui, pour moi, offre
toujours une plus grande responsabilité et quelque chose
de plus délicat encore qu'une mission judiciaire, je ne
l'accepte jamais qu'après m'être livré à un examen préalable ayant pour but de m'assurer du véritable état de la
question, de quelle utilité peuvent être les lumières qu'on
veut bien me prêter et me demander, de l'importance

du travail à faire, et qu'après en avoir transmis un résumé à mon consultant. Or, en me livrant à cet examen
préalable à l'égard de la présente missive, je suis resté
étonné que vous en ayez eu la pensée ; car, selon moi,
pardonnez-moi de le dire, en faisant appel à l'expertise
en cette circonstance, votre tact et votre jugement
semblent vous avoir fait défaut, et en y procédant, j'ai
peur, moi-même, d'avoir l'air de mettre en doute la sagacité et l'expérience des magistrats sous les yeux desquels les trois écrits auront à passer. Il m'en coûte donc,
je l'avoue, d'ajouter quelque chose à ce qui précède. Et
si je ne vous renvoie pas les pièces, c'est que, malgré
tout, je dois vous considérer comme meilleur juge que
moi du parti que vous avez pris en me les adressant.
Mais cela ne m'empêche pas d'éprouver quelque embarras et quelque confusion d'avoir à démontrer ce que
tout le monde peut voir aussi aisément que moi ; et il
n'y a pas de mal que vous le sachiez.

« Aussi, je me bornerai à citer quelques-uns des éléments d'appréciation dont la vue seule démontre, avec
une éclatante évidence, la commune origine des trois
écrits qui nous occupent, et à dire que la dissemblance
générale qui existe entre l'écriture de l'anonyme et l'é-
criture des deux lettres, ne provient pas, comme on
pourra, par impossible, le prétendre, de leur production
par deux auteurs différents ; mais tout simplement,
comme chacun, en y apportant la moindre attention,
le reconnaîtra, de ce que celui qui a produit ces écri-

tures, a fait celle de l'anonyme d'une tout autre manière qu'il n'a fait celle des deux lettres; qu'il a tracé celles-ci naturellement, couramment, suivant sa coutume; tandis qu'il a tracé l'anonyme, au contraire, en y procédant d'une façon contre nature, toute nouvelle pour lui, et en cherchant à dissimuler son écriture habituelle, connue, en cherchant à la dissimuler ou en changeant la forme de quelques-uns de ses caractères courants, ou en leur donnant un développement exagéré et une inclinaison qu'ils n'ont pas d'ordinaire. Mais quoi qu'il ait fait, il n'en est venu, en définitive, qu'à produire une écriture grossière, ridicule, dans laquelle la marche maladroite de sa plume apparaît à chaque mot, et l'aveuglement de son esprit partout.

« Au reste, il n'en pouvait être autrement, etc. »

Suivent des comparaisons matérielles que je ne lis pas pour ne pas faire double emploi avec ce que j'ai imposé déjà à votre patience.

J'en ai fini de cet examen matériel. Mais je n'en ai pas fini avec ma cause pour répondre aux considérations morales que je réfutais tout à l'heure et qu'on emprunte à la situation du prince Dolgoroukow, à sa noblesse et à sa fortune; permettez-moi de vous dire qu'au delà et au-dessus des éléments matériels de conviction que je tiens pour invincibles, car ils sont tels pour mes yeux et tels pour ma conscience, il en est qui ont un caractère encore plus grave, plus décisif; ce sont aussi des preuves morales; je les ai indiquées en exposant les faits, permettez-moi d'y revenir en quelques mots ; je serai bref, rassurez-vous.

Si le prince Pierre Dolgoroukow est innocent ; si, comme il le prétend et comme on le soutiendra en son nom, il est victime d'une machination odieuse, destinée à perdre, à étouffer sa voix, à frapper d'impuissance ses écrits en discréditant sa personne et son caractère ; si cela est vrai, il y aura, non pas dans l'écrit anonyme et sa décomposition par l'analyse, mais dans l'ensemble des faits et des documents qui ont passé sous vos yeux, il y aura quelque chose qui le démontrera. L'innocence ne descend pas au mensonge, elle ne s'y abaisse pas. Innocent, le prince Pierre Dolgoroukow, ne cachera pas la vérité ; il la dira, elle sortira spontanément du sein de sa conscience et de ses souvenirs. Il n'altérera ni le rôle du prince Woronzow ni le sien, il ne dénaturera ni les actes ni les écrits de ses adversaires. Si le prince Dolgoroukow est coupable, au contraire, il mentira, il altérera les faits, ce sera la condition de sa situation et du rôle qu'il voudra se donner devant le public, dans cette lettre du 1er mai 1860 que je dénonce aux sévérités de votre justice. En un mot, et cela dit tout : Innocent, il dira la vérité ; coupable, il sera condamné au mensonge.

Dira-t-on que ce que j'appelle des mensonges sont peut-être des erreurs explicables, et qu'on ne peut point en tirer cette conclusion sévère ?

Je réponds non, et voici mes motifs. Les faits sur les-

quels je veux revenir, et sur lesquels roule la lettre du
1er mai 1860, ne remontent pas à un passé lointain et
et oublié; ils datent du mois de *juillet* 1856; et qu'on y
songe, ce n'étaient pas là de ces faits insignifiants qui
raversent la vie de chacnu de nous et qui glissent sur
notre mémoire sans y laisser une empreinte, c'étaient des
faits graves dont le souvenir, pour l'un et pour l'autre, devait être impérissable; cela me paraît évident. Reprenons
donc, à la lumière de cette pensée, la lettre du 1er mai
1860, et rapprochons-la des faits certains du procès.

Que dit-il dans la lettre du 1er mai 1860? Il dit, vous
vous le rappelez, que le prince Woronzow l'a poursuivi
de ses obsessions. Il le dit sans preuves; je le nie sans
preuves possibles, matérielles du moins; je leur oppose
la gloire et l'honneur du maréchal.

Passons.

Il dit encore dans cette lettre du 1er mai 1860, que le
prince Woronzow, à Saint-Pétersbourg, lui parla de
documents qui confirmaient sa prétention et promit de
les lui envoyer, mais qu'il ne les a pas reçus. Il ajoute
qu'il a sommé dans une lettre le prince Woronzow de
les lui envoyer, et que cette sommation est demeurée vaine. Je ne vous relirai pas les documents dont j'ai
fatigué votre audience; mais vous vous rappellerez sa
propre lettre, à lui, celle que j'ai décomposée tout à
l'heure; vous vous rappellerez la lettre du prince Woronzow, et de ces deux lettres, qui sans doute n'ont pas
été concertées, il résulte que les documents, le maré-

chal les a envoyés, que le prince Dolgoroukow les a eus en sa possession. Donc, quand il affirme dans sa lettre de 1860 qu'il ne les a pas reçus, et qu'il a mis le maréchal en demeure de les lui envoyer, il fait un double mensonge.

Mais voici quelque chose de bien autrement grave. Il reçoit la lettre du prince Woronzow, il lit ce *post-scriptum* que je ne veux pas vous relire. Que fait-il? Vous vous rappelez ce qu'il raconte en 1860 ; il est « stupéfait et indigné, » il écrit au maréchal « une lettre peu polie; il demande une enquête, et pour la faire aboutir, il exige du prince Woronzow la remise de l'écrit anonyme en question. » Voilà ce qu'il dit.

Voyons, est-ce que cela est vrai? Oui, cela doit être vrai, s'il est innocent, s'il n'est pas l'auteur du billet anonyme. Oui, il sera « stupéfait et indigné ; » il écrira au prince Woronzow « une lettre peu polie, » et je trouve l'expression très-affaiblie. Oui, il exigera impérieusement la remise de l'écrit anonyme pour confondre son calomniateur invisible et se mettre sur les traces de celui qui a commis cette infamie. Oui, telle sera sa pensée, telle sera sa conduite, s'il est innocent.

Mais s'il est coupable, s'il a à redouter les investigations qu'il prétend, en 1860, avoir provoquées, son rôle sera tout différent ; désespéré d'avoir manqué son coup, (qu'on me pardonne l'expression), il en est honteux, je l'espère ; il en sera confus et n'aura qu'une pensée, qu'un désir, glisser là-dessus et faire en sorte, par l'indiffé-

rence affectée qu'il montrera, que le maréchal Woronzow puisse dire : Qui sait! ce n'est peut-être pas lui.
Dans tous les cas, il aura le désir de mettre un terme à
une polémique pénible et dangereuse; il fuira toute espèce d'enquête, il n'écrira pas une lettre impolie au
maréchal, et sa stupéfaction et son indignation se ren-
fermeront dans un langage très-modéré.

Voilà les deux hypothèses de l'innocence ou de la culpabilité.

Eh bien, de ces deux hypothèses, laquelle est la vraie?
Quelle conduite a tenue Dolgoroukow? Je ne puis mieux
faire pour répondre que de replacer sous vos yeux la
lettre qu'il adressait au maréchal Woronzow en réponse
au *post-scriptum* que vous connaissez :

« Mon prince,

« J'ai eu l'honneur de recevoir votre lettre de Wilbad
du 27 juin - 9 juillet. J'ai été stupéfait... (en lisant ce
mot, mon adversaire cherchera à y mettre l'accent de
la stupéfaction; mais, malgré son habileté, je le défie
d'y réussir); j'ai été stupéfait en lisant dans cette lettre
que vous aviez trouvé dans la mienne un billet à écriture inconnue, et en parcourant la copie du conténu de
ce billet, que vous m'avez envoyée, j'aurais été bien curieux de savoir qui a osé se permettre ce tour audacieux,
cette action qui n'a pas de nom! »

Comment! c'est là le langage de l'indignation! C'est
l'honnête homme offensé, outragé, qui parle! Il s'ar-

rête là, et continue le plus naturellement du monde en ces termes :

« *Pour en revenir, mon Prince, à la question généalogique*, sur laquelle nous avons chacun notre manière de voir différente, vous me dites dans votre lettre, etc. »

Eh bien, je dis que ce n'est pas là le langage de l'homme indigné, injustement accusé d'une action honteuse et infâme.

Ce n'est pas le seul et le plus grave indice qui ressorte de cette lettre ; il en est un autre sur lequel j'appelle l'attention du tribunal. Vous exigez, dites-vous, la production de l'écrit anonyme ; pendant quatre jours vous avez vainement attendu une réponse ! Vous dites cela en 1860. Il est nécessaire que vous le disiez, sans cela votre histoire ne trouverait que des incrédules. Vous avez voulu, dites-vous, aller aux enquêtes ! C'est un rôle que vous vous donnez aujourd'hui en mentant à la vérité ; j'en prends à témoin votre billet. Où y a-t-il un mot qui mette le prince Woronzow en demeure de vous envoyer cet écrit ? Est-ce que vous le désirez ? je ne dis pas : Est-ce que vous l'exigez ? Est-ce que vous parlez d'une enquête ? « J'aurais été bien curieux de savoir qui a osé se permettre ce tour audacieux, cette action qui n'a pas de nom ! » Et, remarquez-le, messieurs, cette lettre, et c'est ce qui en fait la gravité, répond à quoi ? à ce *post-scriptum* par lequel le prince Woronzow, avec un véritable sentiment de l'honneur de son adversaire, va au-devant de cette enquête, qu'on l'accuse d'avoir étouffée sous l'influence et le prestige de son nom : « J'ai cru devoir garder l'original avec la lettre que vous avez bien voulu m'écrire, et, *quand nous nous verrons, je serai prêt à vous remettre cette zapiska,* dans l'idée que peut-être vous voudrez en faire usage pour découvrir la main qui l'a écrite. » Je ne sais pas si vous êtes allé trouver le ministre de la police, votre parent, le prince Basile Dolgoroukow; ou plutôt, il faut dire la vérité, vous êtes allé le trouver, nous croyons le savoir, mais vous ne lui avez pas montré la lettre du maréchal Woronzow, car il eût été impossible, cette lettre à la main, qu'on vous opposât cette fin de non-recevoir que vous qualifiez d'une façon si odieuse. Le nom de Woronzow et sa qualité de chevalier de Saint-André n'eussent point été un obstacle à une enquête, puisqu'il la sollicitait lui-même; dans cette Russie que vous diffamez, que vous calomniez peut-être, où les grands, selon vous, jouissent d'un « privilége d'impunité pour des actes qui, chez les simples particuliers, constituent un crime de faux !» si tout autre pouvait trouver la justice impuissante, les barrières s'abaissaient devant vous, devant la volonté de votre adversaire, et l'enquête vous aurait été accordée et non pas déniée, comme vous le prétendez. Voilà le mensonge, le voilà flagrant, énorme, je crois pouvoir le dire.

Revenant à mon point de départ et terminant, comme j'ai commencé, je dis : Si le prince Pierre Dolgoroukow avait été innocent, il aurait mis sous les yeux du public exactement, textuellement, comme dans le procès-verbal, les faits et les actes qui se rattachaient à cette affaire. Il ne les aurait pas modifiés, altérés ; il n'aurait pas eu recours à ces mensonges qui prouvent sa culpabilité et font se dresser contre lui, à côté des preuves matérielles, des preuves morales plus accablantes encore.

J'ai accompli ma tâche, messieurs, dans la mesure de mes forces. Le public, s'il entend ces débats, cette revendication d'une illustre mémoire contre d'indignes attaques, contre cette œuvre immorale que je viens de dérouler sous vos yeux ; le public dira que le fils du maréchal Woronzow a rempli le devoir que lui imposaient et la piété filiale et le soin de son honneur. Puisse-t-il dire en même temps que le défenseur n'a pas failli à cette glorieuse tâche !

Je persiste dans mes conclusions.

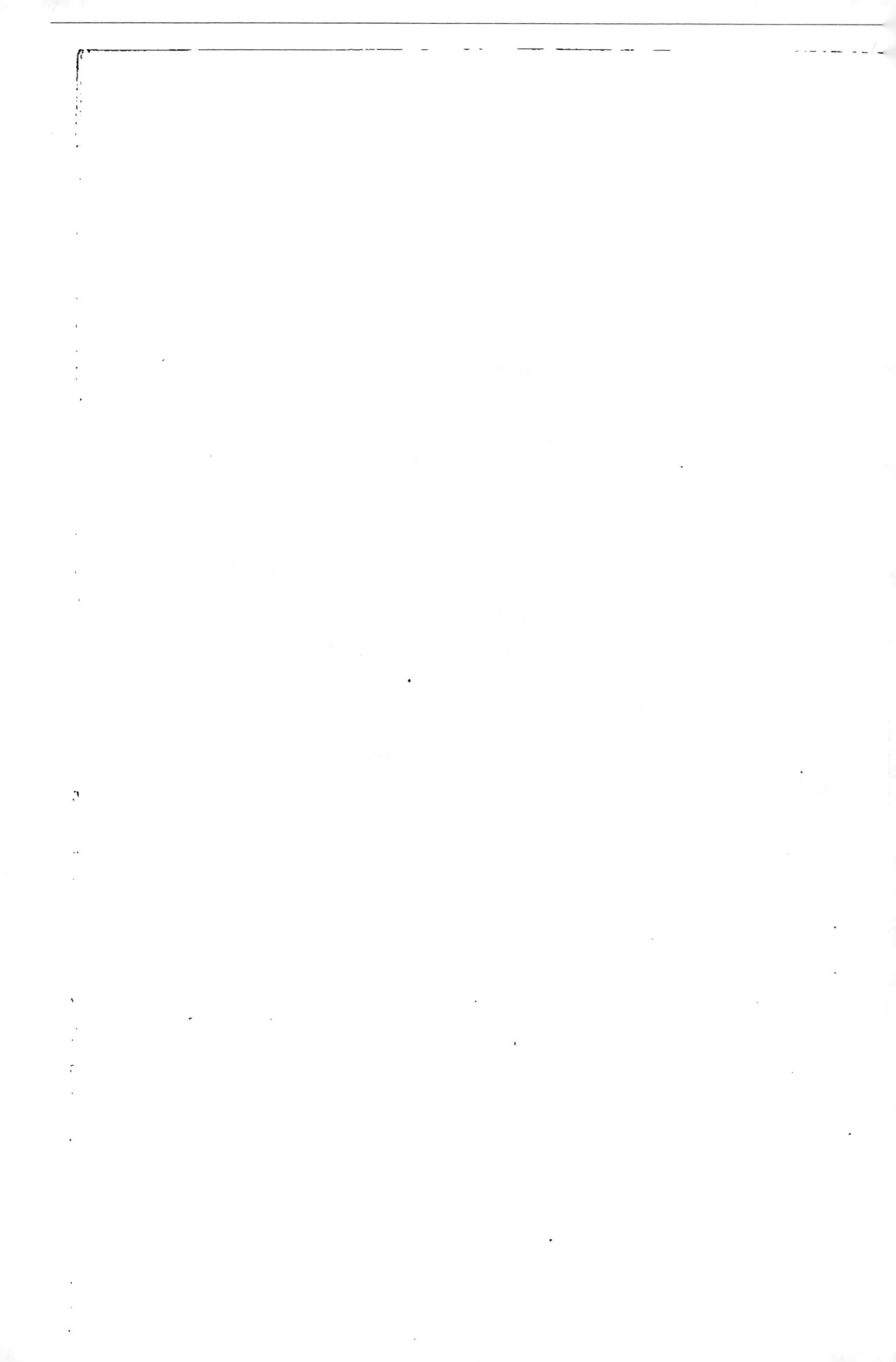

PLAIDOIRIE DE Me MARIE

DÉFENSEUR DU PRINCE DOLGOROUKOW

MESSIEURS,

Je reconnais que ce procès est grave, grave pour tout le monde, non pas qu'il se rattache à un intérêt pécuniaire ; — cet intérêt n'est rien ; — mais il se rattache à un intérêt d'honneur, et celui-là l'emporte de beaucoup sur le premier.

Je reconnais aussi que la question soulevée par ce procès est difficile, délicate ; car sa solution tient bien moins à l'étude et à l'appréciation de faits matériels, saisissables, qu'à des appréciations morales en présence desquelles les intelligences les plus élevées, les meilleures consciences risquent fort, quelquefois, de se troubler, d'hésiter, de se tromper même.

Et pourtant, messieurs, permettez-moi de vous le dire, après avoir bien réfléchi sur tout ce procès, il me semble que, lorsque vous aurez entendu, lorsque vous connaîtrez bien ce que vous ne connaissez pas encore, les faits et les circonstances au milieu desquelles se soulève la question que vous avez à décider, il sera clair pour vous, comme il est clair pour moi, que le prince Dolgoroukow est incapable de ʃ'infamie dont on l'accuse; il me semble que j'aurai prouvé qu'il a été dans son droit quand, se révoltant contre ses calomniateurs, il a cherché à repousser leurs calomnies même avec une énergie violente; oui, il était dans son droit de légitime défense quand il a déclaré que cette accusation, soulevée contre lui, n'était qu'un mensonge, qu'il le prouverait. Eh bien ! il vient acquitter sa parole et, je l'espère, il l'acquittera.

Permettez-moi d'abord de bien dessiner les rôles. Cela importe beaucoup au procès actuel, et il me semble que j'aurai déjà fait un grand pas vers la vérité que nous cherchons, quand j'aurai parcouru les faits en détail, dans leur ordre chronologique, et en les plaçant avec exactitude au milieu des circonstances qui les ont enfantés.

M. le prince Dolgoroukow a quitté la Russie depuis 1859. A cette époque il s'est établi en France ; il se livrait ici, messieurs, à ses études favorites, à ses goûts pour l'histoire, notamment pour l'histoire de son pays. Il s'occupait aussi de polémique. Il était enfin parmi nous, sinon heureux (on ne l'est guère loin du pays natal), au moins tranquille, parfaitement calme, ne cherchant querelle à personne, et ne songeant surtout ni au maréchal Woronzow ni aux héritiers du maréchal, lorsque tout à coup il fut violemment accusé dans un journal fort accrédité en France, fort accrédité aussi à l'étranger, et qui monte avec succès à tous les étages de la société : je parle du *Courrier du Dimanche*. On l'accusait dans ce journal, lui prince, écrivain, historien, dont la vie jusqu'alors respectée et honorée n'avait jamais soulevé un soupçon dans l'esprit de personne, on l'accusait d'avoir voulu vendre sa conscience d'homme, sa conscience d'écrivain ; on racontait les circonstances au milieu desquelles cet abominable marché se serait engagé ; on nommait la personne à laquelle il l'aurait offert : c'était le maréchal Woronzow ; on racontait que cette offre partait de la main même du prince Dolgoroukow ; qu'à la vérité l'écriture du billet dans lequel il avait consigné cette infâme proposition, était une écriture dissimulée ; mais enfin on l'accusait, et on disait que sous cette écriture dissimulée il était facile de reconnaître sa main.

Certes ! l'accusation était violente. Pourquoi donc se produisait-elle ? à quelle occasion ? le prince l'avait-il donc provoquée ? Est-ce que, par hasard, nous étions au lendemain de ces faits de 1856, qui pouvaient, au gré de tristes passions, la faire naître ou l'appuyer ? Non, ces faits-là, en les admettant comme vrais, dataient de 1856, et nous étions en 1860. Est-ce que d'ailleurs le maréchal l'avait déjà accusé ? Jamais ! Est-ce que la famille Woronzow avait, comme on le disait dans l'article, publié le billet émané, dit-on, de la main du prince Dolgoroukow ?

Jamais!... Il avait donc attaqué alors, le premier, par ses discours, dans ses écrits? Il avait donc, par quelque imprudence au moins, provoqué cette accusation terrible? Non. Rien, rien, rien !

Pourquoi donc cette accusation si brutale, si inattendue en 1860? Ah! il venait de publier en France un ouvrage important, auquel il avait donné pour titre : *La Vérité sur la Russie.* Ce que contient cet ouvrage, je n'ai pas à vous le dire; ce sont là de ces détails sur lesquels la cause ne m'appelle point, et dans lesquels, par conséquent, je me dispenserai d'entrer. J'en dirai seulement quelques mots dans le cours de cette plaidoirie. Mais, quoi qu'il en soit, la publication de cet ouvrage avait excité de grandes colères, soulevé de grandes inimitiés. Vous en aurez la preuve, vous en aurez la preuve... Et c'étaient à l'occasion de cet écrit purement historique et politique, sous le prétexte d'en présenter un compte rendu dans le *Courrier du Dimanche,* que l'accusation s'était tout à coup produite contre un homme d'honneur, qui, à coup sûr, ne l'attendait pas et ne pouvait pas l'attendre dans aucune circonstance, et surtout dans les circonstances où elle se produisait. Eh! quel était donc l'auteur de cette accusation? qui donc lui avait mis à la main les pièces qui servaient à ses colères? Qui?... nous l'ignorons encore!... Il accusait hautement, audacieusement, cet homme, et il cachait lâchement son nom! et c'était en effet sous un pseudonyme qu'il publiait son article accusateur.

Ah ! en présence d'une telle publication, lui, le prince Dolgoroukow, s'est révolté. Ne pouvant pas flageller l'auteur, il a flagellé l'écrit ; il a repris une à une toutes les accusations qu'il contient, il les a réfutées une à une ; il a déclaré, et il déclare encore à votre audience, que ce billet n'est jamais émané de lui, qu'il n'est ni de son écriture réelle ni de son écriture dissimulée, que jamais le maréchal Woronzow ne l'a dit, que jamais la famille Woronzow ne l'a prétendu, si ce n'est en 1860 ; que, si on lui impute cet écrit, on lui impute un écrit partant de la main d'un *faussaire ;* que ceux qui le lui imputent se rendent pour ainsi dire complices du faux, s'ils n'en sont pas les auteurs. Voilà ce qu'il a dit, voilà ce qu'il a écrit, et voilà ce qu'il plaidera devant vous.

C'est alors que la famille Woronzow, ou plutôt M. Simon Woronzow, le représentant de cette famille, s'est levé à son tour, et, apercevant, dit-il, dans la réponse du prince Dolgoroukow à l'injure effroyable dont il avait été l'objet, apercevant dans cette réponse une insulte à la mémoire du maréchal son père, il a voulu, dit-il, venger cette insulte.

Aux yeux de la loi, en a-t-il le droit ? Certes, je ne le conteste pas. Ce n'est pas de ma bouche que vous entendrez jamais sortir cette proposition insensée, qu'un fils n'a pas le droit de venger l'honneur de son père, quand cet honneur est attaqué. Seulement, a-t-il raison en fait ? La raison se place-t-elle ici à côté du droit ?

Voilà la question du procès, et c'est cette question que j'entends agiter.

Il a donc fait un procès, un procès en diffamation. Dans la lutte judiciaire comme dans la polémique de la presse, le prince Dolgoroukow a la condition d'un dé - fendeur. Ici, comme dans le journal le *Courrier du Di- manche*, il vient soutenir, oui , que l'acte qu'on lui a imputé est l'acte d'un faussaire ; oui , qu'il n'a jamais eu la pensée d'écrire et qu'il n'a jamais écrit de billet ; oui, qu'en s'en emparant contre lui , on se rend complice, complice moral au moins, de la main du faussaire qui a écrit le billet. Et si je fais cette preuve, messieurs, si je la fais, je vous aurai démontré que, même dans son éner- gie, cette énergie fût-elle même empreinte de violence, il est pourtant resté dans le droit de sa légitime défense. Car, enfin, qu'on me le dise ! est-ce qu'il y a quelque chose de plus élevé, de plus profond , est-ce qu'il y a une richesse plus haute que la richesse qu'il vient dé- fendre aujourd'hui, et sera-t-on admis à lui demander compte de ses pensées, de ses expressions, de l'amertume de son langage, quand, après tout, il n'aurait fait que venger l'injuste outrage qu'il n'avait ni cherché, ni pro- voqué , ni mérité, et que l'inspiration occulte de je ne sais quel parti politique, ou bien je ne sais quelles colères privées, jusqu'ici muettes, a appelé sur sa tête.

Soit, ce débat, d'où qu'il parte, je l'accepte pour le prince Dolgoroukow, et j'ai maintenant, mes- sieurs, à rechercher si j'ai, en effet, raison de l'accepter ou si la raison est, au contraire, du côté de nos adversaires.

Je pourrais faire plusieurs hypothèses. Est-ce vous? Est-ce moi? Est-ce une main ennemie qui a tracé ce billet? Voilà trois hypothèses qu'on peut examiner, qu'on peut débattre. Ai-je besoin de le faire? Non, je n'ai qu'un besoin, moi; c'est de vous démontrer que le prince Dolgoroukow est étranger à tout cela, qu'on l'a calomnié quand on lui a imputé le billet, que la calomnie est partout, aussi bien dans la presse que dans l'assignation des adversaires et dans leur défense à l'audience.

Cela démontré, en effet, ma défense est complète et la demande reconventionnelle justifiée. Examinons donc.

Et d'abord, quelles sont, messieurs, les parties belligérantes? Deux grands seigneurs russes.

On vous a parlé beaucoup de la famille Woronzow, de l'illustration de cette famille. On vous a parlé notamment de la célébrité qui s'attache au nom du maréchal Woronzow, décédé en 1856. On vous a dit quelle avait été sa haute fortune, quels avaient été ses hauts faits, quels services il avait rendus à son pays, soit dans les armes, soit dans la diplomatie, ou même aux jours de repos et quand sa vieillesse, à l'abri de tout souci, adressait encore des vœux pour la grandeur de son pays.

Soit, je n'ai rien à effacer dans ce portrait; je n'ai rien à détacher de ces grandeurs, rien à discuter de ces magnificences. S'il est vrai que l'homme qui peut s'entourer de leur auréole est désormais à l'abri de tout soupçon d'une mauvaise action, tant mieux, tant mieux; car je pourrais revendiquer à mon tour, pour le prince Dolgoroukow, le bénéfice inappréciable de cet heureux privilège. Il est juste, en effet, que l'homme riche de grandes et belles actions puisse en effet s'abriter sous elles, lorsqu'on l'accuse d'un acte d'infamie.

Qu'est-ce donc que le prince Dolgoroukow? Lui aussi, il appartient à une illustre famille. Quand on remonte à son origine, on le voit se rattacher, dès le neuvième siècle, à la maison régnante en Russie, et jamais il ne s'en est détaché. Lui aussi, il peut compter de grandes illustrations dans sa famille. Marie Dolgoroukow, épouse du tsar Michel, fondateur de la dynastie des Romanow; la princesse Catherine, fiancée à Pierre II, petit-fils de Pierre le Grand, et Jacob Dolgoroukow, que vous avez vous-mêmes appelé boyard moscovite, patriote populaire! deux mots qui sonnent assez mal aux oreilles de certains Russes, deux mots que je ne décline pas; car ce que je revendique surtout dans cette famille du prince Dolgoroukow, ce qui flatte ma pensée, à moi, c'est qu'en effet elle s'est distinguée dans le monde, et par les grandeurs militaires qui distinguent le prince Woronzow, et par les honneurs politiques, et plus encore par cette indépendance du cœur, cette fière liberté d'esprit, qualités privilégiées qui ne conduisent pas toujours, il est vrai, à la fortune et aux honneurs,

mais qui garantissent, du moins, l'esprit de toutes mauvaises pensées et le cœur de tristes défaillances.

Voilà son origine ; elle est belle aussi, n'est-ce pas?
elle est grande. Il peut aussi, lui, s'abriter avec orgueil
derrière ses ancêtres.

Ah ! je sais bien que je ne peux pas comparer sa situation personnelle à celle du maréchal Woronzow. Le
maréchal, vous a-t-on dit, pouvait s'écrier : Moi aussi, je
suis un ancêtre ! — C'est bien de l'orgueil, messieurs ;
mais je l'admire, s'il est légitime.

Le prince Dolgoroukow, lui, n'avait point suivi la
carrière des armes. Les grandes guerres étaient finies,
grâce à Dieu. Encore bien que sa position, ses amitiés,
ses relations de parenté, pussent lui ouvrir les larges
portes de l'administration, il n'avait pas grandement
ambitionné l'honneur de donner son travail et son activité au sein de cette armée de fonctionnaires russes, si
vaste, si nombreuse, si peu brillante, hélas ! Sa vie, il
l'avait tout entière consacrée aux lettres ; de ce côté
étaient ses pensées les plus aimées, ses goûts favoris.
Il les cultivait, sinon avec un grand éclat, au moins avec
un grand succès. Il avait une position honorée, distinguée, d'illustres amitiés ; tout cela n'avait pas l'éclat
que donnent les armes ou les triomphes de la diplomatie.

Je ne sache pas cependant que, dans la carrière qu'il
avait, par goût, embrassée de préférence, dans cette
carrière des lettres, où le cœur grandit à mesure que l'es-

prit s'élève, on ne se montre pas aussi fidèle aux belles traditions de l'honneur que dans le tumulte des camps ou dans les salons à demi voilés de la diplomatie.

Il n'avait pas non plus, j'en conviens, la haute fortune des Worońzow. C'est vrai, c'est vrai. Il n'a jamais vu groupés, autour de ses châteaux, ces serfs nombreux qui, aujourd'hui, devenus hommes enfin, demandent et demanderont sans doute un compte sévère du passé à leurs anciens possesseurs. Non, il n'avait pas cette haute fortune, j'en conviens, je n'ai nulle répugnance à le dire. Mais épargnez-nous vos sarcasmes et vos insinuations perfides. En 1856, époque à laquelle se placent les faits que vous calomniez, à cette époque de 1856, M. le prince Dolgoroukow était en Russie, où il jouissait d'une considération incontestée. A cette époque, il vous voyait souvent, vous, maréchal Woronzow, vous l'accueilliez bien, très-bien, et M. Simon Woronzow, notre adversaire actuel, peut se rappeler apparemment qu'il s'est assis à côté du prince à la table de son père.

Il n'était pas votre égal au point de vue de la fortune ; mais enfin il possédait en Russie des terres importantes ; non pas aussi importantes que les vôtres, mais enfin des terres qui suffisaient à sa position et à ses goûts ; une terre dans la province de Kostroma, une autre dans la province de Toula, une fabrique de sucre de betteraves ; cette fortune il en a joui depuis sa majorité, en 1838, et c'étaient bien ses propriétés, non pas celles de sa femme, comme il vous a plu de le dire. Vous le savez, vous le savez à merveille, et vous ne devriez pas laisser plaider sur ce point une insinuation malveillante et mensongère.

Depuis 1860, c'est vrai, sa fortune a diminué. Ah ! il a quitté le sol de la Russie. On ne quitte pas facilement cette jalouse patrie. Pour la quitter, il faut savoir vivre fièrement et sans trop se soucier de sa fortune, il faut savoir dire, comme l'a noblement dit le prince Dolgo-roukow dans un de ses écrits : « On peut bien payer d'une partie de sa fortune le droit de parler et d'agir librement. »

Cette maxime, il l'a mise en action ; oui, il a acheté en effet par l'exil, par la confiscation, par le séquestre de sa fortune immobilière que vous connaissez bien, que vous connaissez très-bien, le droit de venir sur le sol de France parler et agir librement.

Que m'importe qu'il ait été ainsi ruiné en 1860 ! et quand, en effet, il aurait échangé contre la misère ce droit de l'homme, droit imprescriptible, si sacré, si fier, si ma-gnifique, qu'il a revendiqué pour lui ; mais, vraiment, croyez-vous donc qu'on s'inclinerait moins volontiers devant sa misère que devant votre fortune ?

Mais non, grâce à Dieu, il n'en est pas tout à fait réduit là ; à l'heure qu'il est, il possède encore une partie de sa fortune. Les confiscations qui écoutent et qui veillent ne l'ont pas entièrement dévorée ! Il dira, non pas à vous, non pas au public, mais il dira au tribunal, dans le secret de ses délibérations qui ne se divulgue pas au dehors et que la confiscation ne saurait atteindre, il lui dira qu'il a encore en ce moment vingt-huit mille francs de rentes inscrites sur les fonds publics de divers États. Mais que lui importe donc, à lui, la fortune ou la misère ! La misère ! elle ne le conseillerait pas plus mal que ne l'aurait conseillé la fortune. La fortune ! il ne lui aurait pas sacrifié une seule de ses pensées. La misère ! il a su affronter ses menaces et saura affronter ses étreintes. Dans toutes les positions que Dieu lui réserve, son âme, comme son esprit, le garantiront toujours de ces mauvais conseils qui auraient dicté la mauvaise action dont vous cherchez à le salir.

Voilà ce qu'est M. le prince Dolgoroukow dans sa personne, dans ses aïeux. Soit, vous êtes plus riche que lui ; soit, vous avez eu, vous, prince Woronzow, vous avez eu le bonheur, depuis vos premiers pas dans la carrière de la vie, de la parcourir, même sous le despotisme russe, si difficile cependant à contenter, de la parcourir, dis-je, en voyant constamment se développer votre fortune, grandir vos honneurs. Vous avez pu ainsi savourer sans trouble toutes les magnificences dont vous êtes si fier. — Soit, soit. Mais encore une fois, épargnez vos sarcasmes à l'homme qui, à ses risques et périls, à su dire : « On peut bien payer d'une partie de sa fortune le droit de parler et d'agir librement. »

Tels sont, messieurs, les deux hommes entre lesquels se débat le procès. C'est entre l'assertion de l'un

et l'assertion de l'autre que vous avez à vous décider.
Il s'agit de savoir si le prince Dolgoroukow s'est rendu
coupable de l'action infâme que le fils du maréchal lui
reproche, que son père ne lui a jamais reprochée, ou
bien au contraire si on *ment* quand on l'en accuse.
Voilà ce que vous avez à dire. Eh bien ! soit, je ne
revendique pas, moi, une supériorité morale ou sociale
du prince Dolgoroukow sur la famille Woronzow ; mais
qu'elle ne revendique pas, elle, non plus, cette supériorité sur le prince Dolgoroukow ; et s'il est vrai de
dire qu'abrité par sa famille, par ses antécédents, par
les traditions d'honneur qu'il avait reçues, il n'est pas
possible d'admettre un seul instant que le prince Woronzow ait proposé au prince Dolgoroukow de l'acheter,
pourquoi voulez-vous que le prince Dolgoroukow,
placé sur les mêmes hauteurs, entouré des mêmes
magnificences, ayant derrière lui les mêmes traditions,
ayant en lui les mêmes principes d'honneur, les ayant
constamment conservés, pourquoi voulez-vous que lui,
dans cette situation-là, il ait en effet proposé de se
vendre, pourquoi voulez-vous que l'une des propositions
soit plus vraisemblable que l'autre ? Tenez, elles ne
sont vraisemblables ni l'une ni l'autre, et je crois qu'on
est dans le vrai quand on dit, qu'il y a au-dessous de
toute cette intrigue une main ennemie, et qu'il se
pourrait bien que le prince Woronzow, aussi bien que le
prince Dolgoroukow, fussent dupes, tous deux, d'une
odieuse manœuvre dont le secret est encore à trouver.

Mais enfin laissons les hommes; étudions les faits, étudions-les de près. Je sens bien ce qu'il y a, je le répète, de délicat dans la tâche que j'ai à remplir, grâce aux accusations si hardies de nos adversaires. Mais je sais bien aussi que je m'en acquitterai en étudiant les faits pas à pas, et non pas en me jetant dans des généralités plus ou moins vagues et sans ordre, telles que celles où s'est jeté l'adversaire à votre dernière audience. Soyez tranquille je n'oublie pas que vous avez invoqué des preuves matérielles, je les examinerai; mais avant d'examiner les preuves matérielles, je veux, moi, examiner les preuves morales, et afin de les bien étudier et de les bien apprécier, je veux une histoire complète, fidèle, par détails, de tout ce qui s'est passé, dussé-je fatiguer le tribunal de mes récits; mais il ne se fatiguera pas, car c'est ici affaire de vérité et de justice ! Dussé-je éprouver moi-même cette fatigue, je la subirai plutôt que d'omettre un seul des détails utiles à ma cause.

Voyons. Nous sommes en 1856. M. le prince Dolgo-roukow, qui s'est constamment occupé d'études litté-raires et historiques, conçoit l'idée d'un ouvrage qui portera ce titre : *Livre généalogique russe.* Prenez-y garde, ce n'est pas ici une de ces biographies comme quelquefois nous en voyons malheureusement naître en France, dans lesquelles on va sollicitant la vanité; ce n'est pas une de ces œuvres éphémères qui passent aussi vite que la spéculation qui les a fait vivre. Non pas! C'est un ouvrage sérieux, capital, un ouvrage qui va étudier toutes les grandes familles de Russie (et elles sont nombreuses); c'est un ouvrage qui sera conçu sur un plan extrêmement large, qui devra être travaillé profondément, et sur lequel on ne pourra dire son dernier mot qu'à la condition de recherches patientes, sérieuses, impartiales, indépendantes.

En effet, les lecteurs auxquels il s'est adressé, les intérêts qui doivent y être en jeu, sont des lecteurs intelligents, des intérêts susceptibles, vigilants, jaloux, intéressés. Ah! que l'auteur se permette une complaisance, un acte de bienveillance, quelque chose pouvant donner l'idée, le soupçon d'un marché, à l'instant même l'ouvrage coule, il est discrédité et avec lui la personne de l'auteur, et ce serait véritablement justice.

Il s'agit donc d'un ouvrage sérieux dans sa conception. Pour l'écrire, messieurs, qu'a fait M. le prince Dolgoroukow? Il a étudié très-consciencieusement le passé, il est remonté aux sources les plus officielles et aux sources les mieux accréditées en Russie. Il y a, en effet, dans ce pays, un livre qu'on appelle le *Livre de velours*; c'est aussi un livre généalogique; il a été rédigé en 1682, il est resté ouvert aux réclamations de la noblesse russe jusqu'en 1689, c'est-à-dire pendant sept années. Vous le voyez, une sorte d'enquête a été faite, dans laquelle toutes les critiques légitimes ont pu se produire et se faire accepter. Puis, en 1689, l'œuvre a été définitivement arrêtée, puis elle a été imprimée en 1787. Cette œuvre, la voici, l'original en a été déposé au département héraldique du Sénat. (Ici M⁰ Marie montre un livre qu'il tient à la main). C'est une source officielle, s'il en fut jamais. La sincérité des documents qu'elle contient est incontestable, incontestée. En telle sorte que quand la noblesse russe veut savoir au juste quelle est son origine, quand elle veut bien s'en rendre compte et ne pas substituer son imagination et ses rêves à la réalité, elle n'a qu'une chose à faire : ouvrir le *Livre de velours*, le consulter, et elle sait ainsi quels sont les ancêtres dont elle descend et comment elle en est descendue.

Il y a encore un document, une autre source qu'on appelle l'*Armorial officiel*, très-bonne à consulter aussi quand il s'agit des armoiries, mais mauvaise pour les origines. Il est arrivé en effet, en Russie, ce qui est arrivé partout, il n'y a pas eu d'exception pour elle : à certaines époques, de grands personnages ont cherché à se rattacher à d'anciennes familles. Ne se contentant pas d'origines trop modernes, ils ont voulu remonter les temps et ressouder leurs anneaux à des chaînes auxquelles ils ne se rattachaient point.

Alors de grandes sollicitations se sont fait entendre ; alors on s'est fait admettre, dans cet *Armorial officiel*, et quelquefois à prix d'argent. C'est une mauvaise source à consulter, je le répète. La source officielle, vraie, c'est le *Livre de velours*. A cette source seule viennent se joindre tous les documents historiques qui peuvent contrôler et consolider la solution générale et définitive donnée dans le livre officiel.

Ce fut donc là le travail de M. le prince Dolgoroukow. Il s'y est attaché avec une grande activité, avec une grande énergie, et j'ai le droit de le dire, — je le prouverai plus tard, — avec une impartialité et une indépendance à toute épreuve.

Son ouvrage était, je le répète, un grand ouvrage en quatre volumes in-8°. Voici l'un de ces volumes. (M⁰ Marie montre le livre qu'il tient à la main.) Quand je vous disais tout à l'heure qu'il ne s'agissait pas pour lui de jeter un appât à la vanité, de la prendre à cet appât, et de faire sa fortune à l'aide d'une spéculation détestablement dirigée, j'étais dans le vrai : les pièces et documents officiels sont là pour attester la vérité de mon récit.

Parmi les familles qu'il rencontrait sur sa route, se trouvait la famille des Woronzow. Il avait examiné aussi avec beaucoup de soin tous les titres de cette famille ; il les avait étudiés sur les textes officiels, sans se préoccuper de plaire ou de déplaire. A ce moment, il était en très-bons termes avec le maréchal Woronzow ; il le voyait souvent ; il était, je l'ai dit, parfaitement reçu chez lui. Si donc il avait dû avoir une préférence pour quelqu'un dans les études qu'il devait faire, ou du moins dans les résultats qu'il devait donner à ces études, l'un des préférés, à coup sûr, eût été ce haut personnage, qui l'avait honoré de sa bienveillance, et qui, loin de le blesser ni de le froisser jamais, s'était toujours montré parfaitement aimable, prévenant et gracieux pour lui.

Il examina la généalogie avec soin, il en étudia les bases avec un très-grand scrupule, et il arriva à ce résultat que les Woronzow actuels ne se rattachaient pas aux anciens Woronzow. C'était une solution grave, j'en conviens, grave surtout pour le maréchal, qui avait au contraire la prétention de se rattacher aux anciens Woronzow. Mais cette solution, il ne l'avait pas admise à la légère, et quand il ouvrait le *Livre de velours*, dans lequel on trouvait consignés tous les titres des anciennes familles et toutes les données de leurs origines, il rencontrait notamment cette phrase :

« Les lignées de Basile Tissiatskoï et de Fédor Woronzow sont éteintes. »

En sorte qu'en prononçant cette sentence héraldique : « Les lignées de Fédor Woronzow sont éteintes, » le *Livre de velours* avait pris l'initiative : ce n'était pas même le prince Dolgoroukow qui annonçait cette extinction ; il la trouvait consignée dans le livre officiel publié en 1787, et qui, à coup sûr, n'était pas son œuvre.

C'est ainsi qu'il a été amené, après une étude approfondie des faits, à indiquer dans son Livre généalogique russe l'origine des Woronzow, se rattachant non pas aux anciens Woronzow, mais à des Woronzow plus modernes, moins illustres, j'en conviens, que les anciens du même nom ; — mais qu'importe, après tout, au ma-

réchal? Il est à lui seul un *ancêtre*, dit-il. Vraiment, je
ne sais pas pourquoi il ne se contenterait pas d'avoir
fait, à lui seul, souche honorable, grande, admirée; je
m'en contenterais à sa place pour ma part, et je ne serais pas si ambitieux! Mais enfin, qu'il s'en contente ou
non, en fait, les Woronzow anciens étaient éteints, la
lignée était morte, tous les documents recueillis par le
prince Dolgoroukow venaien confirmer, consolider la
solution donnée dans le *Livre de velours* en 1682; il
devait donc le dire, il l'a dit.

Cette solution, messieurs, le maréchal Woronzow
l'avait parfaitement connue; il n'y avait pas à en faire
mystère et on n'en avait point fait mystère. Le prince
Dolgoroukow l'avait dit et très-haut; il en avait parlé
dans le second volume de son Livre généalogique, déjà
publié à cette époque.

Est-ce que, par hasard, le prince Dolgoroukow a jamais prétendu que le maréchal Woronzow se fût, à
cette occasion, jeté à ses genoux, qu'il l'eût sollicité
comme on sollicite, comme on mendie une grâce non
méritée, une faveur dont on n'est pas digne? Non pas!
non pas! Mais ce qui est vrai, c'est que le maréchal fut
singulièrement froissé dans son orgueil; c'est qu'il déclara que la solution du prince Dolgoroukow était erronée; c'est qu'il affirma avoir entre les mains des
documents à l'aide desquels on pouvait rectifier sa généalogie; c'est qu'il proposa au prince d'examiner ces
documents, et qu'il les lui remit dans ce but; c'est que

le prince Dolgoroukow s'engagea, en effet, à les étudier ;
qu'il les étudia, et qu'après l'avoir fait, il ne put pas par-
tager l'opinion, les sentiments du maréchal Woronzow.
Tous ces documents sont concluants, s'écrie le maréchal.
Permis à lui de le dire, permis aussi au prince Dolgoroukow de dire le contraire, et aussi hautement permis
à lui d'affirmer dans son livre généalogiqne, ici, partout et dans l'intimité de sa conscience, que les Woronzow actuels ne descendent pas des anciens Woronzow.
Voilà ce qui est vrai, ce qui est incontestable, dans l'histoire des relations qui se sont établies, en cette circonstance, entre le prince Dolgoroukow et le prince Woronzow.

C'est ici, messieurs, que se place la correspondance
qui commence le 4 juin 1856, et dans laquelle vous allez
trouver la preuve de ce que je viens de vous dire, la
preuve que des documents ont été remis par le maréchal
Woronzow au prince Dolgoroukow, mais que celui-ci a
cru devoir les écarter. Voici d'abord la lettre que le
prince Dolgoroukow adresse au maréchal ; elle est du
4 juin 1856 :

« Mon Prince,

« Je m'occupe en ce moment à mettre la dernière
« main au quatrième volume de mon Livre généalogi-
« que ; dans ce volume se trouveront les Wéliaminow
« et, par conséquent les anciens Woronzow. J'examine
« scrupuleusement *les papiers que Votre Altesse m'a*

« *envoyés;* et jusqu'à présent il m'a été impossible de
« découvrir dans les vieux documents et les chroniques
« des preuves de *l'authenticité des papiers en question.*
« Les sentiments de respect et d'admiration que je pro-
« fesse pour Votre Altesse m'auraient rendu bien doux
« le plaisir de vous être agréable ; mais je serai obligé
« d'imprimer l'article d'une manière complétement op-
« posée à celle que vous auriez désirée, mon Prince, si
« vous ne vous pressez point de m'envoyer des docu-
« ments supplémentaires, qui, éclaircissant les passages
« obscurs, auraient pu lever toutes les difficultés.

« Le temps marche : il faut se hâter dans l'envoi des
« documents. Je resterai ici à la campagne jusqu'aux
« premiers jours d'octobre. Mon adresse est, etc. ·

» *Signé* : Prince Pierre Dolgoroukow. »

Ainsi, voilà qui est bien clair. Vous avez su, maréchal Woronzow, quelle était la solution donnée sur votre origine dans le Livre généalogique; vous avez voulu
la combattre. Pour cela, vous avez fourni des documents
que vous avez présentés comme officiels. Le prince
Dolgoroukow les a examinés : il n'a trouvé rien qui en
prouvât l'authenticité. Il vous le dit clairement, et alors
il vous demande d'autres documents plus pertinents et
plus décisifs que ceux qu'il a reçus d'abord.

Cette lettre, messieurs, a été écrite par le prince Dolgoroukow le 4 juin 1856, envoyée le lendemain, et si

l'on en croit une mention mise sur l'original aujour-
d'hui entre les mains de l'adversaire, elle n'aurait été
reçue que le 25 juin, vingt jours après. Je mets de côté
les deux autres dates qui correspondent au calendrier
russe ; ce qui ne change rien au calcul, l'intervalle étant
toujours le même. Le 5 juin, donc, la lettre est envoyée
par M. le prince Dolgoroukow ; le 25 juin, seulement,
je le répète, la lettre aurait été reçue par M. le prince
Woronzow. Or, ce qu'il y a de certain entre nous, et ce
qui ne sera pas contesté, c'est que la distance n'explique
et ne légitime en aucune façon ce retard. Quoi qu'il en
soit, la lettre a mis vingt jours au lieu de mettre huit à
neuf jours à parcourir la distance qui sépare les deux
princes. Ceci est important. Comment a-t-elle voyagé?
Où a-t-elle été? En quelles mains est-elle tombée?
Voilà des questions qui ne manquent pas d'intérêt.
Quant à présent, je le redis, la distance du temps n'est
pas expliquée par celle de l'espace : c'est un point certain, incontestable. Pourquoi la lettre a-t-elle mis à
parcourir cette distance et cet espace plus que le double
du temps qu'elle devait y mettre?

Quoi qu'il en soit, messieurs, la lettre écrite le 4 juin
finit par arriver, cependant, entre les mains du prince
Woronzow. Il l'aurait reçue le 25 juin. Il y répond
le 27, c'est-à-dire deux jours après sa réception. Je
vous demande, messieurs, la permission, ne fût-ce d'ailleurs qu'en raison du temps qui s'est écoulé depuis la
plaidoirie de mon adversaire, de remettre, sous vos

yeux cette lettre qu'il est important d'étudier en elle-
même, afin de voir comment va marcher la pensée du
prince Woronzow, d'étudier ses sentiments et ses impressions à ce moment, tels qu'il les a consignés dans
la première partie de sa lettre :

« Mon Prince,

« Je m'empresse de répondre à la lettre que vous
« avez bien voulu m'écrire le 4/16 juin. Vous me de-
« mandez des documents en addition à ceux que je
« vous ai remis à Pétersbourg, et qui me paraissaient
« suffisants pour prouver que les Woronzow actuels
« étaient de la même race et descendaient de père en
« fils de ceux qui ont joué un grand rôle dans notre his-
« toire jusqu'à leur ruine par le tsar Ivan Wassiliewitch.
« Après avoir examiné ces documents, vous m'avez dit
« franchement qu'ils ne vous avaient pas entièrement
« persuadé du fait qui nous paraît à nous si clair ; mais
« que, pour toute justice dans la controverse, vous im-
« primeriez dans votre prochain volume tout ce que j'ai
« communiqué, laissant au public de juger la contro-
« verse... »

Je ne sais pas où il a vu cela dans la lettre !

M. le prince Dolgoroukow. — Jamais ! jamais !

Me Marie (continuant la lecture de la lettre). —« A pré-
« sent vous me demandez de nouveaux documents que
« je ne puis avoir, encore moins ici à Wilbad, en me
« pressant de le faire immédiatement, parce que vous

« êtes en train de publier votre quatrième volume, où
« il s'agira des Wéliaminow, et par conséquent de ce que
« vous appelez les anciens Woronzow. Il dépend de
« vous de faire là-dessus tout ce que vous voulez ; mais
« comme je crois à la vérité des documents que je
« vous ai livrés, et que je ne voudrais pas qu'il soit dit
« sans contestation que les Woronzow actuels n'ont
« rien à faire avec les anciens, et que nous descendons
« de quelque vagabond qui aurait pris seulement de-
« puis environ cent cinquante ans le nom d'une famille
« de laquelle il ne descendrait pas, je me réserve le droit
« de protester par une publication de ma part, de sou-
« mettre au jugement du public le sujet des contro-
« verses existantes entre nous. Permettez-moi, en at-
« tendant, de vous remercier de la peine que vous vous
« êtes donnée dans toute cette affaire ; je regrette seu-
« lement que vous ne jugiez pas possible de me tenir la
« promesse que vous m'aviez faite... »

M. LE PRINCE DOLGOROUKOW. — Jamais !

Mᵉ MARIE (*continuant*). «... de mettre en regard
« mes documents avec les pièces que vous aviez déjà
« sur notre famille, sans donner une opinion décisive
« de votre part là-dessus et laissant la chose au ju-
« gement du public. »

« Veuillez agréer l'assurance des sentiments distin-
« gués que je vous porte. »

« *Signé* : Prince MICHEL WORONZOW. »

Voilà la réponse à la lettre de M. le prince Dolgoroukow.

Vous y chercheriez vainement une phrase, un mot qui
pût révéler chez le prince Woronzow l'émotion d'un
sentiment blessé ; rien, rien qui puisse faire soupçonner
la pensée d'un marché odieux offert à son honneur.

Cependant, à la suite de cette lettre, si calme, si précieuse par sa nature même, dans laquelle il n'est question que de la famille Woronzow, que de ses prétentions généalogiques, dans laquelle on n'apercevait pas,
oh ! je veux le redire encore ! une pensée, une insinuation qui puisse toucher à la dignité des deux interlocuteurs, à la suite de cette lettre se trouve le *post-scriptum* suivant :

« J'ai trouvé, à ma grande surprise, dans votre lettre
« une zapiska (c'est-à-dire un billet) non signée et d'une
« main qui me paraît différente de la vôtre, dont je
« vous envoie ci-joint la copie. Vous saurez peut-être
« apprendre qui a osé envoyer une pareille zapis-
« ka dans une lettre cachetée par vous et de votre
« cachet. J'ai cru devoir garder l'original avec la lettre
« que vous avez bien voulu m'écrire, et quand nous
« nous reverrons, je serai prêt à vous remettre cette
« zapiska dans l'idée que peut-être vous voudrez en
« faire usage pour découvrir la main qui l'a écrite. »

Ce post-scriptum, comme la lettre, étaient écrits de
la main du secrétaire du prince Woronzow et signés
par le maréchal. Puis la lettre renfermait, en effet, tou-

8

jours de la main du secrétaire du prince, un billet ainsi conçu :

« Son Altesse le prince Woronzow a un moyen sûr
« de faire imprimer sa généalogie dans la *Ross. Rodos.*
« *Kniga* (ce qui en russe veut dire : *Livre généalogi-*
« *que de Russie*), telle qu'il la veut; c'est de faire ca-
« deau au prince Pierre Dolgoroukow d'une somme de
« 50,000 roubles argent; alors tout se fera suivant ses
« désirs. Mais il n'y a pas de temps à perdre. »

Voilà, messieurs, la réponse du prince Woronzow, voilà le *post-scriptum*, voilà le billet annoncé dans le *post-scriptum*, et c'est dans ce billet qu'en effet (oh! s'il était en effet du prince Dolgoroukow!) se trouverait la proposition la plus nette, la plus hardie, la plus cyni-que qu'on puisse imaginer. Vous avez un moyen sûr de faire admettre vos documents: donnez 50,000 roubles, c'est-à-dire 200,000 francs, et alors tout se fera suivant votre désir; mais il n'y a pas de temps à perdre! Rien n'est plus odieux !

Est-ce le prince Dolgoroukow qui a écrit ce billet? Le prince ! il a répondu immédiatement, sans retard, sans délai :

« Mon Prince,

« J'ai eu l'honneur de recevoir votre lettre de Wil-
« bad du 27 juin (9 juillet). J'ai été stupéfait en lisant
« dans cette lettre que vous aviez trouvé dans la
« mienne un billet à écriture inconnue... »

Le *post-scriptum* portait : *d'une main qui me paraît différente de la vôtre*, « ... et en parcourant la copie du « contenu de ce billet que vous m'avez envoyée, *j'au-* « *rais été bien curieux de savoir qui a osé se permet-* « *tre ce tour audacieux, cette action qui n'a pas de* « *nom*.

« Pour en revenir, mon prince, à la question généa- « logique sur laquelle nous avons chacun notre ma - « nière de voir différente, vous me dites, dans votre « lettre, qu'après la publication, en hiver, du quatrième « volume de mon Livre généalogique, vous publierez « une protestation. C'est très-juste : chacun a le droit « de protester contre un livre imprimé ; mais une fois « cette polémique engagée, je me réserve, à mon tour, « de faire paraître alors une contre-protestation, ap- « puyée sur des faits et des preuves irréfutables. Le « public jugera.

« Je prie Votre Altesse d'agréer l'hommage de mon « respect.

« *Signé :* Prince Pierre Dolgoroukow. »

Vous êtes bien peu indigné ! s'écrie l'adversaire. Comment ! vous êtes stupéfait ! et voilà tout ! Comment ! vous vous réservez simplement de savoir quel est l'au- teur de ce tour audacieux. Rien de plus !

Vous êtes bien moins indigné encore, dirais-je à mon tour au prince Woronzow, s'il me convenait d'imiter

les arguments de l'adversaire! Comment! prince, il se
trouve un homme qui a l'audace de vous proposer un
marché, de vous proposer de jouer vis-à-vis de lui le
rôle de corrupteur. Vous y croyez apparemment, si
l'on en croit aujourd'hui le langage de votre fils! Au
lieu de répondre par une indignation violente à cette
injure jetée à votre nom et à votre honneur, vous discutez froidement, dans une lettre de trois pages, avec
un homme qui vous demande de l'acheter ; vous ne
laissez pas échapper une syllabe, un mot, qui atteste
votre mépris pour sa personne! Non, non, vos prétentions généalogiques, voilà ce qui vous préoccupe exclu-
sivement! Certes! ma réponse vaudrait votre accusation.

Mais quoi! votre étonnement intéressé, je le comprendrais, si le prince Dolgoroukow avait été accusé
directement ou indirectement, sous forme d'ironie, d'insinuation, que sais-je ? si le prince Woronzow lui avait
dit brutalement surtout : Vous me proposez, monsieur,
de faire pour 200,000 francs les changements que mon
orgueil, ma vanité ou la légitimité de mes prétentions
m'autorisent à vous demander! Vous êtes un misérable! Oh! oui, je comprendrais qu'il fallût à de telles
prétentions une réponse pleine d'amertume et de colère.
Mais non, point d'insinuation ; au contraire, cette affirmation : « *un billet écrit d'une autre main que la vôtre.* »
Croit-il donc ou paraît-il croire à quelque chose ? Soup-
çonne-t-il ? Sous cette apparence, a-t-il l'air d'aperce-

voir la main de Dolgoroukow ? Non. Pourquoi donc le prince Dolgoroukow aurait-il été plutôt violent, emporté, qu'étonné et méprisant ?

Je veux rester fidèle à ma thèse ; mais enfin, croyez-vous donc, soupçon pour soupçon, *que cet étrange* post-scriptum *ne pouvait pas jeter aussi une étrange impression dans l'esprit du prince Dolgoroukow ?* Est-ce qu'il n'aurait pas pu voir, lui aussi, dans un billet ainsi écrit une de ces habiles inventions, qui ne sont pas sans exemple dans l'histoire diplomatique de la corruption ?

Nous en avons connu, de ces habiletés-là ; nous savons comment on s'est permis, quelquefois, d'approcher de hauts fonctionnaires... On ne leur fait pas une proposition brutale, mais on va dans leur cabinet, on y oublie un portefeuille rempli de billets de banque ; si le fonctionnaire s'aperçoit de cet ingénieux oubli, il est honnête homme ; s'il ne s'en aperçoit pas, il est acquis ! De ces tentations-là, de ces habiletés-là, le monde des affaires, je ne dirai pas en est plein, non, pour l'honneur de la dignité humaine, je ne proférerai pas ce blasphème, mais enfin il y en a eu des exemples, et les allusions que je faisais tout à l'heure, ce ne sont pas des allusions imaginaires, *ce sont des faits connus de tous.*

Le prince Dolgoroukow aurait donc pu aussi voir, dans l'avis qui lui était donné, une adroite proposition ; et alors on *expliquerait mieux encore la modération de ses impressions à la lecture du post-scriptum et du billet.*

qu'on ne peut expliquer l'étrange froideur du prince
Woronzow à la découverte de ce billet.

Mais restons dans la vérité du fait : il n'a rien imposé
au prince Woronzow, pas plus que le prince Woronzow
ne lui a rien imputé à lui-même ; et alors on explique
très-bien, de part et d'autre, le ton des lettres échangées.

Comment, comment! vous vous étonnez sérieusement, et je suppose que votre étonnement n'est point
une tactique, vous vous étonnez de ce que le prince
Dolgoroukow ne s'est pas montré assez indigné? Ah!
mon Dieu! mais plus il aurait été coupable, cet homme,
plus il aurait été colère, furieux! Est-il donc si difficile
de jouer la comédie, et surtout de la jouer par correspondance? Est-ce donc si difficile de rencontrer ou de
placer sous sa plume de ces expressions emportées
jusqu'à la folie, et qui semblent, en effet, révéler les
émotions d'une conscience honnête, quand il n'y a là-
dessous que le calcul d'une conscience pleine de turpitudes? Oui, crier bien haut, c'eût été son rôle, son jeu,
s'il avait commis cette infamie! En telle sorte que,
lorsque vous, vous trouvez qu'il n'est pas assez indigné,
tant mieux! tant mieux! vais-je m'écrier; oui, à mon
sens, tant mieux! car la situation vraie ne pouvait appeler que le mépris, et le mépris ne s'épanche point en
paroles exaltées.

Mais je veux mieux que cela, je veux mieux. Je ne
m'attache point uniquement à des argumentations qui

peuvent être plus ou moins habiles, mais aussi plus ou moins solides. C'est avec les faits, ai-je dit, que je veux toujours marcher. Ce sont eux qui doivent parler, ce sont eux que j'interroge et que je consulte. Suivons-les encore.

Après ces lettres échangées, messieurs, que s'est-il passé? quelle a été l'attitude du prince Woronzow? quelle a été celle du prince Dolgoroukow? La généalogie a été publiée, et comme on n'avait pas entre les mains les documents qui pouvaient certainement et légitimement rattacher le maréchal aux anciens Woronzow, on a brisé la lignée des Woronzow là où le *Livre de velours* l'avait déjà brisée. On a rattaché le maréchal, non pas à des hommes sans nom, mais enfin à des hommes d'un rang beaucoup plus modeste que les anciens Woronzow.

Si le prince Woronzow a été victime d'une spéculation non satisfaite, ah! c'est pour le coup qu'il va être indigné, lui; qu'il va, pour me servir de l'expression de l'adversaire, *briser les vitres;* c'est pour le coup qu'il va prendre au collet cet infâme qui aurait bien consenti à le rattacher aux anciens Woronzow, s'il lui avait donné 200,000 francs, et qui a brisé sa lignée parce que les 200,000 francs ne lui ont pas été donnés. Entendez-vous les éclats de ces récriminations? Entendez-vous les imprécations de ses vengeances? Comment! mais le prince Woronzow, ainsi traité, va s'empresser de rétablir sa généalogie, en livrant à la publicité l'abominable spéculation sous laquelle elle a péri. Oui, voilà sa conduite, elle ne peut pas être autre, il faut qu'elle soit telle, ou il ne croit pas, non, non, il ne croit pas, il n'a jamais cru à l'action infâme que son fils, son fils seul, vient accuser aujourd'hui.

Le pseudonyme du *Courrier du Dimanche* l'a très-bien compris, et quand il méditait la calomnie qu'il a produite, il a bien senti qu'il devait montrer à côté de l'historien vénal le grand seigneur indigné de vénalité.

« Le noble prince indigné, écrit-il, voyant, comme « nous le disons en France, un honteux chantage, fit « autographier l'épître audacieuse de l'auteur, et en ex- « pédia la copie à des milliers de lecteurs. »

Oui, vous avez raison, c'est là ce qu'il aurait dû faire. Oui, vous avez raison, c'est là ce qu'il aurait inévitable-ment fait, si, victime d'une spéculation effrontée, il avait vu sa généalogie périr sous les coups d'un misérable qu'il n'avait pas voulu payer. Oui, *c'est là ce qu'il au-rait dû faire!* L'a-t-il fait? Non, *vous en avez menti*, vous, l'anonyme. Non, il n'a pas fait autographier le billet; non, il ne l'a pas publié; non, il ne l'a pas envoyé à des milliers de lecteurs. Non, non, non, cela n'est pas vrai, et vous le reconnaissez vous-même, prince Woronzow, lorsque dans la plaidoirie de votre défenseur vous avez dit :

« Après la publication du livre qui, au lieu de rat- « tacher la famille Woronzow aux anciens boyards de

« ce nom, la fait descendre de je ne sais quelle
« souche obscure, tout est resté dans le silence... La
« famille n'a pas même songé à une publication contra-
« dictoire...

« Ces faits accomplis en 1856 dormaient dans l'oubli
« du passé, lorsqu'ils ont été réveillés, etc., etc. »

Ce que vous auriez dû faire, et ce que vous auriez
inévitablement fait, vous ne l'avez donc pas fait, et quand
le pseudonyme parle de publication autographiée à des
milliers d'exemplaires et envoyée à des milliers de lecteurs, *il ment, et il sait qu'il ment !*

Mais je n'ai pas besoin de votre aveu, et, je le déclare, quand il n'existerait pas, j'aurais encore dans les
faits de la cause toute la puissance qui m'est nécessaire
pour réfuter ce mensonge.

Comment! mais en 1856, quand le maréchal est mort,
le prince Dolgoroukow était encore en Russie ; il y est
resté depuis 1856 jusqu'en 1859 ; il n'en est parti qu'en
1859. Quand donc vous êtes-vous plaint? Quand donc
avez-vous parlé de son chantage? A qui donc vous êtes-
vous plaint? Où sont ces milliers de lecteurs? Nommez-
en un *seul*? Comment ! vous l'auriez répandu sur tout le
sol de la Russie, et le prince Dolgoroukow n'en aurait
rien su? Comment ! il l'aurait su, et cet homme, qui se
révolte aujourd'hui avec tant de violence, n'aurait pas
dit un mot, pas un mot, pas un! Mieux que cela : vous
avez répandu ce billet dans toute la Russie, en proclamant que le prince Dolgoroukow l'avait écrit ; qu'en

conséquence, il vous avait proposé de vendre sa conscience moyennant 200,000 francs ; de vous rattacher
aux anciens Woronzow moyennant 200,000 francs !
Vous avez dit cela ! Alors il a été déshonoré, frappé de
la réprobation universelle, délaissé ! Eh bien ! accordez
cela avec sa position à Saint-Péterbourg et à Moscou,
avec ces nobles et illustres amitiés dont il est resté entouré, avec celles qui l'entourent aujourd'hui. Il a été
livré au mépris comme un vil trafiquant, dites-vous, et
pourtant, en 1859, il est encore en rapport avec les plus
grands personnages de la Russie.

Voici un billet de madame la comtesse Borch, épouse
de M. le comte Borch, grand-maître des cérémonies de
la cour de Russie. Ce billet est du 2 janvier 1859 :

« Mon cher Prince,

« Je viens vous dire ici tous mes bons vœux de nou-
« velle année, et vous demander si vous ne voudriez
« pas dîner avec nous après-demain dimanche, à notre
« heure ordinaire, c'est-à-dire cinq heures et demie.
« Tous ces jours-ci, je suis en l'air, et ne vous engage
« point à venir me voir.

« Veuillez, mon cher Prince, agréer mille choses les
« plus aimables.

« *Signé* : C^{sse} Sophie Borch. »

Voici d'autres billets. Je passe une partie de ces lectures. Les billets seront mis sous vos yeux. En voici un de M. le prince Gortchakow, ministre des affaires étrangères, il est d'avril 1857 :

« Mon cher Prince,

« Si vous ne pouvez pas venir dîner avec moi aujourd'hui, voudriez-vous me faire le plaisir de passer chez moi demain à onze heures ? Je voudrais échanger quelques paroles avec vous avant votre départ.

« *Signé* : GORTCHAKOW. »

En 1857, 1858, 1859, et depuis, je retrouve les mêmes témoignages d'amitié l'accueillant dans le plus grand monde de l'aristocratie.

Et vous vous êtes plaint, et vous avez publié le billet accusateur ! Et vous l'avez présenté comme étant de lui, et vous l'avez, en face de toute la Russie, en face de toute la noblesse russe, en face de ses parentés, de ses amitiés illustres, vous l'avez signalé comme un misérable ayant cherché à se vendre moyennant 200,000 francs, et ses amis lui sont restés fidèles ! Non, non, cela n'est pas vrai ! Ah ! vous faites bien de désavouer ici le pseudonyme, de vous séparer de son mensonge ; mais vous ne vous en seriez pas séparé, que je n'en prouverais pas moins le mensonge ; vous le voyez bien.

Ainsi donc, j'ai raison. Vous êtes resté sans voix

en face de votre généalogie détruite par le prince Dolgoroukow. Il n'a pas publié vos documents ; vous
n'avez pas publié de protestations. Vous avez accepté
son jugement, non pas son jugement, mais le jugement
du *Livre de velours !* Vous n'aviez rien pour vous relever de cette sentence, vous ne vous en êtes pas relevé.
Vous criez aujourd'hui à la spéculation et au chantage ;
mais votre père, vous-même, n'avez rien dit de pareil,
même quand votre ambition déçue pouvait le plus ardemment vous conseiller de telles injures.

C'est quelque chose, ceci, c'est beaucoup ! Ce n'est
pas tout. Et ensuite, en face de votre silence j'étudie
l'attitude du prince Dolgoroukow : est-ce qu'il est resté
froid et calme comme vous ? est-ce qu'il n'a pas, au
contraire, cherché à répandre la lumière sur ce fameux
billet déposé aux mains du prince Woronzow ? Je mets
sous vos yeux le récit qu'il a donné à cet égard, parce
que ce récit n'est pas contestable, parce qu'il n'est point
contesté et ne saurait l'être, parce qu'il est avoué même, au moins en partie, par nos adversaires, et j'en
trouve la preuve dans la plaidoirie de mon honorable
contradicteur ; avoué, oui, autant qu'il est possible
d'avouer un fait qui vous est désagréable. Voici ce que
dit le prince Dolgoroukow :

« J'attendis une réponse pendant des semaines ; elle
« n'arrivait point. Je quittai la campagne ; je revins
« à Saint-Pétersbourg, et j'allai chez le chef supérieur
« de la police politique, le prince Basile Dolgoroukow.

« Je lui montrai la lettre du maréchal, et lui demandai
« une enquête. Le princé Basile se mit à rire, et me dit :
« A quoi bon une enquête ? personne ne croira jamais
« que vous avez demandé de l'argent.

« Je lui répondis qu'il ne s'agissait pas de cela, mais
« de tirer au clair cette indigne affaire, et je répétai la
« demande d'une enquête. Le prince Basile me répon-
« dit : Il est impossible de faire une enquête dans une
« affaire où se trouve impliqué un chevalier de Saint-
« André, un maréchal. Chez nous ces choses-là ne se
« font pas. *L'on a voulu vous effrayer et l'on n'y a point*
« *réussi :* voilà tout !

« Je lui demandai s'il existait, pour les maréchaux et
« les chevaliers de Saint-André, un privilége d'impu-
« nité pour des actes qui, chez les simples particuliers,
« constituent un crime de faux, et je le priai de pren-
« dre la lettre pour la montrer à l'empereur. Le prince
« Basile me déclara qu'il ne parlerait point à l'empe-
« reur, qu'il n'y aurait point d'enquête, et il se refusa
« même à prendre la lettre du maréchal pour la montrer
« à l'empereur. »

Oh ! messieurs, quand on nous parle de ces choses,
nous n'y croyons pas ; nous avons foi dans la justice de
notre pays, et nous avons raison d'y avoir foi. Nous
savons très-bien que quand on se plaint, fût-ce d'un
grand personnage, le principe de l'égalité domine, et
qu'il n'y a pas devant la justice de personnes privilégiées ; *le droit est le droit.* Mais jouez donc l'incrédulité

quand il s'agit de la Russie ! faites-nous donc croire
à nous, ici, qu'en effet ces principes d'égalité règnent
sur le sol russe comme sur le sol de France ! Faites-
nous donc croire qu'en effet ces principes sous lesquels
nous avons vécu, et qui sont gravés si fièrement dans
l'âme de chacun de nous, vivent avec une même hauteur, avec la même vérité dans le cœur des fonctionnaires russes ! Faites-nous croire cela ! Et puis, quand
vous aurez sur ce point-là vaincu notre incrédulité,
alors je vous permettrai de dire, non pas que le prince
Dolgoroukow ne soit pas allé trouver le chef de la police,
« vous avouez qu'il y est allé, » mais que le chef de la
police ne lui a point tenu ce langage.

Il y est allé. C'est apparemment pour quelque chose ?
Pourquoi donc ? Je vous le dirai plus tard, moi, si
vous n'osez le dire ou si vous ne voulez, sur ce point,
que vous renfermer dans le vague et l'obscurité de
demi-aveux.

Résumons, messieurs : d'un côté, du côté de Woronzow, vous avez un silence obstiné, incompréhensible ;
et pourtant il est vaincu dans ses prétentions de noblesse, vaincu par un homme qui aurait voulu se vendre
à lui et qu'il n'aurait pas voulu acheter, par conséquent
victime d'une odieuse spéculation non satisfaite. Le silence ! le silence ! devant la défaite de sa vanité ; et,
d'un autre côté, vous avez l'homme qu'on accuse
aujourd'hui d'avoir écrit un billet dissimulant une proposition infâme, cet homme restant, lui, en Russie, tou-

jours honoré, toujours entouré des mêmes amitiés. Il a fait, dit-on, un acte odieux de chantage ; eh bien ! au lieu de s'effacer, de courber la tête, on le voit allant à la police, proclamant le fait, montrant le faux billet et demandant une enquête !

Les voilà, les faits de 1856, les voilà tels qu'ils se sont produits, avec leur origine, leur caractère et le rôle et l'attitude des acteurs.

Poursuivons.

Le prince Dolgoroukow est resté en Russie jusqu'en 1859. C'est alors seulement, messieurs, qu'il vint habiter la France, au risque de compromettre sa fortune, lui, spéculateur sordide de 1856 ! Mais enfin, comme il l'a dit : « On peut bien payer d'une partie de sa fortune le droit de parler et d'agir librement. »

Il vint donc en France. Quoi ! un grand seigneur russe ? Il va ainsi se séparer de sa noble, de son illustre famille, de ses nobles, de ses illustres amitiés ? Lui, grand seigneur, il ne cherchera pas plutôt à profiter, à la cour de Russie, des priviléges de sa naissance, du dévouement de ses amis ! Non, je l'ai déjà dit, il n'est pas plus ambitieux qu'intéressé, et puis, d'ailleurs, il l'a dit encore dans son livre :

« En Russie, pays d'esclavage général à tous les degrés de l'échelle sociale, il n'y a et il ne saurait y avoir de grands seigneurs ; il n'y a que des esclaves plus ou moins privilégiés, égaux, non devant la loi—comme c'est le cas dans les pays civilisés,—mais devant l'arbitraire et les caprices des hommes du pouvoir, comme en Asie. »

Or, il n'accepte pas, lui, cette situation, il quitte donc la Russie, et il arrive en France en 1859.

C'est alors, messieurs, qu'il met la dernière main à un ouvrage fort important, auquel il a donné le titre de *La Vérité sur la Russie*. Il a calomnié son pays, s'écrie l'adversaire ! Je ne vous lirai rien de cet ouvrage, ajoute-t-on ; mais enfin, s'il a dit la vérité sur sa patrie, oh ! il faut en convenir, c'est un pays abominable que ce pays. Messieurs, j'ai, moi aussi, entendu parler beaucoup de ce livre, je l'ai lu, je ne me donne pas comme compétent pour juger les vérités qu'il contient ; je ne connais pas assez la Russie, et je me crois assez de sagesse pour ne pas engager mon jugement sur des choses graves que je n'ai pas profondément étudiées. Mais des personnes qui connaissent bien la Russie, qui l'ont vue de près, affirment que, quelque terribles qu'elles puissent être, ces verités sont pourtant bien des vérités, et puis, s'il me fallait une preuve, je la trouverais dans cette agitation profonde qui remue aujourd'hui le sol russe ; je la trouverais dans ces émotions irritées, présages effrayants d'une révolution menaçante , qui donnent aujourd'hui tant et de si justes soucis aux partisans incorrigibles de la vieille politique russe. Je la trouverais, en un mot, messieurs, dans ces ébranlements qui ressemblent assez aux ébranlements de 1789, année si fé-

conde en trésors pour les sociétés modernes ; je la trouverais là, je la trouverais là !

Je ne veux pas non plus, moi, vous donner lecture
de ce livre. Je vous en dirai seulement quelques mots.

Voici comment le prince a lui-même résumé ses
idées :

« Il y a dix siècles, en 862, les Slaves du Nord en-
« voyèrent des ambassadeurs à Rurik et à ses deux frères,
« pour leur dire : Notre pays est vaste et fertile, mais l'a-
« narchie y règne ; venez nous délivrer de ce fléau !...
« Après une existence millénaire, après avoir épuisé
« toutes les formes du despotisme, la Russie se retrouve
« sur le bord d'un abîme, et nous disons à l'empereur
« Alexandre : Sire, notre pays est vaste et fertile, mais
« l'arbitraire et la vénalité y règnent : délivrez-nous de
« ces fléaux ; accordez-nous un gouvernement fondé sur
« les lois et conforme aux besoins de l'époque ! »

Tel est, messieurs, le résumé de *la Vérité sur la
Russie*. Et s'il dit ces vérités dures au pays qui l'a vu
naître et dans lequel il a si longtemps vécu, au pays
qui conserve dans ses archives tous les titres de gloire
de son illustre famille, s'il dit ces vérités-là, c'est pour
arriver à cette conclusion : « Accordez-nous un gouver-
« nement fondé sur les lois et conforme aux besoins de
« l'époque ! »

Ce n'est pas d'aujourd'hui, au reste, que la Russie
entend ce langage. Alexandre Ier, avant d'arriver au
trône, le tenait déjà dans une lettre que je trouve dans

un livre intitulé : *Histoire de l'avénement au trône de Nicolas I*[er], livre publié par l'un des principaux fonctionnaires de l'empire, le baron de Korff, secrétaire d'Etat et membre du Conseil de l'empire.

Je vous demande la permission de lire un passage. Alexandre Ier n'était pas encore sur le trône, et il écrivait le 10 mai 1796 à l'un de ses amis, le prince Kotchoubey, ministre de Russie à Constantinople :

« Je suis enchanté que la matière se soit engagée
« d'elle-même, etc. Oui, je le répète, je ne suis nulle-
« ment satisfait de ma position ; elle est beaucoup trop
« brillante pour mon caractère, qui n'aime que la tran-
« quillité et la paix. La cour n'est pas une habitation
« pour moi. Je souffre chaque fois que je dois être en
« représentation, et je me fais du mauvais sang en
« voyant ces bassesses, qu'on fait à chaque instant pour
« acquérir une distinction pour laquelle je n'aurais pas
« donné trois sols ; je me sens malheureux d'être obligé
« d'être en société avec des gens que je ne voudrais pas
« avoir pour domestiques, et qui jouissent ici des pre-
« mières places, tels que, etc. (il les nomme, passons
« les noms), qui, hautains avec leurs inférieurs, rampent
« devant celui qu'ils craignent. Enfin, mon cher ami,
« je ne me sens pas du tout fait pour la place que j'oc-
« cupe dans ce moment, et encore moins pour celle qui
« m'est destinée un jour, et à laquelle je me suis juré
« de renoncer, soit d'une manière, soit de l'autre.

« Voilà, mon cher ami, le grand secret qu'il me tar-

« dait depuis si longtemps de vous communiquer, et dont
« je n'ai pas besoin de vous recommander le silence,
« car vous sentez que c'est une chose qui peut me
« casser la tête. J'ai prié M. Garrick qu'en cas qu'il ne
« puisse vous remettre cette lettre, il la brûle et n'en
« charge personne pour vous.

   « J'ai beaucoup pesé et combattu cette matière, etc.

   « Nos affaires sont dans un désordre incroyable, on
« pille de tous côtés ; tous les départements sont mal
« administrés ; l'ordre semble être banni de partout, et
« l'empire ne fait qu'accroître ses domaines. Ainsi com-
« ment se peut-il qu'un seul homme puisse suffire à le
« gouverner et encore plus à y corriger les abus ? C'est
« absolument impossible non-seulement à un homme
« de capacités ordinaires comme moi, mais même à un
« génie, et j'ai eu toujours en principe qu'il valait mieux
« ne pas se charger d'une besogne que de la remplir
« mal ; c'est d'après ce principe que j'ai pris la résolu-
« tion dont je vous ai parlé ci-dessus. Mon plan est
« qu'ayant une fois renoncé à cette place si scabreuse
« (je ne peux pas fixer l'époque d'une telle renoncia-
« tion), j'irai m'établir avec ma femme aux bords du
« Rhin, où je vivrai tranquille en simple particulier,
« faisant consister mon bonheur dans la société de
« mes amis et l'étude de la nature. »

Alexandre Ier est monté sur le trône ; il y est resté
longtemps ; son règne a été un règne glorieux. Il avait
gémi des abus... Les a-t-il corrigés ? Non. Pourquoi ? Ce

n'est pas sa volonté qui a manqué, ce n'est pas la volonté qui manquera à Alexandre II. Mais il y a autour des trônes des puissances plus fortes que les puissances souveraines elles-mêmes, et la force des abus est une de ces forces qu'on n'abat qu'à coups de hache.

A ce langage du prince héréditaire de Russie vous pouvez reconnaître le langage du livre de Dolgoroukow.

Voilà ce qu'il a dit, rien de plus, rien de moins. Ah ! ce langage-là n'était pas un langage capable de plaire ! Et en effet, messieurs, tous ceux qui craignent les réformes (et le nombre en est immense) se sont élevés contre l'audacieux écrivain. D'immenses colères se sont allumées ; des inimitiés implacables se sont fait jour. Les dénonciations, les intrigues, les persécutions même ont commencé.

Le 15 avril 1860, le prince Dolgoroukow a été appelé devant M. l'ambassadeur de Russie, à Paris. On lui a posé trois questions : Consentez-vous à retirer de la circulation votre livre *la Vérité sur la Russie?* Il a répondu fermement, noblement, car ni la fermeté ni la noblesse ne manquent à cet esprit et à ce cœur. Il a répondu :

« Monsieur l'Ambassadeur,

« Vous m'avez invité à passer à l'hôtel de l'ambas-
« sade, et vous m'avez adressé trois questions, en m'ex-
« primant le désir d'avoir ma réponse par écrit, pour
« la transmettre au gouvernement :

« 1° Si je consens à retirer de la circulation mon li-
« vre : *la Vérité sur la Russie?*

« 2° Si je consens à quitter Paris ?

« 3° Si je me considère comme sujet russe ?

« Ma réponse, complétement négative sur les deux
« premiers points, est affirmative sur le troisième.

« Je me suis fixé à l'étranger, dans la conviction,
« profonde et intime chez moi, d'y être utile à mon
« pays par mes publications. Sans répéter ici ce que
« j'ai dit dans mon livre sur la nécessité, sur l'urgent
« besoin, pour la Russie, d'une large publicité, je suis
« persuadé que, sans la publicité, les efforts les plus
« loyaux n'amèneront jamais aucun pays dans les voies
« de la prospérité. Mon émigration n'est point un coup
« de tête, — l'on n'en fait plus à mon âge, — elle est
« le résultat d'une conviction profonde, d'une idée an-
« cienne, longuement mûrie pendant des années, et
« prudemment menée à bonne fin. Cette idée a pris sa
« source dans l'affection sincère, ardente et illimitée
« que je porte à mon pays, à la nation dans laquelle
« j'ai eu le bonheur de naître. Placé aujourd'hui, à l'é-
« tranger, dans une position indépendante, je crois ac-
« complir un devoir de bon citoyen en écrivant désor-
« mais sur la Russie, en disant la vérité à cette patrie
« que j'aime de toutes les forces de mon âme.

« Mon livre *la Vérité sur la Russie* n'est point
« dirigé contre les hommes : il est dirigé contre les
« choses, contre les abus. Le nom de S. M. l'Em-

« pereur Alexandre n'y est prononcé non-seulement
« qu'avec le respect qui lui est dû, mais encore avec
« un sentiment de reconnaissance, si naturel envers
« un prince animé d'aussi excellentes intentions. Dans
« la position si *complétement indépendante* où je me
« suis placé, mes paroles ne sont certainement point
« les accents de la flatterie : je me trouve aujourd'hui
« à même de pouvoir dire tout ce que je pense, et
« les expressions de respect et de reconnaissance ne
« sont que l'hommage spontané d'un homme libre,
« d'un vrai patriote.

« Pour ce qui en est de quitter Paris, non-seule-
« ment je ne vois aucune raison de le faire, mais
« encore c'est dans cette ville que je compte désor-
« mais passer la plus grande partie de l'année.

« Pour ce qui en est de la position de sujet russe, l'on
« ne se dénationalise que pour les raisons les plus
« graves, surtout lorsque l'on est attaché à son pays
« natal comme je le suis, moi. Je me considère comme
« sujet russe. Après cela, si le gouvernement russe
« jugeait à propos d'exercer des poursuites contre moi,
« je me verrais obligé de me placer sous la protection
« d'une autre puissance.

« Les ouvrages que je me propose de publier dans
« l'avenir sont, etc., etc.

« Agréez, etc.

« *Signé :* Prince PIERRE DOLGOROUKOW. »

Première tentative qui la trouve inébranlable. La lettre est du 15 avril 1860.

Il fait un voyage à Londres. Le 22 mai 1860, il reçoit du consulat général de Russie en Grande-Bretagne la lettre suivante :

« Le soussigné, gérant le consulat général, ayant
« une communication d'office à faire à M. le prince
« Pierre Dolgoroukow, le prie de vouloir bien lui faire
« l'honneur de passer à l'office du consulat général
« dans la journée d'après-demain jeudi, entre les une
« et trois heures de l'après-midi.

« Signé : F. Grote. »

Il répond :

« Si M. le gérant du consulat général de Russie
« a une communication à me faire, je le prie de me
« faire l'honneur de passer à Claridges-Hôtel, le ven-
« dredi 25 mai, entre une et deux heures de l'après-
« midi. »

Nouvelle lettre du consulat général :

« Le soussigné, gérant du consulat général, est
« chargé d'inviter M. le prince Pierre Dolgoroukow
« de rentrer en Russie sans délai, conformément aux
« ordres de l'empereur.

« Le soussigné prie M. le prince Pierre Dolgoroukow
« de vouloir bien lui faire l'honneur de lui accuser ré-
« ception de la présente. »

« En publiant mon livre *la Vérité sur la Russie*,
« répond le prince Dolgoroukow, et en annonçant
« une série de publications, j'étais mû par un amour
« sincère de mon pays, mais je ne me dissimulais
« nullement à quel point ma franchise et mes opinions
« libérales devaient m'attirer la haine du parti rétro-
« grade, ainsi que des bureaucrates déguisés en libé-
« raux, la haine, en un mot, de tous ceux qui vivent
« des abus, de tous ceux qui en profitent. La haine
« de ces gens-là honore ceux qui en sont l'objet.
« Néanmoins, mes ennemis les plus acharnés ne
« m'ayant jamais contesté un certain degré d'intelli-
« gence, il était clair qu'un homme de mon âge, et
« qui n'est point un sot, en se fixant à l'étranger,
« devait avoir pris, pour s'assurer une existence indé-
« pendante, les précautions qu'il avait crû nécessaire
« de prendre. C'est ce que j'ai fait.

« Quel but logique peut donc avoir en vue le gou-
« vernement russe en m'intimant *l'ordre de rentrer*
« *en Russie*, et cela, *sans délai?* Croire que j'obtem-
« pérerai à cet ordre — c'est me prendre pour un
« imbécile et provoquer un éclat de rire retentissant !
« Et une fois que je refuse de rentrer, me fera-t-on
« juger par cette odieuse parodie de la justice que
« l'on appelle les tribunaux russes ? etc. »

Il refuse donc. Voilà, messieurs, ce que lui ont valu
ses publications politiques, notamment son ouvrage
la Vérité sur la Russie. Les questions sont claires,

les exigences ne le sont pas moins. Renoncez-vous à votre livre? Non. Rentrez-vous en Russie? Non. Êtes-vous sujet russe? Oui, oui, on ne se détache pas ainsi de son pays quand on l'aime. Oui, je reste Russe; mais je demeure en France pour dire à la Russie toutes les vérités qu'on ne lui dirait pas sans payer de l'exil en Sibérie la conscience de son opinion ou la liberté de ses conseils.

Pourquoi, messieurs, vous ai-je parlé de tout cela? Pourquoi me suis-je autant étendu et sur le livre *la Vérité sur la Russie*, et sur les persécutions diplomatiques que ce livre a attirées à son auteur? Ce n'était pas, messieurs, pour le vain plaisir ni de vous faire connaître le livre, ni de faire l'éloge de celui qui l'a écrit. Non, non. Mais c'est à ce moment-là, entendez-le bien, quand il n'y avait aucune espèce de querelle entre les Woronzow et le prince Dolgoroukow, quand ils ne s'étaient pas vus depuis 1856, quand ils ne s'étaient rien reproché depuis 1856; c'est alors, alors qu'à propos du compte rendu de l'ouvrage *la Vérité sur la Russie*, un M. Michenski auteur inconnu, anonyme, publiait son article du *Courrier du Dimanche*. Il importe d'en remettre les termes sous vos yeux; car c'est là le début du procès, et ce début est très-instructif. Non, il ne s'agit pas, pour le pseudonyme Michenski, de venger les Woronzow; non, les Woronzow ne sont pas même attaqués; non, M. le prince Dolgoroukow n'a rien dit contre cux, ni en 1856, ni depuis. Non, jamais il n'a parlé d'eux, jamais ! Mais il s'est occupé de politique, mais il a publié l'ouvrage *la Vérité sur la Russie*. Mais il faut en rendre compte, et comme on ne peut pas détruire les vérités qu'il contient, il faut tuer l'auteur ! Voilà ce qui a inspiré l'homme qui se couvre du pseudonyme de Michenski ; voilà ce qui lui a fait dire, après avoir rappelé, dans une première partie de l'article, les tempêtes soulevées autrefois par le livre de M. le marquis de Custine, et que le livre de M. Dolgoroukow renouvelle ; voilà ce qui lui a fait dire ces indignes paroles :

« Or, nous avons en ce moment sous les yeux un
« ouvrage bien autrement curieux que celui du marquis
« Custine ; c'est *la Vérité sur la Russie*, par le prince
« Pierre Dolgorouky, un boyard moscovite, et des-
« cendant de Jacob Dolgoroukow, le patriote popu-
« laire. . . . .
. . . .
. . . .

Puis ce passage :

« Il y a quelque temps, nous étions sur le point d'a-
« nalyser un ouvrage qui, de prime-abord, nous offrait
« un grand attrait, — il s'agissait de la biographie gé-
« néalogique des familles aristocratiques d'un pays
« étranger, — lorsqu'on nous mit sous les yeux une
« lettre que l'auteur de cet ouvrage avait adressée à un

« des hauts personnages dont la généalogie devait figu-
« rer dans ledit recueil biographique.

« Cette lettre était une invitation catégorique de re-
« mettre une somme de 50,000 roubles au signataire,
« qui, moyennant cette taxe, s'engageait à annuler les
« documents qu'il disait avoir en sa possession, et
« qui rendaient contestables, selon lui, l'origine et la
« descendance directe du personnage auquel il s'a-
« dressait. Le noble prince, indigné, voyant, comme
« nous le disons en France, un honteux chantage
« dans une semblable proposition, fit autographier
« l'épître audacieuse de l'auteur et en expédia la copie
« à des milliers de lecteurs. Ce fut une de ces copies
« qui, en nous édifiant sur la moralité de l'écrivain,
« nous fit renoncer au compte rendu d'un ouvrage
« réduit désormais, à nos yeux, aux proportions d'un
« infâme libelle. »

Puis, quand il a ainsi jeté sur l'auteur cette accusation abominable, alors il critique, ou plutôt il a l'air de
critiquer son ouvrage. Détestable comédie! Non, c'est
de la calomnie, rien que de la calomnie, dans un but,
dans un intérêt politique.

Le prince Dolgoroukow n'est pas nommé, dit-on.
Pourquoi se plaint-il? — C'est vrai! S'il s'était senti
coupable, il aurait pu s'abriter, n'est-ce pas, derrière
ces subtilités et dire : Moi, me défendre..., mais, je ne
me sens pas blessé ; il peut y avoir d'autres livres de
biographies généalogiques que le mien ; et, en consé-

quence, je garde le silence ! — Non, il a senti le coup,
il a su voir qu'il ne s'agissait pas tant de la famille
Woronzow et des faits de 1856, que de ce fait éminent,
capital : *la Vérité sur la Russie*.

D'où donc était venue la demande, l'ordre de publier
cette accusation ; l'ordre, l'injonction de tuer, par la
calomnie, tout à la fois le prince Dolgoroukow et son
livre? D'où cet ordre est-il venu? Je n'en sais rien, je
n'en sais rien, je ne veux pas le savoir. Mais enfin, ce
qu'il y de certain, c'est que l'origine de cette accusation,
elle est là, dans une querelle politique, excitée par la
publication d'un livre politique.

Le prince Dolgoroukow a répondu oui très-vive-
ment ; et prenant pied à pied, détail par détail, toutes
les énonciations que contient l'œuvre commandée de
Michenski, il a dit :

« Pendant les dernières années de mon séjour en
« Russie, j'ai publié, en russe, quatre volumes de gé-
« néalogies. Ce livre souleva de vives susceptibilités et
« me valut de nombreux ennemis. Parmi les personna-
« ges dont les prétentions généalogiques n'étaient point
« admissibles, se trouvait le prince Michel Woronzow.
« Pendant son dernier séjour à Pétersbourg, en 1856,
« il ne cessa de me solliciter de dire, dans le quatrième
« volume que j'allais faire paraître, que les Woronzow
« actuels sont issus de l'ancienne maison des boyards
« Woronzow (éteinte à la fin du xvie siècle) ; il affir-
« mait avoir en sa possession les documents à l'appui.

« Je savais que son assertion était contraire à la vérité :
« mais les égards dus à ses cheveux blancs d'octogé-
« naire ne permettaient point une dénégation directe ;
« je me bornai à lui répéter, chaque fois qu'il m'en
« parla, que je serais charmé de voir et d'examiner ces
« documents. M'étant rendu à la campagne, et comp-
« tant, à mon retour à Saint-Pétersbourg, mettre sous
« presse le quatrième volume, j'ai cru convenable, en
« souvenir des politesses dont m'avait comblé le vieux
« maréchal, de lui écrire que le volume paraîtrait bien-
« tôt, et que je regrettais vivement de n'être point à
« même de satisfaire à son désir, n'ayant point eu l'oc-
« casion de voir les documents historiques dont il m'a-
« vait parlé. C'était là un acte de courtoisie vis-à-vis
« d'un vieillard qui, plus d'une fois, avait conduit nos
« troupes à la victoire.

« L'on peut juger de ma stupéfaction et de mon in-
« dignation en recevant du maréchal une lettre où il me
« faisait l'injure de m'écrire comme si, dans la lettre
« que je lui avais adressée, il avait trouvé un billet
« d'une écriture différente de la mienne, où on lui pro-
« posait de m'envoyer 50,000 roubles. Indigné, je ré-
« pondis au maréchal par une lettre peu polie, où j'exi-
« geais que l'original du billet en question fût produit.
« Mon projet était de provoquer une enquête judiciaire, et
« ne pouvant croire qu'un vieux guerrier pût manquer à ce
« devoir de loyauté, j'attendis en vain une réponse pen-
« dant plusieurs semaines. Dans l'état d'anarchie où se

« trouvent les tribunaux en Russie, la procédure n'étant
« chez nous qu'une fusion de l'arbitraire et de la véna-
« lité, je savais bien que toute plainte portée contre
« un homme puissant à la cour aboutirait infaillible-
« ment à une fin de non-recevoir. Il ne me restait
« qu'à m'adresser à l'équité du gouvernement, et c'est
« ce que je fis sans aucun succès.

« Je revins à Pétersbourg ; j'allai voir le ministre de
« la police, etc. » (Je rentre ici dans des détails que vous
connaissez déjà et que je ne reproduis pas.)

« Trois ou quatre jours après ma conversation avec
« M. le ministre de la police, je dînai chez madame la
« baronne George de Meyendorff, née comtesse de
« Stackelberg, et j'y appris qu'une dépêche télégra-
« phique d'Odessa venait d'annoncer la mort du maré-
« chal. Je racontai à monsieur et à madame de Meyen-
« dorff l'épisode dont je viens de parler, et ils doivent
« se souvenir du chagrin profond que m'inspira la
« mort du maréchal, à cause de l'impossibilité absolue,
« une fois lui décédé, d'arriver à une enquête.

« Dans le paragraphe suivant, M. Michenski, dans
« son article, dit que le signataire, moyennant cette
« taxe, s'engageait à annuler les documents qu'il disait
« avoir en sa possession et qui rendaient incontestables,
« selon lui, l'origine et la descendance directe du per-
« sonnage auquel il s'adressait.

« Si M. Michenski et les *misérables* qui lui ont trans-
« mis cette calomnie connaissaient bien l'histoire de

« Russie, ils auraient su que ces documents ne peuvent
« être détruits, par la raison toute simple qu'ils se
« trouvent dans le domaine public. Le principal d'entre
« eux, le *Livre de velours*, recueil officiel de .généalo-
« gies où l'extinction des anciens Woronzow se trouve
« constatée, a été imprimé en 1788, et l'original de ce
« livre se trouve en dépôt au département héraldique
« du Sénat de Pétersbourg. Aux yeux de tout homme
« impartial, ce fait seul est la preuve évidente que le
« billet en question est un faux.

« M. Michenski dit : « Le prince fit autographier
« l'épître et en expédia la copie à des milliers de
« lecteurs. Le prince, mort dans l'automne de 1856,
« n'a pu faire autographier le billet que de son vi-
« vant. Comment se fait-il que, durant quatre années
« consécutives, aucune copie ne soit tombée ni sous
« mes yeux, ni sous les yeux de mes amis ? Comment
« ces copies ont-elles pu ne point arriver à la con-
« naissance du gouvernement russe, auquel l'entretien
« de sa nombreuse police secrète coûte si cher ? et si
« ces copies étaient connues du gouvernement, pour-
« quoi ce dernier n'a-t-il jamais procédé à une en-
« quête ? Comment se fait-il que ces copies n'ont fait
« leur apparition qu'après la publication du livre
« *la Vérité sur la Russie ?* Pourquoi le maréchal Wo-
« ronzow n'a-t-il point demandé une enquête, qu'on
« ne lui aurait point refusée, à lui ? Pourquoi n'a-t-il

« point répondu à la lettre dans laquelle j'exigeais la
« production de l'original du billet? »

. Mais tout cela est concluant, mais tout cela est décisif.

Pourquoi n'avez-vous pas fait tout cela, vous Woronzow, prince, qui n'aviez qu'un seul mot à dire pour
venger votre généalogie de l'insulte qui lui était faite
en ne la rattachant pas aux anciens Woronzow?

« Je ne veux point troubler la cendre d'un mort,
« continue le prince Dolgoroukow, mais je dois dire que
« cet épisode projette une lueur honteuse sur l'admi-
« nistration russe, et vient complétement à l'appui
« de ce que je dis dans mon livre. En Russie, quand
« on a affaire à un homme puissant en cour, il n'y
« a plus ni justice ni équité. Voilà un faux évident
« qui vient d'être commis, et le ministre de la police,
« un homme personnellement intègre, mais imbu des
« funestes traditions du despotisme asiatique, se re-
« fuse à toute enquête par la raison qu'un chevalier
« de Saint-André, un maréchal, y serait impliqué !
« L'on se croit au fin fond de l'Asie ! Je somme M. Mi-
« chenski de produire la copie de l'épître dont il a
« parlé et de nommer les personnes qui la lui ont
« remise. »

La sommation est restée sans réponse, la copie
n'a point été produite, elle n'existe pas, elle n'a jamais existé ! Reste donc votre silence, l'oubli dans
lequel vous dites vous-même que vous êtes enseveli
depuis 1856.

Et nous, que disons-nous donc dans notre réponse? Qu'il y a là un *faux*; que nous protestons contre ce faux et contre la main, quelle qu'elle soit, qui l'a tracé; et contre celui ou ceux qui, en nous attribuant ce billet, nous attribuent un faux ou la complicité d'un faux! Voilà ce que nous répondons.

Calomnie, dites-vous, et vous engagez un procès! Très-bien.

Eh bien! soit, ce procès je le discute. Nous connaissons tous les actes. Le récit des faits que vous avez bien voulu entendre, messieurs, jette déjà une vive lumière sur le débat; je pourrai donc maintenant être bref.

Je pars d'un point, car je veux que dès l'origine la couleur de l'accusation soit bien tranchée. Est-il bien évident pour vous, messieurs, comme pour moi, qu'au moment où a été publié en 1860 l'article du *Courrier du Dimanche*, le prince Dolgoroukow ne songeait pas au prince Woronzow? Est-il bien évident qu'à ce moment il n'y avait aucune querelle entre eux? que dès lors il n'a en aucune façon provoqué les calomnies abominables dont il est l'objet? Est-il bien évident pour vous, pour mes adversaires (pour moi, oui, c'est la clarté même), est-il bien évident, dès lors, que la cause de tous ces scandales n'est pas l'intérêt blessés des Woronzow, mais qu'elle remonte plus haut? Oui, cela est évident: l'article du *Courrier du Dimanche* est une atroce vengence que les passions, les colères politiques ont assouvie sur un auteur politique; vous vous débattez

en vain. *Voilà la vérité !* L'acte intolérable, injustifiable
qui commence toute cette discussion , est donc un de
ces actes de haine comme on en trouve quelquefois
dans les tristes débats de la politique , et qui la désho-
norerait si, en effet, par ses nobles et admirables côtés,
par la grandeur de son but, elle ne s'élevait point au-
dessus de toutes ces misères et ne savait pas se dégager
des atteintes dégradantes des intérêts individuels. Je
pourrais donc , sans rien exagérer , dire que l'homme
que je défends ici est la victime de ses opinions politiques, et qu'en définitive les hommes qui le poursuivent
de leurs calomnies n'oit cherché à le tuer moralement
que parce qu'ils n'ont pas pu obtenir de lui qu'il re-
nonçât à ses idées , à ses livres ; qu'il allât en Russie,
apparemment pour y subir le sort de ces malheureux
dont les journaux nous entretiennent, de ces vieillards
vénérables arrachés à l'autel et exilés en Sibérie.

Voilà la couleur, le sens, la raison de l'accusation. Je
ne me trompe pas, je n'exagère rien , je ne range pas
parmi les victimes politiques un homme qui, en définitive, serait engagé seulement dans des querelles particulières ; je ne me trompe pas, je ne me trompe pas !

Voyons maintenant ce que vous dites.

Vous affirmez ce que le pseudonyme du *Courrier
du Dimanche* a affirmé. Avez-vous été étranger à la
rédaction de l'article et à sa publication ? Je n'en sais
rien. Je ne vous accuse pas , je ne veux pas vous accuser d'y avoir participé ; je n'en sais rien. Mais,

étranger ou non à l'article, vous l'avez accepté, sinon dans tous ses détails, au moins dans la plus
grande partie de son texte et dans tout ce qu'il contient de fondamental. Oui, vous avez hautement pro-
clamé ici que le prince Dolgoroukow était l'auteur du
billet, que le billet était de sa main, que seulement l'écriture en avait été dissimulée. Voilà l'accusation. Si elle est
vraie, cet homme que j'ai pris sous mon patronage,
confiant dans son honneur, confiant dans sa moralité
incontestée, confiant dans les hauteurs de son origine,
cet homme-là, il est un misérable, et ce serait un
des malheurs de ma vie de lui avoir prêté l'appui de ma
parole, si en effet il était capable d'une pareille infamie!
Ah! grand Dieu! je n'ai pas cette croyance-là, j'ai la
croyance contraire! et cette croyance, je la crois justifiée.

Enfin, vous l'accusez. Eh bien! voyons vos preuves.
Il m'en faut, des preuves; oh! oui, il m'en faut, et de
bien concluantes, bien décisives. Il ne faut pas qu'il y
ait une conscience qui puisse broncher devant l'évidence
de ces preuves-là, un esprit qui puisse douter devant
leur éclat. Il faut l'évidence, entendez-vous bien, l'évidence. L'avez-vous? l'avez-vous?

Ah! vous avez invoqué des preuves morales, puis des
preuves matérielles.

Voyons donc vos preuves morales d'abord. Où allons-
nous les puiser, dans les élans de nos imaginations qui
peuvent être plus ou moins fécondes?—Sur ce point-là,
je me déclare incompétent; non, non, rien d'imaginaire!

les faits matériels. C'est là que nous devons puiser la base, l'élément de nos preuves morales. Que notre raison les interroge, que notre conscience les apprécie et les juge. Nous demandons à ces faits s'ils affirment ce que vous affirmez, ou s'ils nient au contraire ce que je nie.

Ah! messieurs, si je prenais les preuves morales de nos adversaires, j'en aurais bientôt fini; elles ne sont pas nombreuses, elles ne sont pas fortes. Mais non, à quoi cela me servirait-il? Je prouverais ainsi leur impuissance. Il s'agit bien de cela vraiment! Je ne veux pas seulement vous démontrer qu'ils sont impuissants à prouver. Je veux, moi, qui n'ai rien à prouver, puisque je suis accusé, vous démontrer que leur accusation est absurde, complétement absurde; vous le démontrer par mes preuves morales à moi, preuves morales et décisives. Et puis, cela fait, je jetterai un coup d'œil sur les vôtres, et je me demanderai ce qu'il faut en penser.

Dans l'ordre des preuves morales, qu'interrogerai-je d'abord, messieurs? Le nom du prince Dolgoroukow, sans doute, sa situation, son caractère, son honneur incontesté? Ce serait mon droit, à coup sûr; car enfin on l'accuse d'une infamie, et l'infamie ne va guère à de tels antécédents.

Mais si j'invoquais cet avantage, ne me répondrait-on pas par le nom du prince Woronzow, par toutes les grandeurs qui l'entourent, comme elles entourent le nom du prince Dolgoroukow? Je laisse donc de côté le bénéfice du nom et des situations. Je laisse ce point de vue complétement à l'écart. Seulement, je vous dis de bien retenir cette observation : Si un prince russe, dans les conditions où le prince Dolgoroukow est placé, a eu l'infamie de vendre sa conscience, un prince russe, dans les conditions où le prince Woronzow était placé, a pu avoir l'infamie d'acheter la conscience d'un autre. Dans la moralité du monde, plus indulgente à celui qui achète qu'a celui qui se vend, l'action de celui-ci serait plus admissible que l'action de celui-là; mais je n'admets pas cette distinction ; pour moi l'indignité est égale des deux côtés.

Je laisse donc de côté ces considérations morales, bien qu'elles soient d'une grande puissance pourtant dans toutes les affaires de ce genre. Je les laisse de côté, parce que sur ce point-là il y a égalité entre mon adversaire et moi, et qu'en conséquence les arguments que je lui présenterais, il me les renverrait à l'instant même. Je ne veux pas de cette situation oblique : je veux quelque chose de plus net et de plus décisif.

Le prince Dolgoroukow, dites-vous, a voulu vendre sa conscience !

A quel propos? pourquoi? A propos de l'ouvrage qu'il a publié sur les généalogies russes; il a voulu faire de cette publication un marche-pied à sa fortune, perdue ou compromise.

Cela n'est pas possible. Non, moralement, cela n'est pas possible.

Ah ! s'il s'agissait d'un de ces livres éphémères dont j'ai parlé déjà dans le cours de cette plaidoirie, d'une de ces biographies aventureuses, sans idées, sans travail, sans étude, sans importance, fondées par la spéculation et pour elle, je comprendrais l'allégation, parce que les livres de ce genre, le lecteur n'y attache pas plus d'intérêt que l'écrivain lui-même : ils sont faits pour la vanité et se vendent à la vanité; ces livres qui les lit ? les vanités qui y sont flattées; mais les personnes désintéressées ne s'en occuperont pas; qu'y trouveraient-elles ? Mais ici, remarquez-le bien, il s'agit d'un livre d'une tout autre portée, d'un livre sérieux, profondément étudié, qui s'adresse à toutes les nobles intelligences de la Russie, à toutes les grandes familles de ce pays. L'histoire qu'on y raconte est l'histoire de ces familles, au moins dans leurs origines. La critique qui s'attachera à ce livre est une critique certainement éclairée, savante, indépendante, impartiale, sévère; que la complaisance se montre, qu'elle aille surtout au delà de la vérité dans ses concessions, le soupçon naîtra aussitôt, et sous le coup de ce soupçon, l'ouvrage sera à l'instant déconsidéré.

Voilà donc le livre.

Et c'est sur un livre ainsi conçu que le prince Dolgoroukow aurait eu la pensée d'asseoir une spéculation ! un *chantage*, pour me servir de l'expression vulgaire. C'est insensé !

Mais, enfin, supposons cependant, contre toute vraisemblance, que telle ait été la pensée du prince, supposons qu'il ait cherché là, lui, le moyen de faire fortune.

Voyons ! c'est un grand ouvrage que celui-là, vous en convenez sans doute ? un ouvrage en quatre volumes, qui ne s'adresse pas seulement à une famille ou à certaines familles choisies de la Russie, mais à toutes les grandes familles russes. D'un autre côté, il en est de cette œuvre comme de toutes les œuvres qui échappent à l'esprit humain : à côté des vérités qu'elles proclament, il y a des erreurs qui se glissent involontairement et appellent des rectifications. Si ces erreurs blessent des intérêts privés, etc., ce sont ces intérêts eux-mêmes qui réclament et fournissent les documents qui peuvent servir à la réparation de l'inexactitude ou de l'erreur.

Ah ! c'est un spéculateur, le prince Dolgoroukow ! Eh bien ! de tous côtés, sans doute, vous allez voir jaillir les preuves de la spéculation. Parmi toutes ces familles dont il a dit les origines, il y en aura non pas une, mais un nombre considérable qui auront été abordées, marchandées ! Tous ces intéressés qui auront sollicité des rectifications et qui les ont obtenues, on les leur aura vendues ! Voyons, voyons, combien de familles figurent dans le *Livre généalogique ?*...Quatre cents ? cinq cents ?...

Le prince Dolgoroukow. — Cinq cents.

Me Marie. — Cinq cents familles dont il a écrit l'histoire ! Cinq cents familles répandues sur toute la surface

de la Russie, habitant partout, vivant partout. Eh bien !
y en a-t-il une, une seule, si ce n'est la famille Woronzow,
qui ait élevé une plainte directe ou indirecte, une insinuation, une insinuation quelconque?

Voilà deux ans que cette querelle dure, deux ans que
l'accusation a fait entendre la calomnie, deux ans qu'elle
a été violemment repoussée par le prince Dolgoroukow.
Voilà deux ans qu'il s'écrie en face de l'Europe, — car
cette querelle a occupé toute l'Europe, — qu'il s'écrie
en face de l'Europe que c'est une infamie de supposer
qu'il ait jamais pu avoir la volonté ou la pensée même
de vendre sa plume ou sa conscience. La famille Woronzow... mais c'est une famille puissante, quelle que
soit son origine, qu'elle se rattache aux anciens Woronzow ou qu'elle soit d'une origine moderne, elle est
puissante par son nom, par ses richesses, par ses alliances, ses amitiés, ses protecteurs.

Ses protecteurs! oui, oui, j'ai à les redouter aussi, et
je les redouterais si je n'était pas devant la justice de
France. — Eh bien! un mot, un mot! cela n'est pas
difficile ; un cri, une phrase, jetés par une de ces familles,
ou par un membre d'une de ces familles ! une voix, une
voix, si étouffée qu'elle soit, qui vienne vous dire ou
me dire : « C'était l'habitude de cet homme de se vendre,
il s'est vendu tel jour, à telle persoune, et son livre de
généalogies n'a été après tout qu'une spéculation abominable. »

Je demande cette voix, ce cri accusateur. Vous restez

muets, et après deux ans de lutte, de bruit et de scandale, pas une voix, si ce n'est la vôtre, ne s'est élevée.

Oh! ce n'est donc rien que cela, ce n'est donc rien! Quoi! la raison ne recueillera pas ce fait, la raison ne l'enregistrera pas! Comment! un spéculateur sur une grande échelle, un spéculateur à quatre volumes, qui a là, dans ses mains, la source d'une fortune, infâme, oui, mais considérable, s'il veut en effet user des moyens qu'on lui prête! un tel spéculateur aura, en effet, trafiqué de sa plume, et pas une personne, pas plus des familles dont les titres ont été enregistrés que de celles dont les titres ont été rectifiés, pas une personne n'élève la voix! Le spéculateur n'a été spéculateur que pour un homme; — il a réservé sa spéculation pour le maréchal Woronzow, c'est-à-dire pour celui qu'il aurait dû atteindre le dernier, tant il avait d'admiration pour ses talents, tant il était bien accueilli dans sa maison! C'est celui-là cependant qu'il aurait choisi, seul, tout seul, entendez-le bien.

Mais voyons, voyons, — étudions encore, car c'est à ne plus rien croire.

Messieurs, c'est un curieux problème moral que nous avons sous les yeux, très-difficile, aussi très-délicat, mais qui, cependant, par des esprits doués d'autant de sens que les vôtres, peut être saisi, compris. Suivons-le donc dans son développement, et à mesure que nous marcherons, l'invraisemblance, l'impossibilité de l'accusation va grandir.

Le prince Dolgoroukow a donc porté ses vues sur le maréchal Woronzow tout seul. Je l'admets si on le veut. Vous le savez, en **1856**, il est auprès de lui, il y est souvent. Il s'entretient avec lui de sa généalogie ; il peut par conséquent dans la conversation, — et sans dire brutalement : Donnez-moi de l'argent pour rectifier votre généalogie, — il peut se servir de ces équivalents que savent si bien trouver les tristes intelligences qui ne fuient pas devant le déshonneur, pour arriver à faire comprendre au prince Woronzow qu'il serait bon, par exemple, qu'il contribuât dans une certaine proportion aux dépenses que pourront nécessiter des travaux exceptionnels accomplis dans son intérêt.

Est-ce qu'il a jamais dit un mot semblable au prince Woronzow ? Est-ce que celui-ci l'en a jamais accusé ? Est-ce qu'il a jamais pu, dans son langage, soupçonner quoi que ce soit qui trahît une telle pensée ? Le prince Dolgoroukow aurait pu faire dire ces choses par un tiers, si la pudeur ne lui avait pas permis de les dire.

Est-ce que jamais il s'est placé un tiers entre le prince Woronzow et lui, un tiers qui aurait indirectement ou par insinuation, ou directement même, — car le cynisme n'y regarde pas de près ; un tiers qui ait jamais dit de sa part ou en son nom : Donnez-lui **200,000** francs ! Non ! non ! Jamais. Même aujourd'hui, dans l'excès de leurs haines violentes, les Woronzow n'osent pas articuler de telles choses.

Autre observation.

Les documents sont envoyés au prince Dolgoroukow par le maréchal; le prince les repousse, ils ne lui paraissent ni officiels, ni authentiques. Or, dans les lettres qu'il a écrites alors, trouve-t-on des insinuations suspectes? On les a cherchées ; on aurait bien aimé à les y rencontrer, — mais elles n'y existent pas !

Mais arrivons à l'argument favori de l'adversaire : la lettre dans laquelle se trouve le fameux billet !

Le voilà le billet ! s'écrie-t-on.

Oui, je le sais, et je sais aussi que le maréchal dit que ce billet *lui paraît être d'une écriture autre que celle du prince Dolgoroukow*.

Ainsi donc, *et ceci est grave*, au premier moment, quand il a le billet sous les yeux, le prince Woronzow ne soupçonne pas le prince Dolgoroukow, — il ne lui vient pas dans la pensée que ce billet puisse être de lui.

Il ne l'en accuse pas, et non-seulement il ne l'en accuse pas, mais rien dans la lettre qu'il lui écrit alors ne laisse apercevoir qu'il ait conçu contre lui le plus léger soupçon, et il n'y a pas à équivoquer ici, car enfin, s'il avait eu ce soupçon, s'il avait cru à l'écriture dissimulée, — au lieu de discuter avec ce misérable, il lui aurait dit : « Faites ce que vous voudrez, allez, vous avez carte blanche, écrivez ma généalogie comme il vous plaira. Oh ! je sais bien pourquoi vous n'admettez pas mes documents, pourquoi vous ne les trouvez pas décisifs. Pourquoi ! c'est parce que je ne vous ai pas donné **200,000** francs. Mais ces **200,000** francs, vous ne les aurez pas; écrivez, publiez, et je dirai, moi, pourquoi vous m'avez contesté mes droits et mon origine. » — Non, non, il ne dit rien, rien de pareil. Qu'on m'explique encore cette attitude étrange !

Mais enfin, dit-on, cette lettre, elle existe pourtant. Bien mieux, on l'a trouvée sous un pli cacheté, sous un cachet scellé des armes du prince Dolgoroukow. Oh! tant mieux ! le billet était-il en effet sous le cachet du prince Dolgoroukow? Je n'en sais rien. Vous l'affirmez, je le veux bien. Grand Dieu ! où en sommes-nous? on accuse le prince Dolgoroukow de chantage; mais en même temps on veut bien lui accorder quelque pudeur et l'on annonce qu'au lieu de demander lui-même, verbalement ou par un écrit de son écriture réelle, les 200,000 francs qu'il convoitait, il les a demandés par une lettre dissimulée, dissimulée avec soin pour cacher la source impure d'où elle émanait. Comment! — et cette lettre qu'il a écrite, mais dont il a dissimulé l'écriture pour qu'on ne crût pas apparemment, pour qu'on ne soupçonnât jamais qu'elle vînt de lui, cette lettre, il l'a signée de son cachet, il l'a revêtue de ses armes, il a déshonoré ses armes en les attachant à un faux, mendiant honteusement une somme de 200,000 francs pour prix de sa conscience ! Mais alors il est fou, cet homme, il est fou !

Conciliez donc ces deux faits, conciliez la dissimulation de l'écriture, et le cachet et les armes qui tuent la dissimulation et restituent la vérité ! Quoi ! il ne veut pas qu'on reconnaisse sa main et il appose son cachet ! Comment ! il ne veut pas qu'on croie ou même qu'on soupçonne que le billet émane de lui, et en le scellant de ses armes il déclare au prince Woronzow que c'est bien lui qui l'a écrit ! A quoi bon cette écriture ? à quoi bon cette dissimulation ? Expliquez cette pudeur à côté de ce cynisme. Je le dis avec une conviction que rien ne peut vaincre : le cachet, les armes du prince, protestent énergiquement contre la calomnie.

Mais si ce n'est pas lui qui a mis ce billet sous son cachet, sous ses armes, c'est donc une autre main que la sienne. Laquelle ? — la vôtre ? — une main que vous auriez armée ? une main ennemie qui aurait écrit ce que l'on dit si souvent et avec tant de légèreté dans le monde quand on veut s'attaquer à l'honneur d'un homme ?

Vous avez souvent entendu cela, messieurs, dans les conversations ; vous avez entendu de ces esprits, non pas malins, mais méchants jusqu'à la calomnie, atroces dans leurs suppositions, qui ne comprennent pas les résistances d'une conscience honnête, et s'imaginent que ces résistances peuvent être facilement vaincues par l'argent. Vous les avez entendus insinuer ou proférer hautement des propos de ce genre :

« Ah ! il résiste à vos sollicitations, — mon Dieu ! donnez-lui de l'argent, — sa résistance sera vaincue. »

Oui, nous avons entendu souvent de ces abominables

propos, vous, moi, tout le monde. Ils s'attaquent aux hommes les plus purs, aux consciences les plus élevées.

Je reprends ma question.

Est-ce donc nous, est-ce donc un tiers, qui a façonné ce billet dissimulé et qui l'a placé sous le cachet, sous les armes du prince? Je ne sais; mais ce que je sais, ce que j'affirme, en vertu de la raison, du bon sens, c'est que ce n'est pas lui, que ce ne peut pas être lui, et que lorsque vous l'accusez, certainement vous le calomniez.

Et quand vous le calomniez ainsi, a-t-il oui ou non le droit de se défendre? et quand sa défense se lève en présence d'une pareille calomnie, d'une telle accusation, si violente qu'elle soit, n'est-elle pas justifiée par l'attaque même? n'est-elle pas légitime?

Associez, je le répète, ces deux idées, associez-les si vous le pouvez; trouvez un homme, le même homme dissimulant son écriture et écrivant au bas : C'est mon écriture, c'est moi qui suis l'auteur de ce billet, et la preuve que c'est moi, c'est que je le scelle de mes armes, c'est que j'y mets mon cachet. Si vous conciliez ces deux faits, si vous comprenez ce même homme, se cachant avec prudence et se découvrant avec cynisme au même moment, très-bien! Mais si tout cela révolte la raison, je dis que je trouve là en faveur de ma cause une preuve morale, saisissante et que cette preuve est invincible.

Ce n'est pas tout. Suivons encore, messieurs.

Enfin, le prince Dolgoroukow a fait cette folie ! il a commis cet acte d'idiotisme ! Tout en voulant dissimuler son écriture, il a pourtant signé l'écriture dissimulée, et il a ainsi mis entre les mains du prince Woronzow l'arme la plus terrible que le prince Woronzow puisse avoir contre lui, arme dont il se servira à coup sûr dans la querelle qui est engagée aujourd'hui !...

Sa proposition cependant n'est pas acceptée. Il va louvoyer ? il va chercher à se faire comprendre mieux ? il temporisera ? Non !... Et quand son adversaire a entre les mains l'arme terrible dont il use aujourd'hui, il va droit son chemin. Les documents qu'il a demandés ne lui étaient pas fournis, la généalogie qu'il a écrite, il la maintient, il l'arrête, il l'arrête définitivement, il repousse toute espèce de prétention contraire. La lignée du prince Woronzow avec les anciens Woronzow est ainsi brisée. Il affronte ainsi, l'imprudent ! toutes les colères qui l'attendent !

Mais voici mieux encore. L'arme est aux mains du prince Woronzow. Le prince Woronzow, — on l'a fait remarquer à votre dernière audience, et le post-scriptum de sa lettre le dit, — le prince Woronzow offre de la remettre aux mains du prince Dolgoroukow... Il peut donc la reprendre ! Il va s'empresser de la reprendre et de faire ainsi disparaître ce témoignage de sa turpitude !...Non ! et de même qu'il a signé de sa main et de ses armes ce témoignage terrible, de même il le laissera avec la même étourderie ou avec une inconcevable insouciance entre les mains de son adversaire, de celui qu'il offense profondément en lui contestant son origine, son alliance avec les anciens Woronzow, en le blessant, par conséquent, dans son orgueil nobiliaire, c'est-à-dire dans les passions les plus fortes qui puissent exciter la colère, et par la colère mener à la vengeance. Comprenez-vous cela encore? L'auteur dégradé d'un billet spéculateur aurait-il agi ainsi? Ce n'est pas tout, ce n'est pas tout, et ici se représentent avec une puissance formidable les faits que j'ai exposés en détail, mais que je veux résumer dans ce moment avec toute leur énergie.

La généalogie est publiée sans rectification. Le prince Dolgoroukow ne publie pas même les documents du prince Woronzow , jamais il n'avait promis de le faire ; mais enfin le prince Woronzow lui avait écrit : « Vous m'avez promis de les publier. » Il ne les publie pas ! Vous en êtes vivement irrité, prince Woronzow. Vous trouvez tout à la fois qu'il n'a pas fait justice à votre généalogie, et que, dans tous les cas, il n'a pas placé sous les yeux du public le pour et le contre, les documents favorables et les documents non favorables... Eh bien, vous allez annoncer tout cela au public, la chose en vaut la peine, vous allez justifier votre généalogie ? abattre d'un seul coup l'historien qui l'a contestée? Non, non, silence, silence absolu ! car, encore une fois, on n'a pas publié la lettre, on ne l'a jamais publiée ; jamais l'accusation ne s'est produite ; jamais vous n'avez dit que le prince Woronzow avait été en effet victime d'une spéculation, et que, n'ayant pas voulu se soumettre à cette spéculation, c'est par ce motif que sa généalogie avait été brisée.

Et les choses sont restées ainsi, vous l'avez dit vous-mêmes, jusqu'en 1860 !

Voilà l'ensemble des faits. Voilà les impossibilités, les contradictions insensées, les révoltantes folies qui, selon moi, ne permettent pas d'admettre que le prince Dol-goroukow ait jamais écrit le billet solliciteur d'une somme de 200,000 francs.

Voilà nos preuves morales.

Comparez-les donc avec les vôtres !... Qu'est-ce que vous avez dit ?

« Si le prince Dolgoroukow est innocent, il ne déna-turera pas les faits, il n'altérera ni le rôle du prince Wo-ronzow ni le sien. S'il est coupable, il mentira ; or il a menti. » Oh ! vous ne nous avez pas épargné ces ex-pressions insultantes.

Voyons donc ces mensonges. Voici le premier : il a dit que le prince l'a poursuivi de ses obsessions pour rectifier sa généalogie. — Premier mensonge !

Mensonge !... Mais, vos obsessions, elles sont écrites dans vos lettres ; oui, vous avez demandé des rectifica-tions, vous avez fourni des documents à l'appui. Nous vous avons demandé d'autres documents, les vôtres n'étant pas authentiques, puis nous avons dit : Nous ne rectifierons pas parce que vos documents sont sans

gravité. — Et alors vous avez répondu : Je protesterai.
—Nous avons repris : Soit, protestez ; nous protesterons
à notre tour. Où donc est le mensonge ? — Les lettres
que vous connaissez, messieurs, ne répondent-elles pas
à cette première articulation ?

Seconde articulation ou seconde preuve morale de
l'adversaire. « Le prince Dolgoroukow dit qu'il n'a pas
reçu les documents et qu'il a sommé le prince Woronzow
de les lui envoyer. » Deuxième mensonge!

Mensonge !...

La lettre du 4 juin est là encore pour répondre, sauf
le mot *sommation* qui n'y est pas. Mais, enfin, sommation ou non, toujours est-il que le prince Dolgoroukow
a écrit : Vos documents ne sont point authentiques ; ils
sont insuffisants ; envoyez-moi d'autres documents. Il
est vrai qu'il n'y a eu sommation ni judiciaire ni extra-
judiciaire ; mais il y a eu une demande par lettre, une
demande pressante. Est-ce là un mensonge du prince
Dolgoroukow ? n'est-ce pas plutôt une triste équivoque
de son adversaire ?

Troisième objection. « Le prince Dolgoroukow dit
qu'il a écrit une lettre peu polie, qu'il a demandé une
enquête. » Or, il n'y a eu ni indignation ni enquête.
Troisième mensonge.

Mensonge !...

Il n'y a pas eu d'indignation ? il n'y a pas eu d'enquête demandée ?... Il y a tout cela, il y a une indignation au moins égale à la vôtre... il y a mieux qu'une in-

dignation, toujours facile à simuler, au reste, même alors qu'on est calme ; il y a eu une enquête demandée. Est-ce vrai?... Voici ce que vous dites vous-même dans votre plaidoirie :

« Je ne sais pas si vous êtes allé trouver le ministre
« de la police, votre parent, le prince Basile Dolgo-
« roukow ; ou plutôt, il faut dire la vérité, vous êtes allé
« le trouver, nous croyons le savoir, mais vous ne lui
« avez pas montré la lettre du maréchal Woronzow, car
« il eût été impossible, cette lettre à la main, qu'on vous
« opposât cette fin de non-recevoir que vous qualifiez
« d'une façon si odieuse. »

Point d'équivoque. Divisons l'argumentation.

Le fait, d'abord ! Suis-je allé trouver le ministre de la police? Oui. Vous croyez le savoir, *car il faut dire la vérité*, ajoutez-vous. Dites-la donc tout entière, et alors dites : Nous le savons, et non pas nous croyons le savoir. Voilà le fait. Nous y sommes allé, et *vous le savez !*

Nous sommes allé voir le ministre de la police. Pourquoi donc? Pour lui parler de choses indifférentes, étrangères au billet?...

Que signifierait notre visite, alors, et pourquoi votre aveu : « Vous y êtes allé : *nous croyons le savoir?* » — Evidemment votre aveu fait allusion à une visite concernant le billet.

Mais la lettre, ajoutez-vous, n'a pas été montrée ! Car il est impossible d'admettre qu'en présence de la

lettre du prince Woronzow, le ministre de la police ait
répondu qu'on ne faisait pas une enquête lorsqu'un chevalier de Saint-André pouvait se trouver compromis
dans une affaire.

C'est là de l'argumentation.

Je dis qu'il les a montrées, la lettre du maréchal et
la copie du billet. Vous dites que non ; peu m'importe
votre dénégation ! La raison dit que, puisqu'il est allé
chez le ministre à l'occasion du billet, certainement il a
parlé du billet ; qu'il en a d'autant mieux parlé qu'il ne
pouvait aller là que pour éclaircir cette affaire par une
enquête. Il y est allé, *vous croyez le savoir*, dites-vous.
Non, vous ne croyez pas le savoir, *vous le savez.* Eh
bien, tout est là ; et ce fait justifié prévaudra contre
toutes vos dénégations intéressées.

Le prince donc fait des démarches, et non-seulement
il n'a pas menti sur ces détails, mais il sort de ce fait
une vérité accablante contre vous; accablante, oui, car
alors que vous restiez parfaitement tranquille, alors que
la prétendue spéculation du prince Delgoroukow brisait
votre généalogie, lui, il agissait ; vous croyez le savoir,
vous le savez fort bien, et, en effet, cela est vrai.

Enfin, nous dit-on, vous prétendez avoir exigé la production du billet anonyme.

Nouveau mensonge !

Non, c'est vrai, vous nous avez offert cette production par votre lettre, mais nous ne l'avons pas acceptée.

Mensonge !...

Non, je trouve là, moi, cette preuve morale, imposante, que nous n'avions pas à redouter beaucoup la production de cette pièce, et que cette arme, que nous laissions ainsi dans vos mains, quand nous aurions pu si facilement l'y reprendre, n'était pas bien terrible à nos yeux.

Voilà vos preuves morales; en avez-vous d'autres ? pas une, pas une.

Je demande, moi, qu'on les mette en comparaison avec les miennes ; qu'on les pèse dans deux plateaux de balance ; que la raison examine.

Je demande que la conscience apprécie et juge, et je suis tranquille.

Messieurs, en pareille matière, je regarderais, quant à moi, ma cause comme plaidée; car, lorsque j'examine la conduite de l'homme que je défends, quand j'invoque et quand j'étudie ses sentiments, puis quand j'apprécie ses actions, et qu'il résulte pour moi de l'étude de sa vie, de l'appréciation de ses sentiments, de l'examen de sa conscience et des faits eux-mêmes, qu'il est impossible de le tenir pour l'auteur de l'action infâme dont on l'accuse, je l'absous.

Mais je n'ai pas fini, et je trouve en face de moi ce que l'adversaire appelle maintenant des *preuves matérielles.*

Ce sont ces preuves matérielles qu'il invoque. C'est devant elles que doivent s'incliner, grand Dieu! toutes les preuves morales ! Pesez cela, rien que le mérite de cette proposition !

Mais je ne m'arrête pas là... Ah ! vous avez des preuves matérielles ? Oui, dit-on, et alors on nous montre le travail de M. Delarue. Puis, à votre audience, on commente, on développe ce travail ; on vous fait apercevoir les ressemblances qui ont été signalées par M. Delarue, entre telle et telle lettre, en comparant sur le billet autographié et sur les lettres aussi autographiées les ressemblances qu'on invoque.

On ne parle pas des différences ! cela est insignifiant aux yeux des adversaires.

Et on vous dit : Ce travail est fait par un homme honnête, habile, et par conséquent il mérite la confiance et des avocats qui plaident et des magistrats qui jugeront.

Je n'ai rien à dire ni de l'honnêteté ni de l'habileté de M. Delarue, si ce n'est qu'on lui reproche de trop donner à l'imagination, si ce n'est encore qu'on lui adresse cette critique générale qu'on adresse au surplus à tous les experts en écriture, et qui est de se laisser trop aller à l'esprit de système. C'est là mon reproche, je n'en ai pas d'autre, et je n'entends pas contester d'ailleurs, je le répète, l'honnêteté de M. Delarue. Vous ne l'avez pas acheté, et il n'était pas homme d'ailleurs à se vendre.

Je trouve, messieurs, une preuve de cet esprit de système dans le travail lui-même. Ainsi, on me dira tout ce qu'on voudra sur les ressemblances qui peuvent exister entre les deux écrits. Il y a une chose sur laquelle on ne me convaincra pas. Non, non, on ne me convaincra pas là-dessus. Lorsque pour la première fois j'ai jeté un regard sur l'écrit incriminé et sur la lettre émanée de M. le prince Dolgoroukow, ce qui m'a frappé, moi, c'est qu'il n'y a point de ressemblance entre les deux écritures. C'est là évidemment, pour moi, ce qui résulte de l'apparence et du premier regard. Non pas que je donne le premier regard comme décisif ; mais j'y attache, je l'avoue, un prix extrême dans la comparaison des écritures, parce que le premier regard n'a rien de systémaque, et qu'en définitive, pour moi, cherchant dans l'écriture à apprécier, et examinant les habitudes, la forme, la physionomie de celui qui aurait pu l'écrire ou auquel elle est attribuée, l'apparence était, je le répète, tout à fait contraire aux insinuations de l'adversaire.

L'auteur du travail qui nous a été soumis, M. Delarue, a eu, lui, le sentiment tout contraire, une impression absolument différente. Selon lui, c'est l'évidence même, et sans qu'il veuille flatter mon honorable adversaire, — il suffit de lui dire ses bonnes vérités, ses vérités vraies. — il lui dit cependant : Vous n'aviez pas besoin de moi ; il suffit de regarder, et vraiment j'éprouve quelque répugnance à me livrer à un travail aussi inutile !

Tout cela est fort bien ; mais cependant il comprend que ses affirmations hautaines ne suffisent pas, que ce n'est pas assez de regarder, qu'il faut ajouter quelque chose, quelques constatations. Lesquelles ?

Il reconnaît dans les lettres et dans les mots, je cite
textuellement son travail, des *différences d'inclinaison
et de développement.*

Ah ! c'est important, cela. C'est là ce qu'il y a de saisissant. Lorsque nous allons jeter un regard sur cette
écriture, si nous examinons les mots, à plus forte raison
les phrases, le développement des mots et des phrases,
il y a donc une circonstance, un caractère qui nous
frappe : c'est la *différence* dans les *inclinaisons* et les
développements. C'est saisissable, cela, pour tout le
monde, et non-seulement c'est saisissable, mais tout le
monde est porté à croire qu'on ne prononcera pas sur
quelques ressemblances accidentelles, qu'on prononcera,
au contraire, sur ces *dissemblances* de forme, *d'inclinaisons* et de *développements.*

Mais, d'un autre côté, messieurs, voici ce que l'expert affirme. Je prie le tribunal de bien entendre mon
observation. Je comprends que sur ce point un travail
écrit est nécessaire. Mais le tribunal recueillera dans sa
conscience mes remarques générales, et il pourra les
appliquer sur le travail écrit que j'aurai l'honneur de lui
remettre, ainsi qu'à M. l'avocat impérial.

Après avoir donc constaté ces différences *d'inclinaison* et de *développement,* chose capitale ! il affirme avec
non moins de hauteur qu'il y a une identité absolue...
Ah ! dans quoi ? Dans ce qu'il y a de plus délicat et de
plus insaisissable, c'est-à-dire le *goût,* l'*habitude,* la
facture ! ! ! ! !

Ainsi, je saisis ce qu'il y a de matériel, ce qui tombe sous mon regard. Quelque trompeur que soit l'organe, encore est-il qu'il peut voir, examiner, dût-il le faire en s'aidant d'un compas. Eh bien ! les *inclinaisons,* les *développements* des mots, des phrases... DIFFÉRENCES !

Mais nous voici maintenant dans l'idéal, le *goût*, l'*habitude*, la *facture*... IDENTITÉ ABSOLUE ! Il y a identité absolue, absolue dans le goût, l'habitude et la facture de ces deux écritures. Je ne crains pas de l'affirmer, c'est une erreur, une erreur monstrueuse. On ne peut rencontrer dans cette écriture dissimulée avec plus ou moins d'art, ni le *goût*, ni l'*habitude*, ni la *facture*, ni aucune des habitudes générales qui ne peuvent se révéler que sous l'action de la main livrée à ses instincts, à sa pleine liberté.

Si l'expert venait dire : Je remarque une identité absolue dans l'*ensemble* de l'écriture ou dans les *phrases*, ou dans *certaines phrases*, ou dans *certains mots*... ah ! je comprendrais en effet que le goût d'un homme, ses habitudes générales, sa facture, se retrouvassent dans cet élément important. Mais non, mais non ! Dans quoi donc M. Delarue retrouve-t-il le goût, l'habitude, la facture ? *Dans certaines lettres ! ! !* je copie son travail : *dans certaines lettres* qu'il va désigner.

Au moins va-t-il désigner un assez grand nombre de lettres, une quantité assez considérable pour que l'identité de goût, d'habitude et de facture puisse y être saisie et proclamée ? Non ! Combien prend-il de lettres ? Neuf !

Quatre lettres majuscules, A — D — P — V ; cinq lettres minuscules, D — P — R — S — T, et puis quoi encore ? Trois syllabes, *Col — gor — ou*. Et puis ? Rien, rien, plus rien !

Ainsi, dans l'ensemble d'un écrit où on prétend retrouver le goût, la facture, l'habitude, c'est-à-dire tout ce qu'il y a de plus intime, de plus personnel à l'homme, tout ce qu'on saisira, tout ce que l'on mettra en lumière, c'est neuf lettres et trois syllabes ! C'est là le travail ! et puis, à côté de cela, rien !

Maintenant, quand il aura constaté ces quelques ressemblances, aura-t-il fait tout ce qu'il y a à faire ? Il semble qu'il y ait un autre côté de la question qui a bien son intérêt, et un grand intérêt apparemment. Vous cherchez les ressemblances... Eh bien ! et les *dissemblances ?* Car, enfin, si à côté de ces quelques lettres qui représentent, dites-vous, l'habitude, la facture, la forme de l'écriture du prince Dolgoroukow, se trouvaient des lettres, des phrases, des mots dissemblables en égale quantité, à plus forte raison en plus grande quantité, qui révéleraient, au contraire, des différences manifestes qui trahiraient une autre habitude, une autre facture, est-ce que cela ne signifierait rien ?

Il faut l'étudier, ce côté de la question, il faut l'étudier profondément. L'adversaire a-t-il fait cette étude à votre audience, en dehors ? Non, en aucune façon.

Voilà donc l'ensemble du travail de M. Delarue, voilà les grandes objections matérielles que j'ai en face de moi, et c'est devant ces objections matérielles que devrait s'humilier et s'incliner cette puissance des faits moraux et des preuves morales que j'ai fait passer tout à l'heure sous les yeux du Tribunal, et qui pour moi sont invincibles!...

Examinons pourtant.

Je ne veux pas, messieurs, me donner une tâche trop facile, mais je dis : Ce travail de l'expert Delarue est sans valeur à mes yeux. Pourquoi? Parce qu'en premier lieu il ne répond à aucune des conditions d'une expertise sérieuse.

D'abord, il n'est pas contradictoire, nous n'avons pas fait entendre nos raisons, nous n'avons pas soumis nos explications, c'est ce qui fait que l'adversaire comprend très-bien qu'il a, en tous cas, à demander une expertise, et en effet il la demande.

Mais ce que je lui reproche, c'est quelque chose de bien plus grave, c'est de ne pas s'être livré à des investigations sur des faits essentiels et qu'il faut cependant constater.

Ainsi, vous prenez comme écrit incriminé et, par conséquent, comme pièce de *question*, le billet qui est sous les yeux du Tribunal... Est-ce bien ce billet qui s'est trouvé dans la lettre? Il s'est trouvé, sans doute, un billet, vous l'affirmez, vous nous en avez donné copie, et le billet que vous reproduisez aujourd'hui contient bien tout ce qui est dans la copie que vous nous avez adressée dans votre lettre de 1856; on n'a donc rien ajouté, j'en conviens. Mais l'original que vous nous présentez aujourd'hui, est-ce bien l'original d'alors? Où est la preuve, que ce soit bien là l'original trouvé, dit-on, sous le cachet et les armes du prince? Voyons, comment la faites-vous? Il faut le savoir : ce billet date-t-il de 1856? date-t-il de 1860? Je n'en sais rien. Pour le fond, il date de 1856; en la forme, je l'ignore, et, sur ce point, il ne doit cependant pas y avoir de doute.

Il y a encore, dans les vérifications d'écritures, une question qui joue un grand rôle : c'est la question du papier, et toutes les fois que les contestations de cette nature se sont agitées devant la justice, on a fait une grande attention à cet élément. Quand on m'a communiqué le billet de 1856, j'ai eu la curiosité d'en examiner le papier. *Une circonstance m'a singulièrement frappé : ce billet,* quelle que soit la main qui l'a écrit, *est écrit sur un papier d'Odessa.* Or, le maréchal Woronzow a été gouverneur d'Odessa de 1823 à 1854, pendant 31 ans. Le prince Dolgoroukow y est allé deux fois, en 1838 et en 1851. Qu'une main hostile rencontre dans les bureaux du maréchal du papier d'Odessa : rien n'est plus simple; mais il est bien merveilleux, vraiment, que le billet, écrit, dites-vous, de la main habile et dissimulatrice du prince Dolgoroukow, soit précisément écrit sur du papier d'Odessa!... Cette circonstance, je vous la signale.

Arrivons à des considérations plus décisives.

Messieurs, je ne veux pas reproduire ici tout ce qui a

été dit sur les expertises en écritures. On en a dit beaucoup de choses. Vous les savez si bien, que je ne voudrais pas vous les rappeler inutilement, et vous êtes si bien en défiance contre de pareilles preuves, que je n'ai pas besoin de développer longuement les raisons de cette juste défiance. Cependant, messieurs, permettez-moi de vous rappeler un souvenir éclatant... un seul, et si je vous le rappelle, ce n'est pas, je le répète, que je veuille me donner le vain et inutile plaisir de déconsidérer les expertises en général, mais parce qu'ici, et dans le souvenir rappelé, je rencontrerai tous les détails curieux qui s'appliquent minutieusement à notre procès, qui sont même décisifs contre l'expertise tentée par les adversaires, et j'aurais pu dire contre toutes les expertises que l'on voudrait tenter encore.

Je veux parler de ce qui s'est passé dans le procès La Roncière, dont je regrette d'éveiller le souvenir ; mais il appartient à la doctrine et à la jurisprudence.

Là aussi il y avait à apprécier des écritures, et de ces appréciations pouvait résulter et sortir une preuve d'innocence pour l'accusé, de culpabilité contre l'accusateur, et cet accusateur, c'était une jeune fille de seize ans.

Quatorze lettres étaient produites dont l'écriture était aussi dissimulée. Était-ce à l'accusé qu'il fallait les attribuer, et avait-il caché sous cette dissimulation son écriture réelle ? Si oui, il était infâme. Ces écritures dissimulées étaient-elles, au contraire, de la main de la

jeune fille? Si cela était démontré, messieurs, la jeune
fille à son tour était infâme, et l'accusé sortait glorieux
de l'accusation dont il avait été l'objet.

C'était donc, comme vous le voyez, d'un immense
intérêt.

Pour comparer ces lettres, il y en avait une dont l'é-
criture, disaient les experts, était légère, alerte, bien
lancée, comme une écriture peut être quand c'est la liberté de la main qui la jette sur le papier et qu'il n'y a
pas là une volonté dominante alourdissant ou paralysant
ses mouvements.

De qui était cette lettre? Elle était de la jeune fille. On
avait donc un type, et il fallait le comparer avec les quatorze lettres dissimulées.

C'est, messieurs, dans ces termes que l'expertise est
ordonnée. Quatre experts sont choisis, les plus accrédi-
tés d'alors, les plus intelligents, les plus honorables, et
personne, dans le procès, ne doutait ni de leur intelligence, ni de leur habileté, ni de leur conscience.

L'expertise se fait. Quel est son résultat? Le billet
attribué à la jeune fille, il est bien d'elle. Pourquoi?
Parce que c'est une écriture légère, alerte, sans déguisement, sans hésitation.

Et les quatorze lettres? Elles sont de la même main qui
a écrit le billet, disent les experts. Seulement, l'écriture
est dissimulée. Mais, ajoutent-ils, toute cette dissimulation est une *falsification ridicule*, et sous cette falsification ridicule, on aperçoit certainement la main qui a

dissimulé, et cette main qui a dissimulé, c'est celle de la jeune fille ! Quant à l'accusé, ces lettres n'émanent certainement pas de lui ; ce n'est pas son écriture ; il n'y a aucune ressemblanre.

Et les experts proclament ce résultat *à l'unanimité...* L'unanimité ! Oui ! toujours l'unanimité dans ces vérifications ! toujours ! Après une longue carrière parcourue, un expert l'a dit en faisant la critique de son art, dans les expertises en écritures, les affirmations ou les négations sont toujours données *à l'unanimité.* Cela ne manque jamais !

Les experts déclarent donc, à l'unanimité, que les quatorze lettres sont bien de l'écriture dissimulée de la jeune fille. Mal dissimulée ; car on reconnaît sous cette dissimulation son écriture réelle. On n'était pas moins affirmatif que ne l'est aujourd'hui M. Delarue, et les détails ne manquaient pas non plus à ces affirmations hautaines.

Le débat s'ouvre. Cette solution était une solution triomphante pour l'accusé ; car, je le répète, si ces lettres-là étaient de la main de cette pauvre jeune fille de seize ans, oh ! c'était une fille perdue, perdue avant l'âge.

Le débat s'ouvre donc. Les experts sont entendus, et M. le président insistait auprès de l'un d'eux, auprès de tous. Je ne veux pas entrer dans tous les détails de ce qui a été dit, je craindrais d'abuser de vos moments. Mais enfin voici ce que dit M. le président :

« A quels signes reconnaissez-vous que toutes les lettres doivent être attribuées à la personne qui a écrit le petit billet signé M. de M. ? » — Réponse : « A la configuration de l'écriture, à l'habitude de la main. » Toujours le même système.

Voilà l'habitude, la configuration, malgré le déguisement : « Je la reconnais à telle ligne. » Il y a différence, mais il n'importe, c'est la même forme !

« Nous la reconnaissons à la même manière de faire ! »

Un autre expert est interrogé. A quoi reconnaissez-vous l'écriture ?— « Oh ! les *majuscules* se ressemblent, puis je la reconnais à la *légèreté de l'exécution*, etc. » Et quelques identités sont, en effet, relevées.

Voilà donc qui est bien acquis, et si l'on en croit l'expertise faite par quatre hommes intelligents, habiles, parfaitement honorables, ayant tous droit à la confiance de la justice, la méritant du moins dans la limite où ils peuvent la mériter, c'est-à-dire dans la limite de leur art si conjectural et qui inspire à bon droit si peu de confiance, — si l'on en croit ces quatre experts, ils sont unanimes, les lettres ne sont pas de l'accusé ! — Elles sont de l'accusateur ! L'accusé doit être absous, l'accusateur flétri.

Des témoins sont entendus, plusieurs déclarent, l'un d'eux, surtout, soutient que les quatorze lettres sont de la main de l'accusé. C'est son écriture, s'écrie-t-il, et il signale diverses lettres, et il ajoute que l'accusé lui-même s'est oublié ; que sur l'adresse d'une de ces lettres il a écrit selon son écriture naturelle, ne songeant plus à la dissimulation ; que cette écriture de l'adresse est évidemment son écriture, qu'il n'est pas possible de s'y méprendre, et ce témoin, dans son emportement de conviction, s'écrie :

« Tous les experts du monde viendraient me dire « que ce n'est pas de l'accusé, que je dirais, moi, qu'elles « sont de lui. »

La discussion s'engage ; M. Berryer s'y mêle. Il prend lettre à lettre, il regarde. Voyez, dit-il, cette lettre-ci, celle-là ; regardez les s, les p, etc. ; examinez la ressemblance, les dissemblances. — Les experts persistent. — MM. les jurés prononceront ! s'écrie M. Berryer ; et ils ont prononcé.

Au milieu de ce débat, M. l'avocat-général intervient et dit :

« Mais j'entends toujours parler des ressemblances « par les experts ; et les différences, où donc sont-elles, « comment les avez-vous constatées ? Où donc est la « partie de votre travail qui concerne ce côté si impor- « tant cependant du procès ? »

Oh ! ces messieurs ont là-dessus un système tout arrêté : — « On ne peut pas tout signaler, on ne peut pas tout décrire. Si, répondent-ils, l'auteur des quatorze billets a voulu dissimuler son écriture, il est bien évident qu'on trouvera des différences. »

M. l'avocat général ne se contente pas d'une pareille

réponse, et à ce système il réplique à son tour, donnant publiquement à MM. les experts une haute leçon :

« Votre devoir était de signaler les dissemblances. « vous ne vous êtes acquitté que de la moitié de votre mission. »

Je passe les détails.

La discussion s'ouvre, M. Odilon Barrot a la parole. Que faut-il penser de la comparaison des écritures, que faut-il croire de ces solutions étranges données par *l'unanimité* des experts, qui n'admettent pas même le doute? L'avocat reprend avec une grande énergie toute cette partie du débat, il la résume par quelques paroles que je mets sous vos yeux, parce qu'elles renversent, sous la puissance des preuves morales ardemment concentrées, tout l'échafaudage des arguties empruntées aux vérifications matérielles.

« On dit que mademoiselle M*** est l'auteur des let-
« tres anonymes, — qu'elle a ourdi une trame infâme,
« une combinaison infernale...; elle a écrit une lettre
« qui retrace le langage, je ne dirai pas d'un soldat,
« mais d'un soudard habitué à tout le dévergondage des
« tavernes et des lieux de débauche : elle a, jeune fille
« de seize ans, tout foulé aux pieds, tout méconnu, tout
« deviné, tout appris, tout inventé...

« Ce sont cependant des experts qui nous ont dit cela !
« des experts, messieurs ; déjà un démenti énergique

« est donné dans toutes les consciences à une pareille
« absurdité. »

Et puis il prend cette expertise, il la parcourt, il la
lacère, il la jette en morceaux aux pieds de la Cour et
des jurés, et tout en complétant sa discussion, il répand
çà et là une foule d'anecdotes qui seraient de nature à
déconsidérer ces sortes de travaux s'ils ne l'étaient pas
déjà par la faillibilité humaine.

Quelques citations seulement :

Ainsi, voici dans une affaire deux écrits livrés aux experts, l'un en vrai, l'autre en faux. Les experts exami-
nent et déclarent *faux* l'écrit *vrai*, — *vrai* l'écrit *faux*.

Que voulez-vous? est-ce erreur de conscience? Oh!
non, c'est la faute de l'art, art faillible ; la faute du système, système plein d'orgueil et de déceptions.

L'un des experts s'est, dit-on, tué de désespoir. Il a
eu tort.

Autre exemple. Ici, c'est bien mieux. Un magistrat,
un président, livre à l'un des experts une pièce annotée.
Que croyez-vous qu'il arrive? La pièce annotée, on la
déclare vraie ; mais la note du magistrat, là est le faux !

Et l'orateur, se recueillant sur tous ces faits, sur tous
ces exemples, s'écrie avec Denisart à l'occasion de vérifications d'écritures : « Quand les juges n'ont sous la
main et devant les yeux que de pareils éléments de décision, ils ne peuvent pas s'y arrêter. »

Eh bien ! votre expertise, elle n'a pas même les garanties de cette expertise dont je viens de parler ; la

justice ne l'a pas ordonnée, la contradiction ne l'a pas éclairée.

Il reste à M. Delarue son honnêteté, que je ne conteste pas, son habileté, que je lui abandonne; mais quant aux résultats, ils ne sont pas admissibles et ils ne peuvent pas être sérieusement présentés.

Si je voulais, maintenant, messieurs, me perdre dans les détails, examiner non pas l'ensemble, — qui proteste pour moi, — prendre non pas des phrases, — des phrases, on ne peut pas en citer contre le prince, — non pas des mots, — des mots, on n'en relève pas ; mais les détails sur lesquels l'adversaire a fait ses observations, — des lettres, des signes, — je me demanderais s'il y a là vraiment quelque chose qui puisse fixer votre attention.

Un mot là-dessus, cependant, bien qu'un travail écrit sur des démonstrations aussi fugitives, aussi insaisissables, convienne mieux à la justice.

Nous sommes en face d'une écriture russe, ne l'oubliez pas ; j'en fais la remarque, parce que cette écriture a ses formes spéciales qui ne ressemblent pas aux nôtres; parce qu'on y rencontre généralement certaines habitudes, certains traits, certains contours, certaines liaisons familières qui se reproduisent volontiers sous toutes les mains. On a dit des écritures anglaises qu'elles se ressemblent toutes, et cela est vrai ; à plus forte raison pourrait-on le dire de ces écritures *sui generis*, qui, comme l'écriture grecque, par exemple, ont des carac-

tères presque sans analogues dans les autres écritures.
Il ne faudrait donc pas s'étonner outre mesure si,
quelle que soit d'ailleurs la main du billet, on y rencontrait certaines analogies que l'on rencontrerait dans une
autre écriture, qu'elle émanât du prince Dolgoroukow
ou de tout autre.

Cette observation a une grande importance et mériterait d'être prise en sérieuse considération, si une expertise judiciaire devait avoir lieu.

Cela cité, abordons les détails :

On me dit, par exemple : Voyez l'*A* du mot *Altesse*.
Il se termine par une boucle arrondie ; or, ajoute-t-on,
voyez la quatrième ligne de la lettre comparée. On y
trouve aussi un *A* terminant par une boucle.

Je réponds : Comparez, non pas une lettre, mais le
mot tout entier ; il est une fois dans le billet incriminé ;
il est quatre fois dans la lettre comparée. Etudiez-en la
physionomie générale, les ressemblances, soit, s'il y
en a, mais aussi les différences. Voulez-vous ne considérer que le mot en lui-même? Ce mot est dans la lettre
comparée d'une écriture ronde, il a sa physionomie à
part ; dans le billet, il est d'une écriture *anglaise*, il a
aussi sa physionomie à part. Voulez-vous considérer les
lettres qui le forment ? Si vous prenez la lettre *A*, cette
lettre sur laquelle vous insistez tant, vous trouvez dans
le billet un *bouclé arrondi*. Dans la lettre il n'y a pas de
bouclé arrondi, mais *un trait* qui sert de liaison avec la
lettre *l* ; cette liaison est habituelle.

Maintenant, si vous regardez les deux *ss* du mot *Altesse* dans le billet, et que vous les compariez avec les deux *ss* du même mot dans l'écriture du prince Dolgoroukow, la ressemblance éclate-t-elle ici? Non, pas même à vos yeux, car enfin que plaidez-vous? Voici vos paroles :

« Ces deux *ss* peuvent être remarquées, non *qu'elles*
« *se ressemblent absolument*, mais elles se ressemblent dans leur physionomie générale. »

Est-ce sérieux? ! ! !

Mais cette ressemblance dans la physionomie générale n'existe pas même. Les deux *ss* du billet appartiennent à l'écriture *forme anglaise ;* les deux *ss* de comparaison appartiennent à l'écriture *ronde*.

Mais voyez, dit-on, le *bouclé* à la base.

Je réponds : Qu'on me donne des écritures de la main d'un Russe, et je trouverai ce bouclé aux lettres *s*, aux lettres *t* ; rien n'est plus ordinaire.

En résumé, non, si l'on étudie la physionomie générale du mot, il ne sort pas de la même main qui a écrit les lettres comparées.

On s'en tire en disant : Oui, il y a des différences ; la dissimulation les explique. Et je réponds : Une dissimulation d'écriture se trahit par les hésitations de la main, et le mot *Altesse* du billet est écrit d'une main hardie, non hésitante.

On nous dit ensuite : Comparez la signature *Prince*

Pierre Dolgoroukow ; prenez les deux *P* notamment ; ils sont enchaînés de même, à la différence près de l'allongement dans l'écrit incriminé.

Ainsi, premier point : on en convient, la forme est plus allongée dans le billet que dans la lettre. C'est une différence, elle peut avoir son importance, et même, à mes yeux, elle est caractéristique ; car le *P* du mot *Prince* dans le billet est jeté d'un jet rapide, avec une grande hardiesse, tandis qu'il est timide et hésitant dans la lettre du prince Dolgoroukow.

Mais qu'importe aux adversaires ! c'est une dissemblance ; elle peut révéler, elle révèle une autre main que celle du prince. Cela ne vaut pas même la peine qu'on s'y arrête ! !

Maintenant, messieurs, comparez les deux *P* de la signature *Prince Pierre*, dans la lettre, avec les mots *Prince Pierre* du billet ; de bonne foi, ces *P* se ressemblent-ils ? Comparez-les avec tous les *P* des lettres du prince ? y retrouverez-vous la ressemblance cherchée ? Non.

Ils sont enchaînés de même ! dit-on. Qu'est-ce que cela veut dire ? que l'enchaînement des deux *P* du billet représenterait à l'œil les jambages croisés d'une *M* ou d'une *N ?*

Eh bien ! que l'on se reporte aux deux *P* de la signature (compar. A), comment est-il possible d'y retrouver l'enchaînement signalé ? Non-seulement l'*allongement* est différent, mais les traits sont différents, et le *bouclé* des deux traits qui forment les *P* sont des *bouclés* que l'on retrouvera partout.

Mais voici mieux et qui prouve tout ce qu'il y a d'aventureux dans ces comparaisons et dans les conclusions trop hardies que l'on veut en tirer. Dans les lettres comparées du prince, je ne trouve pas seulement deux *P*, j'en trouve un très-grand nombre, et notamment quatre *P* majuscules; or, regardez-y bien, et je crois pouvoir affirmer qu'il n'y en a pas deux qui se ressemblent! Lequel donc adopterez-vous de préférence pour le comparer aux *P* du billet?

Etrange situation que vous allez faire au prince.

Si les *P* du billet incriminé ne ressemblent pas aux *P* de telle lettre du prince, vous les comparerez aux *P* de telle autre lettre, vous en trouverez peut-être un à la fin, dans la variété, qui aura quelque analogie, et alors vous triompherez en concluant qu'il y a là une écriture dissimulée!... Est-ce admissible?

Pour qu'une telle conclusion fût admissible, il faudrait démontrer que jamais une autre main que celle du prince n'a pu faire et n'a fait un *P* enchaîné comme il est enchaîné dans le billet; osez-vous le dire?

Je vois, je l'avoue, messieurs, quelque ressemblance dans les deux *rr* du mot *Pierre*, sur lesquels on argumente ensuite et qui forment un *n* pour ainsi dire dans le billet. Il en est de même dans les lettres; mais je me demande si, quand on écrit ces deux lettres répétées *rr*, il n'arrive pas en général, sinon à tout le monde, du moins à beaucoup de personnes, dans la rapidité du tracé, que l'un des deux *rr* s'efface et qu'au lieu de deux *rr* on se trouve n'en avoir écrit qu'un formant un *n*? J'en appelle à tous ceux qui écrivent.

Voici venir maintenant la lettre *D* majuscule. Eh bien, comment est-elle dans le billet? sa forme décrit le trait incliné de droite à gauche qui commence la lettre, ce trait se recourbe à sa base pour venir former à sa droite le dos du *D,* il se recourbe en inverse au haut du trait, puis se recourbe en formant un *ovale.* C'est la forme ordinaire, la plus vulgaire, de la majuscule *D*. On la retrouve partout; dans les signatures des lettres comparées on retrouve bien le *trait,* mais moins *allongé,* — le *bouclé* à la base, — le dos de la majuscule et le recourbé au haut du trait; mais il n'y a pas d'identité dans les *ovales* qui terminent. Au reste, je le demande, quelle main écrivant la majuscule *D* ne reproduira pas cette même forme avec plus de ressemblance même? En vérité, c'est à faire trembler que de s'arrêter à de telles arguties!

Viennent ensuite les trois syllabes *ol, gor, ou.* Trouvera-t-on encore ici de la ressemblance? Je dis non; dans le billet la syllabe *ol* se compose d'un *o* allongé jeté avec hardiesse sans hésitation, ayant la *forme anglaise;* il en est de même de la lettre *l* qui se lie à l'*o* par un trait fortement accentué, tandis que dans les deux lettres la forme ronde se distingue de la forme anglaise et par le tracé et par les liaisons.

Si vous prenez maintenant la syllabe *or*, vous trouverez que dans cette syllabe du billet la tête de l'*r* est
presque invisible. C'est vrai ; mais comparez cette
syllabe du billet avec la syllabe *or* des deux lettres
comparées, que verrez-vous? Dans l'une des lettres l'*r*
s'efface et fait un, pour ainsi dire, avec l'*o ;* dans l'autre,
au contraire, il se sépare, il se distingue! De sorte que
les adversaires, que l'*r* fût séparé ou distinct dans le
billet, auront toujours un argument tout prêt pour retrouver l'écriture du prince. Quelle belle argumentation
dès lors, et comme elle est décisive! Encore une fois,
prouvez donc que nul autre que le prince n'a pu tracer
l'*or* comme il est dans le billet! Prouvez-nous donc que
cette forme du billet est dans ses habitudes, quand nous
vous prouvons, au contraire, que si quelquefois dans sa
signature l'*o* et l'*r* se confondent, quelquefois aussi ils
se distinguent. Et puis, chose étrange! il s'est appliqué,
dit-on, à dissimuler son écriture, et ce sera précisément
quand il trace *son nom*, qu'apparemment il voudra
dissimuler, qu'il s'oubliera et reviendra au naturel!

On est toujours dans la déraison.

Arrivons au mot *généalogie*. C'est le seul mot cité par
l'adversaire ; jusque-là il n'a parlé encore que de lettres
et de trois syllabes. Quoi donc! y a-t-il ressemblance?
Je ne prétends pas, dit l'adversaire, qu'il y ait une identité absolue, mais il y a *la même individualité!* Je cite
textuellement.

Bien ! nous voilà dans des obscurités que, quant à moi, je ne peux pas et je ne veux pas pénétrer.

Qu'est-ce qu'une individualité identique qui n'est pas une identité ?

Enfin, soit :

Il n'y a pas d'identité absolue ; mais il y a la même individualité !

Eh bien, je vous dis, messieurs : Examinez ces deux mots ; comparez lettre à lettre syllabe à syllabe, et j'affirme, quant à moi, la dissemblance. Je dis qu'il n'y a pas d'identité.

Enfin, on argumente de la lettre *double W* du nom *Woronzow*. Si on compare ce double *W* à celui de la lettre, dit l'adversaire, c'est l'identité ! — Ah ! vraiment messieurs, il m'est arrivé pendant que j'écoutais cet argument, une chose assez étrange. Je jetais sur le papier l'objection de l'adversaire et les quelques mots en réponse. En portant un regard sur mon écriture même, j'ai été frappé, et mon adversaire l'eût été avec moi, de la configuration du double *W* que j'avais écrit dans la rapidité de mon étude. Le voici. (M⁰ Marie montre les notes qu'il a prises à l'audience.) C'est pour le coup qu'il y avait une ressemblance entre mon *W*, à moi, et le *W* du mot *Woronzow*. Ce n'est pas une ressemblance... c'est une identité absolue, complète, complète ! Le voilà ! le voilà ! je l'écrirais vingt fois, que je l'écrirais de même !

Voilà pourtant à quoi nous sommes exposés avec

toutes ces subtilités que l'on appelle vérification d'écritures.

Eh bien, à mon tour, qu'ai-je à vous dire?

Est-ce que, à côté de vos prétendues ressemblances, de vos prétendues identités, est-ce qu'il n'y a pas des différences aussi? Vous en êtes-vous jamais préoccupé? Non, non, jamais. — Eh bien ! mais en voici. Elles sont graves.

L'auteur du billet écrit Woronzo*ff* avec deux *ff* comme finale. Jamais, dans ses habitudes, le prince Dolgoroukow n'a écrit ce mot de cette manière ; il l'a toujours écrit et il l'aurait écrit *Woronzow* avec un *w* pour finale.

De même le mot du billet est écrit Dolgorou*ky*. Or, le prince écrit, suivant l'antique usage séculier russe : *Dolgoroukow* ; c'est ainsi qu'il signe son nom.

Est-ce que ces dissemblances ne signifient rien? Ne viennent-elles pas au contraire protester contre votre système?

Comment y répondrez-vous?—Vous dites : Il a voulu dissimuler !

Faites donc attention. C'est dans ce même mot *Dolgoroukow*, que vous allez rencontrer les ressemblances signalées par vous sur les trois syllabes. Il est donc bien engagé dans cette dissimulation, son attention y est bien fixée, sa volonté s'y applique avec ténacité. Comment ! et il oubliera de dissimuler en écrivant le commencement du mot quand il dissimule avec autant de ruse la fin de ce même mot !

Toutes ces contradictions sont étranges, et cependant voilà, en définitive, toutes les remarques matérielles que vous avez faites, et que je parcours rapidement, en leur donnant des réponses qui, je le comprends, doivent être établies par un travail écrit. Ce travail, je le remettrai à Messieurs : c'est pourquoi je n'insiste pas davantage.

Dirai-je un mot de cet étrange argument ? Dans la lettre du prince Dolgoroukow, on trouve l'expression *le temps marche;* dans le billet, on trouve l'expression *il n'y a pas de temps à perdre.* Comme s'il n'y avait pas une différence de plus d'un mois entre ces deux écrits, comme si d'ailleurs cette pensée si vulgaire, si commune, presque proverbiale, ne pouvait se rencontrer à la fois dans deux écrits de mains différentes.

Terminons, messieurs.

Que résulte-t-il donc de cette discussion, et en définitive, quelle est la cause ?

J'ai une question, moi, une question que j'ai toujours eue sous les yeux dans cette discussion : Est-ce le prince Dolgoroukow, oui ou non, qui a écrit le billet incriminé aujourd'hui ?

Faites attention ! Qu'y a-t-il dans cette cause ? Un accusé, un homme d'un grand nom, — nous ne sommes pas en dispute là-dessus, — un homme d'une illustre origine, vous l'accordez, — un homme qui n'a jamais failli à l'honneur, que je sache, et vous ne le lui reprochez pas. Un homme qui n'a jamais donné le droit à personne, jusqu'à votre accusation, de dire qu'il ait en rien oublié les bonnes traditions de sa maison : voilà l'homme que vous accusez. Il s'est montré fidèle à ses souvenirs, messieurs, et quand le temps est venu de payer de sa personne, il a su le faire avec un grand désintéressement, une grande indépendance de cœur, une grande liberté d'esprit et de pensée, dans les luttes pacifiques qu'il a engagées sur la politique,—pacifiques, oui, toujours pacifiques, car ce n'est pas un homme de désordre que le prince Dolgoroukow.

Dans ces luttes, c'est vrai, il a été fier, ardent, il a eu, lui, ses ennuis, ses désastres, il n'a pas reculé même devant la perte de sa fortune, il a acheté ainsi, comme il voulait, *le droit de parler et d'agir librement.* Il a suscité contre lui bien des haines, soulevé bien des colères. Eh bien ! qui donc a touché à son honneur ? qui ? Personne, personne, et le premier accusateur qu'il trouve dans la noblesse russe, le premier, le seul accusateur qu'il rencontre, c'est M. Simon Woronzow. Eh bien ! il faut des preuves pour que cet homme-là tombe. Il faut des preuves pour que tout ce passé s'efface ! Il faut des preuves pour que ces quarante ans jusqu'à présent honorés et honorables soient, puissent être impunément diffamés par vous et flétris par la justice. Il faut des preuves pour démontrer que cet homme, un jour, un seul jour dans sa vie, a abdiqué tout son passé, qu'il s'est dégradé lui-même en vendant sa conscience d'homme et sa conscience d'écrivain.

Il faut que vous nous démontriez que l'homme désintéressé jusqu'au sacrifice, pour l'honneur de ses opinions et de son caractère, qu'un homme qui n'a pas hésité à quitter son pays et abandonner sa fortune aux confiscations, n'était cependant, lui qui, en agissant ainsi, voulait garder immaculée la liberté de sa pensée, n'était pourtant qu'un vil trafiquant de cette pensée.

Il me faut des preuves pour démontrer que lui, qui tient à son nom, à ses parents, à ses amitiés, qui a toujours gardé avec soin l'honneur de ce nom, un jour, et pour quelques écus d'or, il a voulu tout vendre.

Voilà ce qu'il faut que vous me démontriez avec des preuves positives, avec des preuves décisives. Oh! je sais bien qu'il y a des contradictions dans le cœur humain; je sais bien que s'il a ses jours de grandeur, il a aussi ses jours de décadence; je sais bien que le commencement d'une magnifique vie peut compter de tristes journées de défaillance et de dégradation! Je sais cela !

Mais où avez-vous vu qu'un homme pût être et ait été jamais, le même jour, à la même heure, indépendant et servile, désintéressé et avide, noble dans ses idées, noble dans ses actions, et ignoble dans ses idées, ignoble dans ses actions?... le même jour, à la même heure? Trouvez-moi donc de ces contradictions?

Je dis, moi, au contraire, qu'il y a des impossibilités morales devant lesquelles nos raisons doivent s'incliner pour défendre l'honnête homme accusé. Et dites-moi, dites-moi où vous trouverez un levier assez puissant pour renverser ces impossibilités morales?

Il faut pourtant que vous le trouviez, ce levier, ou votre œuvre est perdue.

Le trouverez-vous dans vos arguties sur la comparaison des écritures? Quelle déception! Mais j'entends dire: Qui donc alors a écrit le billet, si ce n'est pas le prince Dolgoroukow? Est-ce le maréchal Woronzow? Qui le croira? Qui croira que le maréchal soit descendu de toutes ses grandeurs, pour se livrer à de pareilles misères, à de pareilles infamies? Qui le dira?—Celui-là pourrait le dire qui accuse le prince Dolgoroukow d'être descendu, lui aussi, de ses grandeurs, pour se livrer à de pareilles infamies? Qui le dira? Celui qui pourrait dire que s'il est un seigneur russe assez avili pour vendre sa conscience, il peut bien y avoir un seigueur russe assez avili pour la corrompre.

Qui le dira? Ce n'est pas moi. Je n'ai pas besoin de le rechercher. Ma pensée première, à moi, celle que j'ai toujours eue dans ce procès, c'est qu'il y a là une main ennemie qui a glissé ce billet sous le cachet du prince Dolgoroukow.—Chose qui n'est pas difficile, qui ne l'est nulle part, malheureusement qui ne l'est pas en Russie surtout. — Chose qui n'est pas difficile, quand vingt jours s'écoulaient entre la date de l'envoi de la lettre et celle de la réception! Chose qui n'est ni difficile, ni incroyable, quand on sait combien il y a d'hommes dans le monde qui se jouent avec facilité et légèreté de l'honneur des autres, et qui sont prêts à soupçonner la conscience de leurs voisins, parce que leur conscience, à eux, est déjà une conscience perdue !

Je m'attache, messieurs, à ceci : — c'était l'idée du maréchal Woronzow ; jamais il n'a accusé le prince Dolgoroukow ; — jamais, de son vivant, on ne l'a accusé ; — il n'a pas cru que le billet fût de lui ; — il a dit qu'il était d'une écriture inconnue.

Quant à moi, qu'avais-je à faire ? A prouver que le prince Dolgoroukow n'est certainement pas l'auteur du billet. Je crois l'avoir prouvé. J'ai donc prouvé qu'en se défendant comme il l'a fait, et quand il était mortellement accusé comme il l'a été, il a usé d'un droit légitime, et vous jugerez ainsi.

C.

PLAIDOIRIE DE Me CHAUDEY

MESSIEURS,

Je n'ai à prendre dans ce grave débat, au nom du *Courrier du Dimanche*, qu'une part très-restreinte. Je n'ai point à intervenir dans la grande discussion qui s'agite entre M. le prince Woronzow et M. le prince Dolgoroukow. J'ai tout simplement à repousser la partie des conclusions de M. le prince Woronzow qui regarde le *Courrier du Dimanche*, et le reproche de légèreté qui nous a été adressé par son avocat. Quelques rapides explications suffiront, je l'espère, à montrer que le *Courrier*, loin d'avoir été coupable de légèreté, n'a fait qu'obéir, en cette affaire, aux plus strictes règles de la loyauté et de la bienséance.

Je prie le Tribunal de bien se rappeler les circonstances de l'insertion, dans le *Courrier* du 29 avril 1860, de l'article sur le livre du prince Dolgoroukow, *la Vérité sur la Russie*.

Quand cet article a été envoyé au *Courrier du Dimanche* par un de ses correspondants, nous n'avions que des raisons d'être bienveillants pour les idées et pour la personne du prince.

Nous ne connaissions de lui que sa position politique dans la noblesse russe, ses efforts pour l'établissement d'un régime constitutionnel et libéral en Russie et pour l'émancipation des serfs ; nous savions que, noble russe, il soutenait en Russie des idées que nous aimons en France, et nous ne pouvions que lui être sympathique. Un article sur son livre dans le *Courrier* ne pouvait avoir pour objet que d'appeler l'attention et l'intérêt sur cette manifestation significative du libéralisme dans l'œuvre d'un prince russe.

A la lecture des épreuves de l'article, rien, certes, ne pouvait faire croire que son auteur se fût écarté de l'intention bienveillante du *Courrier*. Il y est parlé du prince très-favorablement, et son livre y est présenté comme un livre très-sérieux, très-considérable et appelé à un succès exceptionnel. On y fait, sur le fond du livre, des réserves commandées par le sujet. Mais il ne s'y trouve aucune agression, aucune attaque apparente contre qui que ce soit.

Quel ne fut donc pas l'étonnement dans les bureaux du *Courrier*, lorsque, le lendemain ou le surlendemain de l'article, on y vit accourir M. le prince Dolgoroukow, furieux contre l'article et se prétendant mortellement offensé! Le Tribunal se souvient que, dans l'article, comme pour mieux recommander le prince et pour mieux faire sentir l'autorité de son témoignage, on rappelle en termes généraux combien la circonspection est nécessaire à l'égard des livres qui regardent la Russie, et qu'on raconte, sans aucune désignation de personnes, sans aucune indication de noms propres, l'anecdote de cet historien russe qui avait demandé cinquante mille roubles au chef d'une grande famille de Russie, pour faire droit à ses prétentions généalogiques. Eh bien, dans cette anecdote, placée dans l'article justement pour faire contraste avec la gravité du témoignage de l'auteur de *la Vérité sur la Russie*, M. le prince Dolgoroukow se reconnaissait, se tenait pour personnellement désigné, disant que cette désignation ne ferait doute pour personne à Saint-Pétersbourg et dans la société russe. L'insinuation la plus perfide s'était ainsi glissée sous la forme d'une précaution oratoire, et il venait protester hautement, énergiquement, contre l'odieuse calomnie par laquelle d'habiles ennemis cherchaient à discréditer sa personne et son livre. Et il sommait le *Courrier* d'accueillir sa réclamation.

Que devions-nous faire? C'est ici qu'on nous accuse de légèreté. Voyons si nous avons été légers.

Du moment que le prince se reconnaissait designé par l'anecdote, il était manifeste que nous avions été trompés, indignement trompés, puisque le correspondant, auteur de l'article, n'avait voulu, dans un travail qui nous était présenté comme favorable au livre, que le discréditer par la plus terrible des suspicions. Il y avait là une machination épouvantable, faite pour mettre en défaut toute la sagacité possible. Comment voulait-on que le gérant, que le rédacteur en chef d'un journal de Paris pussent reconnaître, dans l'anecdote anonyme, présentée comme elle l'était, l'allusion qui s'y trouvait à des insinuations sourdement répandues dans les salons de Saint-Pétersbourg? Le journal n'avait failli à aucun de ses devoirs. Il ne pouvait se reconnaître coupable d'une attaque qui avait dû se déguiser à ce point pour se produire dans ses colonnes. Il avait été l'objet d'une perfidie, comme le prince Dolgoroukow lui-même.

Le *Courrier* a donc dû dire au prince Dolgoroukow : Nous n'avons pas voulu vous attaquer; nous ne vous avons pas attaqué sciemment; vous n'avez été ni nommé, ni désigné. Pour que nous arrivassions à savoir qu'il était question de vous dans l'anecdote, il a fallu que vous vinssiez nous le dire vous-même. Nous ne pouvons pas reconnaître à votre réclamation le caractère d'un droit positif, fondé en légalité, puisque ce serait nous charger d'un tort que nous n'avons pas eu. Mais il y a dans votre réclamation un droit moral d'autant plus grand que vous avez été attaqué insidieusement; nous devons place à votre protestation. La plus simple loyauté nous commande d'accueillir votre défense. Défendez-vous donc dans le *Courrier*, sauf à vos adversaires à s'y défendre à leur tour.

Et la défense du prince Dolgoroukow a paru.

Comment, je le demande, en loyauté, en courtoisie, le *Courrier* aurait-il pu tenir une autre conduite?

Cette loyauté, cette courtoisie, nous avons voulu la témoigner à M. le prince Woronzow comme à M. le prince Dolgoroukow. La défense de ce dernier appelait une réponse de la famille Woronzow. Nous n'avons cessé de nous tenir à la disposition de la famille Woronzow pour les réfutations qu'elle aurait à produire. Cette querelle, née de la publicité, devait se vider par la publicité. L'arène du *Courrier* était ouverte à l'un comme à l'autre des adversaires.

Comment donc est-il arrivé que M. le prince Woronzow en soit venu à préférer le débat judiciaire et à mêler le *Courrier* à sa querelle avec M. le prince Dolgoroukow? L'avocat de M. le prince Woronzow nous l'a dit avec sincérité, et je m'en rapporte sur ce point aux souvenirs du tribunal. La présence du *Courrier* dans le procès n'est qu'une ressource de procédure. Le prince Woronzow ne songeait d'abord qu'à se défendre dans le *Courrier*. On lui a conseillé le procès au civil, dans l'espoir d'une vaste publicité, et parce qu'on pensait que l'action ainsi intentée serait en dehors des prescriptions relatives à l'interdiction des débats. Et du moment qu'on voulait assigner devant le tribunal civil le prince Dolgoroukow, qui aurait pu décliner la juridiction française, il fallait, pour faire la compétence, lui donner un co-défendeur français et mettre le *Courrier* dans l'affaire. Oui, au fond, nous ne sommes ici, nous ne pouvons être ici que comme expédient de procédure. Faut-il que nous portions la peine de cette nécessité de forme? Je ne le pense pas.

Je conclus donc que, sous le bénéfice de notre offre d'accueillir toute réclamation du prince Woronzow, nous devons être en dehors de toute condamnation à la publicité et aux frais, et qu'en tout cas nous devons en être quittes pour l'insertion du jugement, s'il y a lieu, dans le *Courrier* et non dans les autres journaux. Nous avons toujours offert notre publicité pour rectifier ce qu'a fait notre publicité. Nous ne devons être condamnés à rien de plus.

RÉPLIQUE DE Mᵉ MATHIEU

MESSIEURS,

Si je ne me sens ni la force ni la volonté peut-être de maintenir ce débat dans les régions élevées où l'a porté mon adversaire, je n'en conteste pas plus que lui la gravité et la grandeur... Le prince Dolgoroukow est accusé d'une action honteuse... déshonorante... *Il y va pour lui seul de l'honneur, de la considération de son nom*, de l'estime du monde, c'est-à-dire de cette vie *morale, plus précieuse que l'autre vie*, et mille fois supérieure à tous les intérêts matériels. Oui, certes, c'est là un grave procès... et je comprends les généreux et éloquents efforts tentés par mon adversaire pour soustraire son client à la flétrissure d'un pareil soupçon..... Ces efforts, je les ai admirés comme vous, comme vous, messieurs, j'y ai silencieusement applaudi ; mais cette émotion de mon esprit n'est pas descendue jusqu'à mon cœur, elle n'a pas troublé ma conscience, elle n'a pas altéré ma conviction.

Cette conviction, elle s'est maintenue inébranlable. Et, vous le dirai-je, messieurs, pardonnez-moi non cet orgueil, mais cette confiance, si, indépendamment de ma volonté, un si long intervalle n'était venu séparer ma plaidoirie de celle que vous avez entendue à la dernière audience, il me semble que peu d'efforts suffiraient pour réveiller vos souvenirs, pour dépouiller les paroles de mon adversaire du prestige que l'éloquence a pu y attacher, pour rendre leur force et leur énergie aux preuves que j'avais accumulées.... Le temps écoulé m'impose une tâche moins simple.... Il me faudra reprendre ces arguments et ces preuves, les remettre en lumière et préparer ainsi, dans la mesure de mes forces, l'œuvre de votre justice.

Telle est la tâche que je viens remplir; toutefois, rassurez-vous; je m'appliquerai, et j'espère y parvenir, je m'appliquerai à la renfermer dans les plus étroites limites. Mais avant de l'aborder, je voudrais, si le tribunal veut bien me le permettre, rendre au débat sa physionomie judiciaire et restituer à chacune des parties belligérantes, comme les appelait mon adversaire, sa situation, son rôle dans ce procès.

De quoi s'agit-il ? Comment le débat s'est-il engagé ? Quels en ont été l'origine et le point de départ ? Qu'était-il au début ? Qu'est-il devenu dans ses développements ? C'est là la première question qui doit se dégager des faits que nous connaissons déjà; permettez-moi de la préciser en rappelant quelques-uns de ces faits.

Le 6 mai 1860, dans le journal le *Courrier du Dimanche*, a paru une lettre signée prince Dolgoroukow. Cette lettre renfermait contre la mémoire du prince Woronzow les imputations les plus graves, les plus outrageantes, une accusation de faux, non pas même déguisée, mais formulée nettement, hautement. C'est là, messieurs, ce que je n'ai pas besoin assurément d'établir devant vous; c'est là quelque chose de certain, il suffit de lire, et je m'en fie à vos souvenirs pour l'affirmer devant vous.

Cette lettre, messieurs, quelle en a été la cause et comment s'est défendu le journal de l'avoir insérée dans ses colonnes? Au nom du journal, on vous a dit : Nous avons subi de la part de notre rédacteur une surprise véritable, une sorte de trahison littéraire et politique. Le prince Dolgoroukow a bondi sous l'injure. Il s'est senti outragé, il est accouru à nous, il nous a demandé réparation. Au nom de la loi, sans doute, nous pouvions la lui dénier, car il n'était ni nommé ni désigné, mais nous la lui devions, et nous la lui avons donnée au nom d'une loi plus sacrée, celle de la probité. Puisqu'il se reconnaissait, puisque, malgré nous, contre notre volonté, il était diffamé, nous devions lui donner le moyen de se défendre. Voilà pourquoi nous avons inséré son article. Telle a été la défense du journal sur cette partie de la cause.

Que vous a-t-on dit au nom du prince Dolgoroukow?
On vous dit : Il était insulté : à une attaque inqualifiable
il a répondu vivement, violemment peut-être, soit! il
était dans son droit, si ce n'est légalement, au moins
moralement; provoqué par la plus grave et en même
temps la plus lâche des accusations, il était dans le droit
de légitime défense; outragé, il a répondu par l'outrage.
Voilà la réponse que l'on a faite au nom du prince Dolgoroukow.

Cela est-il vrai? Etait-il provoqué? Etait-il dans cet
état de légitime défense dont on veut se faire auprès de
vous une excuse et un rempart? La diffamation était-elle
si évidente qu'il n'ait pu la méconnaître? Examinons
cela, je le veux bien. Quel était donc cet article? Je ne le
relis pas, vous le connaissez; je ne veux pas fatiguer
votre audience de ces redites. Cet article, il ne nommait
pas, il ne désignait pas le prince Dolgoroukow, et j'ai saisi
dans le débat, dans la défense du *Courrier*, un trait de
lumière qui frappera vos consciences. De son propre
aveu, personne ne pouvait le reconnaître; son nom, le
titre de son ouvrage, le pays, la langue auxquels il appartenait, rien de tout cela n'était indiqué. Qu'arrive-t-il
cependant? Il accourt dans les bureaux du journal, plein
d'émotion et de trouble... Il s'indigne, il réclame en face
de la rédaction stupéfaite et qui ne comprend rien à son
émotion et à ses plaintes. Que leur dit-il? J'ai noté cela
au passage dans la plaidoirie du défenseur du *Courrier*;
il leur dit : « Oui, sans doute, personne à Paris, en

France, ne peut me reconnaître; je ne suis pas nommé, je ne suis pas désigné; mais en Russie tout le monde me reconnaîtra, tout le monde appliquera mon nom à cette anecdote infâme. »

Ah ! tout le monde vous reconnaîtra en Russie. Pourquoi? Parce que le prince Woronzow, parce que sa famille ont parlé, parce qu'ils ne se sont pas renfermés dans le silence qu'on leur reproche, parce que le fait auquel le journal fait allusion est connu. Voilà l'explication de votre émotion, la seule explication possible, et nous verrons plus tard, dans la discussion que j'aborderai tout à l'heure, quelle conséquence il me sera permis de tirer de cette étrange démarche. Mais revenons à l'article de Michenski et à la complaisance avec laquelle le *Courrier du Dimanche* a ouvert ses colonnes à ce qu'on appelle la défense du prince Dolgoroukow.

Qu'est-ce que M. Michenski ? Quels mobiles l'on fait agir? J'attendais, messieurs, de la loyauté, de l'intérêt même du *Courrier du Dimanche*, des révélations à cet égard; j'aurais été curieux, pour me servir d'une expression que nous avons rencontrée dans la bouche du prince Dolgoroukow, de savoir quel était ce Michenski, ou l'écrivain, puisqu'on le prétend, qui se dissimule sous ce pseudonyme. Il ne peut pas rester dans l'ombre. Vous êtes obligés de dévoiler son individualité. Quand on le connaîtra bien, on saura quels sentiments, quelles passions, quels ressentiments ont pu inspirer son article.

Jusque-là je combats dans les ténèbres ; je demande la lumière, et mes adversaires sont tenus de la faire, puisqu'ils savent ce que j'ignore, à moins qu'ils ne veuillent dissimuler cette partie des faits et tenir, comme on le dit vulgairement, la lumière sous le boisseau. Mais, quel que soit M. Michenski, fût-il, ce que j'admets uniquement par hypothèse, un instrument de ces ressentiments, de ces passions, de ces colères, auxquels, suivant son défenseur, le prince Dolgoroukow est en butte depuis qu'il a quitté la Russie, en 1859, depuis surtout qu'en 1860 il a publié ce livre fatal, sur lequel je reviendrai tout à l'heure, je lui répondrai, et je répondrai au *Courrier du Dimanche* : En quoi cela vous autorisait-il à insulter, à outrager la mémoire du prince Woronzow ? En quoi cela vous donnait-il le droit de penser, de soupçonner que le prince Simon Woronzow était pour quelque chose, directement ou indirectement, dans les attaques plus ou moins déguisées de M. Michenski ? Rien au monde ; et quant à moi, messieurs, en présence du prince Simon Woronzow qui m'écoute, et dont l'honorabilité ne sera ici contestée par personne, pas même par le prince Dolgoroukow, je vous dis : Le prince Simon Woronzow ne connaissait pas M. Michenski, il ne le connaît pas encore au moment où je parle ; son article, il l'a ignoré ; entre lui et celui qui vous a, dites-vous, diffamé, il n'y a aucune relation, si indirecte qu'on le suppose. Rien ne vous autorisait donc à les croire de connivence, et à étendre à l'un des représailles légitimes

peut-être à l'égard de l'autre. Le prince Dolgoroukow
était insulté, dites-vous, et vous deviez venir en aide à
sa défense... Ouvertes à l'outrage, vos colonnes devaient s'ouvrir à la réparation ! Soit... mais contre qui ?
Contre M. Michenski, l'auteur de l'article, contre la Russie, contre son gouvernement, puisqu'à vous en croire,
c'est lui qui a suscité la diffamation et le diffamateur ?
Voilà les coupables, voilà ceux contre lesquels il fallait
laisser la carrière libre au prince Dolgoroukow. Mais quoi !
vous laissez diffamer une mémoire illustre, vous laissez
déverser sur elle l'injure et l'outrage, quand elle est,
quand ceux qui la représentent sont étrangers à ce qui
sert de prétexte à cette polémique, et vous soutenez
qu'en permettant cela, vous avez exercé un droit, accompli un devoir sacré ? Comment ! messieurs, c'est là
une défense acceptable ? Tel peut être le rôle de la publicité parmi nous, et le journal en sera quitte pour venir
dire à l'audience, ce qui n'est pas vrai d'ailleurs : Nous
avons offert au prince Woronzow, à son tour, la réparation que nous avons accordée au prince Dolgoroukow.
Nous lui avons ouvert nos colonnes. Ç'a été là notre
premier mot et notre dernier ; c'est ce que nous lui offrons par nos conclusions, et il ne peut prétendre à rien
de plus !

Non, non, nous voulons autre chose contre le
Courrier du Dimanche ; nous ne croyons pas à la vertu
de cette publicité contradictoire et qui prétend tenir la
balance égale entre le diffamé et le diffamateur ; rien

n'autorisait le journal à insérer l'article du prince Dolgoroukow, à moins qu'il ne fût expurgé de ces indignes
attaques contre des noms que rien ne rattachait à cette
polémique. Et si, comme je n'en doute pas, il est évident pour tous que la famille Woronzow est complètement étrangère à cette lutte d'écrivains et de journaux;
si cette machination odieuse, à supposer qu'elle existe,
contre le prince Dolgoroukow, pour tuer l'écrivain en
tuant l'homme, si cette machination n'est pas l'œuvre
de mes clients, vous direz que le prince Dolgoroukow
n'était point en état de légitime défense contre la famille Woronzow, que son attaque était par conséquent
inexcusable et qu'il n'est pas possible d'accepter la singulière compensation à l'aide de laquelle on voudrait
l'écarter de cette enceinte.

Je croyais en avoir fini sur ce point, mais il faut que
j'y insiste, et voici pourquoi : je lis dans un journal
étranger une insinuation que rien au monde, dans mes
souvenirs et dans ceux du tribunal, je l'espère, n'avait
trahie dans la plaidoirie de mon adversaire. S'il faut
en croire ce journal que je ne veux pas nommer, parce
que j'aime et j'estime celui que je sais être le rédacteur de cet article; s'il faut en croire ce journal, l'honorable défenseur du prince Dolgoroukow aurait soutenu
que le procès fait à son client était le fruit d'une odieuse
machination ourdie contre lui, et dont le prince Simon
Woronzow serait le complaisant instrument. Voilà non
pas l'insinuation, mais l'affirmation. Je ne crois pas

que mon adversaire se la soit permise. J'en appelle
à lui-même. Dans tous les cas, qu'elle vienne de sa
plaidoirie, qu'elle vienne du journal dont je parle, c'est
une insinuation odieuse contre laquelle je proteste de
toute mon énergie.

Grâce à Dieu, et s'il en est besoin, je n'en suis pas
réduit à ma seule parole, j'ai des preuves. Je vous disais à la première audience qu'il était plus facile encore
de comprendre que d'exprimer les sentiments qu'avait
soulevés dans le cœur de Simon Woronzow, du fils du
maréchal, la lettre du prince Dolgoroukow. J'ignorais
alors qu'il y eût, de l'explosion spontanée, immédiate
de ces sentiments, une preuve irrécusable. Cette preuve,
elle m'a été confiée depuis votre dernière audience, et
la voici.

L'article du *Courrier* paraît à la date du 6 mai 1860,
vous vous le rappelez. Il arrive à Saint-Pétersbourg ; il
y arrive, je ne puis pas dire précisément à quelle date,
mais aussi rapidement que le permettent les communications internationales. Le 17 mai, le prince Simon
Woronzow prend la plume, et il écrit à M. de Tolstoy,
secrétaire de l'ambassade russe, son ami ; c'est à l'ami
qu'il s'adresse, vous allez le voir, et non pas au représentant de la puissance à laquelle il appartient. Il lui
écrit, messieurs, une lettre que je vous recommande,
car elle ne sera pas seulement une réponse décisive aux
insinuations injurieuses que je combats en ce moment,
elle sera en même temps un trait de lumière, je le crois

du moins, jeté sur l'ensemble de cette cause. Voici cette lettre :

« Saint-Pétersbourg, le 17 mai 1861.

« Mon cher Tolstoy,

« Vous connaissez sans doute la lettre publiée par le prince Dolgoroukow, dans laquelle il accuse mon père d'avoir commis un faux.

« La réputation de mon père est trop pure et trop glorieuse pour que des calomnies publiées *par un homme taré* puissent la toucher d'aucune façon. »

Par un homme taré... C'est écrit, je suis obligé de le lire. Et quant à vous, messieurs, vous sentez ce que signifie, ce que vaut, sous la plume du prince Simon Woronzow, cette expression que lui arrache un sentiment spontané, invincible, dans l'intimité de cette lettre à un ami... *par un homme taré !...*

« Malgré cela, il m'est impossible de laisser passer sans réponse une pareille infamie.

« Je ne puis songer à demander au prince Dolgoroukow une satisfaction personnelle. »

Vous comprenez, messieurs, ce que cela veut dire quand il s'agit du nom de Dolgoroukow, quand on s'appelle le prince Woronzow... quand on est soldat... car il est un soldat, lui, quoique le temps des grandes guerres fût passé, comme le disait mon adversaire. Sa jeunesse a grandi au Caucase, sous les yeux de son père ; dans une lutte récente, il servait son pays... et il recevait, sous les murs de Sébastopol, la glorieuse atteinte d'une balle française, à laquelle il a pardonné, quoiqu'elle ait failli lui coûter la vie. Si ce prince, si ce soldat se refuse à provoquer de Dolgoroukow une satisfaction personnelle, n'en devinez-vous pas la cause ? ne jette-t-elle pas une lumière éclatante sur le procès ? La cause ! n'est-elle pas dans ce mot qui s'est rencontré brûlant sous sa plume ? n'est-ce point parce que le prince Dolgoroukow était à ses yeux, comme aux yeux de l'opinion, un *homme taré ?...*

« Il ne me reste plus qu'à avoir recours à la justice, et lui livrer les pièces qui se trouvent dans ma possession, et qui prouvent d'une manière évidente le système de chantage adopté par le prince Dolgoroukow, lors de la publication de son ouvrage. Je vous envoie les copies photographiques des deux lettres du prince Dolgoroukow ; ainsi que du billet qui se trouvait dans la première ; j'y ajoute, pour plus de clarté, la copie de la réponse de mon père. En lisant ces pièces et la lettre imprimée de Dolgoroukow, vous verrez qu'il m'est impossible de ne pas prendre des mesures pour rétablir les faits dans toute leur vérité. Chaque expert en écriture reconnaîtra que c'est la même main qui a écrit les lettres et le billet. Mon but est d'avoir cette constatation faite légalement et publiquement par un tribunal compétent. Ne connaissant pas la loi française, je ne sais si je dois, pour y arriver, attaquer le prince Dolgoroukow lui-même ou le journal qui a publié ces lettres.

« Faites-moi la grâce, mon cher ami, de *consulter le meilleur avocat possible*..... » C'est assez vous dire, messieurs, qu'il ne songeait pas à moi, qu'une bienveillance dont je m'honore et que j'en remercie a désigné depuis à sa confiance. Il songeait à ce vétéran de notre ordre, fiancé il y a cinquante ans à l'éloquence et à la gloire et qui leur a été fidèle, à cet illustre confrère dont le barreau, dans quelques jours, célèbre la glorieuse cinquantaine, la fidélité au tableau, au drapeau de notre ordre... Il songeait à Berryer, et il le dit plus loin.... J'épargne au tribunal le reste de cette lettre, sans utilité pour la cause.

A défaut de Berryer, c'est à nous qu'on a fait appel, à l'honorable avoué qui m'assiste, et à moi, et nous avons eu à résoudre les questions que posait le prince Simon Woronzow.

Un premier point incontestable, c'est que la loi permettait de mettre en cause, devant vous, le *Courrier du Dimanche*. S'il n'avait pas créé la diffamation, il l'avait commise en la publiant. Français, il était votre justiciable qu'on invoquât contre lui la loi pénale ou la loi civile. Ce qui le rivait au procès, ce n'étaient pas les exigences de la procédure ou de la compétence, c'était la nature même et la nécessité des choses.

Quant au prince Dolgoroukow, à part le lien qui le rattachait au *Courrier du Dimanche*, est-ce qu'il pouvait se plaindre d'être appelé devant votre juridiction, lui qui peint en traits si cruels la justice de sa patrie, lui qui la montre, dans son triste livre, comme *une fusion de l'arbitraire et de la vénalité?* Apparemment non. Quant au prince Woronzow, cet instinct, cette résolution, car elle éclate dans sa lettre, d'en appeler à la justice française, c'était une révélation nouvelle de ce qu'il y avait de conviction énergique dans son cœur. Il aurait pu s'adresser aux tribunaux de son pays, car le *Courrier du Dimanche* y avait pénétré, et ses diffamations avec lui. Il aurait pu obtenir une sentence de condamnation, une sentence par défaut, rendue au milieu de ces ténèbres de la justice russe que le prince Dolgoroukow flétrit et dénonce aux mépris de l'Europe. Cela ne pouvait convenir à l'honneur du maréchal Woronzow. Il ne craignait pas, il voulait la lumière. L'outrage avait été commis en langue française, c'est-à-dire dans cette langue universelle, que la Russie parle et surtout son aristocratie autant et plus peut-être que sa langue patriotique. Il était juste que l'outrage fût réparé en France et par cette justice française dont il ne me sied pas de faire l'éloge, puisque je suis devant elle, et qui, grâce au ciel, n'a pas besoin d'éloges. Voilà pourquoi nous avons traduit devant vous et l'auteur de la lettre du 6 mai 1860, et le journal qui l'a publiée ; voilà pourquoi nous sommes venus dire au journal et à l'écrivain : Vous êtes des insulteurs et des diffamateurs ; pourquoi nous avons dit au prince Dolgo-

roukow : C'est vous qui avez tracé en 1856 cet anonyme
infâme, qu'en 1860 vous avez eu l'audace d'imputer
comme un faux à la mémoire du prince Woronzow ; nous
l'affirmons, nous le prouvons, et si la justice n'est pas
convaincue, nous en offrons la preuve. Voilà ce que nous
avons fait, obéissant ainsi à une inspiration loyale autant
qu'à un calcul, excellent calcul d'ailleurs, surtout si la
publicité nous vient en aide, cette publicité à laquelle j'ai
provoqué vainement mon adversaire, à laquelle je le provoque encore dans l'espérance que notre accord sur ce
point fera tomber les barrières que la loi pourrait nous
opposer, et pour que nous n'en soyons pas réduits à ces
publications, fidèles sans doute, mais incomplètes, des
journaux étrangers qui peuvent, eux, par un singulier caprice de législation, importer en France des débats dont
la reproduction serait interdite aux journaux régnicoles.

J'ai tout dit sur cette première partie de ma cause. Il
y a une diffamation, elle est évidente. Il n'y a pas eu
provocation de la part de la famille Woronzow ; il y a
par conséquent un outrage sans excuse, et pour lequel
vous n'admettrez pas l'étrange système de compensation
qu'on invoque contre moi. Vous ne l'admettrez pas,
parce que la vérité des faits y résiste, et que, devant
vous, j'en ai la confiance, la vérité ne sera jamais trahie.

Voilà, messieurs, le premier aspect de ce procès, la
première question qu'il soulève, le point de départ et le
principe de tout ce qui a suivi.

Mais à côté, au-dessus de cette question, il y en a une

autre plus grave, plus élevée, et la voici : Un écrit anonyme existe, quel en est l'auteur ? C'est la question fatale du procès. J'ai affirmé dans ma demande, j'ai affirmé dès le jour où j'ai abordé la justice française, dans la personne de M. le président qui a signé l'ordonnance, que le prince Dolgoroukow était l'auteur de cet écrit anonyme. Je l'ai répété, maintenu dans ma plaidoirie, je le maintiens encore ici et j'en offre la preuve, je l'offre, messieurs, non pas, soyez-en sûrs, que je me défie le moins du monde et un seul instant des preuves qui, suivant moi, dès ce moment, abondent et permettent d'asseoir une condamnation; mais enfin, si mon cœur n'est pas livré au doute, il peut agiter les vôtres, les faire hésiter, et je veux, autant qu'il est en moi de le vouloir, que la lumière se fasse, et c'est pour arriver à cette lumière que j'ai articulé des faits et posé des conclusions tendant tout à la fois à une enquête et à une expertise.

J'y reviendrai tout à l'heure, mais j'examine la question en elle-même.

Mon adversaire l'a posée, je l'avais posée moi-même avant lui dans des termes que, pour ma part, messieurs, j'accepte comme étant l'unique point de départ, et je dirai l'unique moyen de solution de ce grand débat; et je dis avec lui : trois hypothèses, à titre d'hypothèse, sont possibles, entre lesquelles une quatrième ne peut pas trouver place : ou c'est le prince Woronzow qui est l'auteur de cet écrit anonyme, ou c'est une main étrangère

et ennemie, ou c'est le prince Dolgoroukow lui-même,
Voilà, messieurs, les trois alternatives ; je le répète,
il n'y en a pas d'intermédiaire. Examinons chacune
d'elles rapidement, brièvement.

Est-ce le prince Woronzow? Mon adversaire n'a même
pas essayé de le soutenir, et il me permettra de le lui
dire, parce que c'est un hommage que je lui rends volontiers, je n'attendais pas moins de son jugement si
droit et surtout de l'élévation de son cœur et de son esprit. Je savais à merveille que, placée en face de cette
grande figure historique qu'on appelle le maréchal Woronzow, il était impossible que la défense confiée à ce
talent si pur, si honorable, à ce cœur que nous connaissons tous, il était impossible que cette défense se réfu-
giât dans cette hypothèse absurde qui consiste à accuser, comme le fait le prince Dolgoroukow, dans le
Courrier du Dimanche, le prince Woronzow d'avoir
commis ce faux. Ce n'est donc pas le maréchal Woronzow, et la première hypothèse n'existe pas.

Est-ce une main étrangère et ennemie? Comme il faut
une conclusion à un esprit logique, mon adversaire en a
cherché une, et c'est à celle-là qu'il s'est arrêté. Il l'a
indiquée au cours de sa plaidoirie, elle en a été le couronnement. Vous l'avez entendue. Permettez-moi, messieurs, de la relire dans la sténographie qui a reproduit
ces débats :

« Ma pensée première, dit-il, que j'ai toujours eue
dans ce procès, c'est qu'il y a eu une main ennemie qui

a glissé ce billet sous le cachet du prince Dolgoroukow, chose qui n'est difficile nulle part, qui ne l'est malheureusement pas en Russie surtout. »

Une main étrangère, une main ennemie, voilà l'hypothèse. Examinons-la. Qu'on me pardonne l'expression, elle est insensée, elle est inadmissible.

Ah! si l'article de Michenski, et avec lui le billet anonyme avaient fait leur apparition le lendemain du jour où le prince Dolgoroukow publiait son livre *la Vérité sur la Russie*, le jour ou il soulevait contre lui ces haines privées et politiques dont il vous a parlé, je comprendrais! On pourrait, dans une certaine mesure, les croire capables d'inspirer une combinaison aussi abominable, une machination aussi odieuse pour étouffer la voix de l'écrivain sous le mépris qui tuerait l'homme. Je comprendrais tout cela, je l'admettrais comme une hypothèse discutable, au moment de la publication de ce livre qui a dû en effet soulever tant de colères en Russie. Mais est-ce que nous en sommes là? L'article de M. Michenski a paru le 29 avril 1860. Il a été inspiré par le livre, il a été suscité, je le veux, par les ressentiments qui vous poursuivent, soit. Mais l'article a trouvé comme aliment une matière préparée à l'avance; cette matière existait dès 1856. Et en effet, vous le savez déjà, vous le saurez mieux encore tout à l'heure, le billet anonyme, les deux lettres du prince Dolgoroukow, la lettre du prince Woronzow, tout cela est renfermé dans cet intervalle de temps qui a pour point de départ le 4 juin 1856, et pour point extrême le 17 juillet de la même année. Quelle était donc à ce moment, en juin 1856, la position de l'auteur du livre *la Vérité sur la Russie?* A ce moment, nulle hostilité... du gouvernement russe au moins, n'avait éclaté contre lui; vous en aurez tout à l'heure la preuve complète. Bien plus, s'il faut l'en croire, s'il faut en croire les témoignages qu'il a essayé de produire, il était à cette date encore entouré d'estime et de considération. Pourquoi donc, en juin 1856, cette trame odieuse aurait-elle été ourdie? Je cherche l'explication, et je ne la trouve pas. Que voulez-vous! je ne peux cependant pas parcourir le champ de toutes les hypothèses qu'il peut plaire à l'imagination du prince Dolgoroukow de créer; je m'en tiens à ceci, qu'en ce qui touche la politique et la vengeance, en 1856 le motif n'était pas né. L'effet ne peut pas précéder la cause; or, les écrits que vous avez à apprécier sont de 1856. Et puis, enfin, comment ce billet aurait-il été conçu d'abord, glissé dans la lettre du prince Dolgoroukow et scellé de ses armes? Qu'il réponde!

Il a essayé de répondre, et vous vous rappelez cette supposition fantastique d'un employé du prince Woronzow saisissant la lettre au passage, devinant le parti qu'on en pouvait tirer, créant le billet anonyme, le plaçant sous l'enveloppe et sous le sceau de Dolgoroukow...

Voilà l'hypothèse du client! Le bon esprit du défenseur s'est refusé à la soutenir...

Mais si ce n'est pas un employé du prince..., qui donc?
C'est une main étrangère et ennemie, vous dit mon ad-
versaire; voilà comment il se débarrasse de l'obstacle...
Vous cherchez l'auteur?... c'est une main *ennemie!*

Devine si tu peux, et choisis si tu l'oses!

Laquelle? montrez-la-moi... Signalez des indices,
quelque chose que la discussion puisse saisir, et ne de-
meurez pas dans ce vague et dans cette obscurité, où
rien ne semble apparaître, que votre impuissance à répondre... Dites-moi quelle main. Dites-moi quand et
comment elle aurait pu tenter et accomplir cette intro-
duction frauduleuse du billet anonyme? Est-ce chose,
par hasard, si facile? Il faut d'abord que la pensée en
vienne; il faut la mûrir, l'exécuter. Il faut créer à côté
de la lettre officielle le billet anonyme, lui donner ces
caractères d'identité ou de ressemblance sur lesquels
je ne reviens pas, quant à présent. Ce n'est pas l'œuvre
d'une minute, pas même d'une heure, pas même d'un
jour.

On a compris l'objection; on a senti la nécessité
de répondre, et, à l'aide d'une insinuation, on a tenté
de donner au Tribunal une explication qui, au premier
aspect, offrait à l'esprit une apparence, une sorte de
mirage; vous allez voir que ce n'est pas autre chose.
C'est un argument basé sur les dates et sur un calcul
des distances. Le voici tel que l'a produit mon adversaire. La lettre du prince Dolgoroukow au prince

Woronzow est datée du 4 juin 1856 ; le prince Woronzow ne l'a reçue, c'est lui-même qui l'a écrit sur l'original, que le 25 juin, et l'on nous dit : Vingt jours se sont
écoulés entre le moment où la lettre a été lancée à son
adresse et le jour où le prince l'a reçue. Qu'est-elle deve-
nue pendant cet intervalle? Dans quels bureaux, dans
quelles mains a-t-elle pu séjourner? Et pour corollaire
de cette argumentation, on vous montre le papier sur
lequel le billet anonyme est tracé, et dans le filigrane
duquel on lit : *Odessa*. Odessa! mais vous y étiez en
1851, vous, prince Dolgoroukow; mais personne en
Russie n'ignore, et si je me trompe il y a ici des voix
nombreuses qui pourraient s'élever contre mon mensonge ou mon erreur, personne n'ignore qu'Odessa est
le centre d'une fabrication considérable de papier ; que
ses établissements alimentent presque toute la Russie.
Pourquoi donc Dolgoroukow n'aurait-il pas du papier
de cette origine? C'est donc là une remarque sans importance, et je comprends qu'on n'y ait pas insisté.

Quant aux dates, quant à ce calcul des distances,
voici ma réponse. D'abord, je nie que la lettre du prince
Pierre Dolgoroukow fût adressée, comme il le dit, au
bureau de l'administration des biens du maréchal Woronzow ; elle était adressée à lui-même, à Wilbad. Elle
est parvenue au prince sans s'arrêter, sans séjourner
dans des mains suspectes, et la preuve la voici. Votre
lettre, à la date du 4 juin, arrive le 25; elle met donc
21 jours à parcourir la distance. Le prince Woronzow

y répond le 27 juin. Vous répondez, *vous*, à cette lettre
du 27 juin ; vous y répondez immédiatement.....

Le prince Dolgoroukow (vivement). — Non !

M. le Président. — Gardez le silence ; vous n'avez
pas le droit d'interrompre.

Mᵉ Mathieu. — Vous y répondez immédiatement, c'est
votre défenseur qui l'a dit ; ses paroles sont là, elles
ont été notées par la sténographie, je les ai recueillies
moi-même et j'ai le droit de m'emparer des paroles pro-
noncées en votre présence, quoique vous les démentiez
comme vous démentez tout ce qui vous accuse quand
votre habileté y pressent le parti qu'on en peut tirer
contre vous. Vous dites non ; je réponds oui : vous avez
répondu immédiatement. Quand répondez-vous ? Le
16 juillet 1856. Eh bien ! la lettre du prince Woronzow,
à laquelle vous répondez le 16 juillet, est partie pour
aller vous trouver le 27 juin. Elle a mis par conséquent
19 jours pour franchir la distance qui sépare Wilbad de
votre résidence. Voulez-vous que ce ne soit pas 19 jours,
qu'il y en ait 18 seulement ? soit. Votre réponse aura
mis 18 jours pour franchir la distance qui séparait votre
demeure de celle du prince Woronzow. Vous m'accor-
derez bien qu'il a fallu le même intervalle à votre lettre
à vous, qui renfermait le billet anonyme, pour parcourir
le même intervalle ; la distance est apparemment la
même du prince Woronzow à vous que de vous au
prince Woronzow. Il faut ajouter à cela autre chose
qu'on ne pourra pas démentir. Si le service internatio-

nal entre la France et la Russie est un service qui,
comme tous ceux de même nature, est très-régulier ;
s'il ne comporte aucun retard, il n'en est pas de même
du service à l'intérieur de la Russie, qu'habitait alors le
prince Dolgoroukow. Les courriers ne partent pas tous
les jours, ils partent deux fois par semaine seulement.
Écrite le 4 juin, datée du 4 juin... votre lettre a pu attendre quelques jours, ce qui affaiblit votre argument.
Ajoutez à cela les lenteurs du service, et vous serez
convaincus que la lettre du 4 juin ne s'est pas arrêtée
en route ; que, dès lors, elle n'a pu être interceptée par
aucune main ennemie qui y aurait glissé le billet anonyme au passage.

Pourquoi, d'ailleurs, aurait-elle été interceptée ? quel
intérêt?... Il faut expliquer tout cela. Il ne suffit pas encore une fois, devant votre justice, de prononcer des
mots sonores, une sorte de formule cabalistique, de s'é-
crier : *C'est une main ennemie !* Il ne suffit pas de cela
pour jeter un doute sérieux dans vos esprits. Il y a dans
le procès, avez-vous dit, une question d'honneur...
Je l'ai dit comme vous, je le répète comme vous, et
pour que l'honneur de votre client en sorte sain et
sauf, il faut autre chose que des mots qui n'expliquent
rien.

Mon adversaire l'a compris, et en désespoir de cause,
une dernière insinuation a été tentée par lui. Qui
prouve, vous disait-il, que l'original produit aujour-
d'hui est bien celui que renfermait la lettre du prince

Dolgoroukow, si tant est qu'elle en ait renfermé un ?

Vraiment, messieurs, je rougis d'avoir à aborder cette hypothèse. Et qui donc aurait changé cet original ? Osez le dire. Les expressions, on le reconnaît, en sont conformes à la copie que, dans sa lettre du 24 juin, le prince Woronzow a adressée au prince Dolgoroukow, exactement conformes. Qui donc aurait changé l'écriture, et pourquoi ? Pour essayer de donner à cette écriture les apparences de celle du prince Dolgoroukow, et cela en créant des ressemblances qui permettent de l'accuser, et des dissemblances qui l'autorisent à se défendre ! La supposition est odieuse, autant que la combinaison, pardonnez-moi de le dire, est absurde ! Je pourrais me contenter de vous répondre cela. Je ne m'en contente point. Je demande une enquête au tribunal. J'indique les circonstances dans lesquelles ce billet anonyme a été trouvé sous le cachet du prince Dolgoroukow. J'indique les témoins, et quoique rien ne m'oblige à désigner à l'avance ceux que je me propose de faire entendre, il en est un cependant que je veux bien lui révéler, c'est celui d'une grande dame, la comtesse de Kisselew. L'an dernier, quand cette indigne attaque contre le maréchal prince Woronzow a été publiée par lui, Dolgoroukow est allé la trouver et a essayé de soutenir devant elle cette accusation qu'il élève aujourd'hui contre le prince Woronzow. Que lui a répondu cette grande dame, respectable par son âge et par sa situation dans le monde ? Elle a arrêté la diffamation sur les

lèvres du diffamateur, elle lui a dit : J'étais là quand, en
1856, le prince Woronzow a reçu ce billet ; je l'ai vu.
C'est là, messieurs, si une enquête s'ouvrait, ce que
madame la comtesse Kisselew dirait à la justice.

J'en ai fini sur ce point, et ma tâche, je l'espère,
sera courte désormais.

Il y a dans ce moment deux choses évidentes : la première c'est que l'auteur de l'écrit anonyme n'est pas
le prince Woronzow. En second lieu, en face de toutes
les vraisemblances ou, pour mieux dire, de toutes les
invraisemblances que je viens d'énumérer, j'ai le droit
de dire : Ce n'est point davantage cette main étrangère
et ennemie que l'adversaire a trouvée si facilement sur
son chemin. Voilà deux hypothèses détruites. Que reste-t-il ? La troisième. L'auteur du billet anonyme n'est
ni une main étrangère ni le prince Woronzow, c'est le
prince Dolgoroukow, c'est lui seul !

Qu'oppose-t-on à ce dilemme qui au premier aspect
semble invincible ? Qu'oppose-t-on aux preuves matérielles et morales que j'avais cru accumuler à votre première audience ? Les preuves matérielles, on les tourne
en dérision et en mépris ; c'est ainsi qu'on s'en débarrasse.
Vous savez, d'ailleurs, en quelle estime médiocre les
tient mon adversaire ; elles sont impuissantes à ses yeux
pour la manifestation de la vérité.... Elles mènent au
doute, au mensonge, à l'erreur ! Je me demande si on ne
les traite pas ainsi précisément parce qu'on en est acca-
blé. Quant aux preuves morales on les atténue jusqu'à les

annuler, et on en fait justice, pardonnez-moi l'expression, et que mon adversaire n'y voie aucune pensée mauvaise, on en fait justice par une espèce de tour de main,
grâce auquel on croit les avoir anéanties. Puis, on
oppose à tout cela ce qu'on appelle des preuves morales,
c'est-à-dire des impossibilités morales.

Voilà, messieurs, l'œuvre de mon adversaire. En
dépit de ces attaques, mes preuves je les maintiens ;
preuves matérielles et morales, j'y ai confiance ; et si
un si long intervalle ne s'était écoulé depuis ma première plaidoirie, je serais tenté, ainsi que je l'ai dit en
commençant, de m'en référer à vos souvenirs ; le temps
écoulé ne me permet pas ce laconisme ; je les repro-
duirai donc, et si ma parole ne trahit pas ma pensée,
elles seront si éclatantes et si lumineuses qu'il sera impossible de les faire disparaître au milieu des éclairs
d'éloquence de mon adversaire. Mais avant d'y revenir,
voyons les preuves morales qu'on m'oppose.

Elles sont de deux sortes : les unes sont secondaires,
et c'est à celles-là que je m'attache tout d'abord. *Eh
quoi !* vous dit-on, il veut se vendre, il a conçu cette
ignoble pensée de trafiquer de sa plume, il est assez infâme pour se faire payer 200,000 fr. un mensonge généalogique, et il se livre ainsi comme un insensé ! Cet
écrit dans lequel il dissimule son écriture, pour dissimuler sa personne apparemment, il le signe, pour ainsi
dire, de son sceau et de ses armes. Il se trahit par là
aussi sûrement que par sa signature. S'il en était réduit

à cet expédient misérable et honteux, il avait des moyens de se faire comprendre, sans se livrer d'une façon si éclatante. Il avait d'autres moyens. — Lesquels? Il aurait pu, dit-on, charger un tiers, un intermédiaire. — Oh! messieurs, j'en appelle à votre raison: cherche-t-on des confidents ou des complices pour de telles œuvres? Si on en brave la honte, on veut en avoir seul le profit. On s'enveloppe de mystère, et pour cela tout doit s'accomplir entre le criminel et celui auquel on s'adresse. Un intermédiaire, c'est un complice avec lequel on partage, ou un confident qui peut devenir un jour un témoin dangereux. Ce n'est pas une hypothèse admissible.

Mais, dit-on encore, dans l'hiver de 1856, le prince Dolgoroukow voyait familièrement le maréchal Woronzow : lui était-il donc si difficile de glisser un mot à l'oreille du maréchal? Et mon adversaire, entrant dans les détails, indiquait même la façon dont il aurait pu s'y prendre. « Vous voulez une biographie? mais cela coûte bien cher; il y a des recherches à faire, des voyages, des dépenses de toutes sortes... »

Oui, il a vu en effet, dans l'hiver de 1856, le maréchal, nous verrons comment; il s'est entretenu avec lui quelquefois. Il n'a point abordé avec lui cette question. Pourquoi? parce que, vraisemblablement, il n'avait pas alors toute honte bue et qu'il hésitait à le faire; parce qu'après tout, si simple que cela paraisse, dans certaines conditions sociales, et quand on est en face de certains hommes et de certains noms, la parole hésite comme devant un obstacle. Il y a, messieurs, des cœurs tellement fermés à des insinuations de cette nature qu'ils glacent la parole qui voudrait s'échapper du cœur de leurs interlocuteurs, et sans doute, en face de cette grande image du vieux maréchal, de cette renommée intacte et pure, Dolgoroukow a reculé.

Du moment où il reculait devant une négociation directe, du moment où l'entremise d'un tiers était impossible, il ne lui restait, messieurs, qu'un seul moyen : l'écriture. Il aurait eu alors, je le reconnais, deux voies à suivre. Il pouvait adresser au maréchal Woronzow un billet qui n'aurait pas été scellé de ses armes et qui aurait été écrit, je ne sais comment, en caractères d'imprimerie, comme cela se pratique par les habiles en cette matière ; mais, ce moyen n'indiquait pas assez l'action directe de Dolgoroukow ; pour réussir il fallait que le maréchal Woronzow pût connaître avec certitude celui qui voulait obtenir de lui 200,000 francs. sans cela, comment oser les lui offrir ? Il fallait donc se révéler, se démasquer, se livrer assez pour qu'on pût le reconnaître ; assez peu, il l'espérait du moins, pour démentir l'accusation. Que faire pour cela ? ce qu'il a fait, écrire quelque chose qui ne fût pas signé de lui, qui ne fût pas identique à son écriture personnelle, mais lui ressemblât cependant assez pour que le prince Woronzow ne pût pas s'y méprendre. C'est ainsi qu'il a placé l'écrit sous une enveloppe scellée de

ses armes; c'est ainsi, en un mot, qu'il a fait tout ce que
la première audience vous a révélé assez clairement
pour que je n'y insiste plus. Vous le voyez, messieurs,
rien de plus naturel, de plus simple, et j'ajoute de plus
nécessaire, étantdonné le point de départ et le but
qu'on voulait atteindre.

Mais il est une dernière preuve, une dernière impossibilité morale invoquée par mon adversaire; c'est
la personne même de son client. Eh quoi! vous a-t il
dit, eh quoi! lui, protégé dans le passé par cette longue suite d'aïeux auxquels il se rattache, lui dont
les ancêtres ont donné des impératrices au trône
de Russie; lui, qui par une descendance incontestée
remonte au neuvième ou dixième siècle! lui dont le
passé est pur et sans tache, il serait descendu tout à
coup de ces hauteurs au dernier degré de l'avilissement!
Cela est impossible, et personne ne le croira; s'il a dégénéré de la fortune de ses aïeux, il n'a pas dégénéré de
leurs vertus. Il se souvient avec orgueil de ce Jacob
Dolgoroukow qu'on appelait le Patriote. C'est à lui surtout qu'il aime à se rattacher et dont il aurait voulu
continuer les traditions et les sentiments. Et si l'auréole
qui entoure le nom du prince Woronzow le met à l'abri
des soupçons odieux, je revendique pour Dolgoroukow
le même privilége; si l'un est incapable de demander
qu'on le glorifie à prix d'argent, l'autre est incapable
de vendre sa plume et son honneur.

Voilà l'objection: voici ma réponse.

Je n'accepte pas d'abord, au nom de la famille Woronzow, au nom du prince Woronzow, le parallèle ainsi établi
par mon adversaire, et voici ce que je lui dis : Qu'avons-
nous besoin de remonter aux origines plus ou moins
lointaines de nos familles? Ecartons tout cela : il ne
s'agit point ici d'un débat généalogique. Ne nous entou-
rons ni l'un ni l'autre de cet éclat un peu emprunté, si
légitime qu'il soit de se parer de la gloire des ancêtres!

A quoi bon nous faire un piédestal de l'illustration
du passé; dépouillons-nous de ces vains ornements,
dépouillons-nous de cette considération étrangère et
ne voyons que deux choses dans ce débat, la mémoire
du prince Woronzow et la personne du prince Dolgo-
goroukow. C'est entre ces deux hommes que la discussion doit s'engager; c'est le mérite, c'est la vertu indi-
viduelle de chacun qu'on doit peser pour résoudre le
problème moral en face duquel le tribunal est placé.
Ecartons, encore une fois, les souvenirs généalogiques
qui n'ont rien à faire ici.

Ce qu'était le maréchal Woronzow, ce qu'il a été,
je n'ai pas besoin de le redire et je ne le redirai pas,
qu'on se rassure; ce que j'ai raconté de sa longue
et illustre vie, les traits principaux de cette grande
figure que j'ai cru devoir retracer sous vos yeux, mon
adversaire les accepte, et comment les aurait-il con-
testés? Aussi je n'y reviendrais pas même par un seul
mot, si je n'y trouvais l'occasion de remplir un devoir
bien doux à mon cœur.

Ce que j'ai dit à votre première audience du caractère, des vertus du maréchal Woronzow, a volé sur les ailes de la presse là où ma pensée ne songeait pas à éveiller des échos. Elle a rencontré des souvenirs sympathiques et l'élan d'une généreuse reconnaissance que, pour ma part, j'ai été heureux de sentir dans le cœur et sous la plume d'un de nos compatriotes, et j'ai voulu acquitter ma dette, en vous faisant connaître des sentiments qui honorent et la mémoire du maréchal et celui qui me les a transmis.

Il existe, messieurs, un vétéran de nos armées, chirurgien en chef aujourd'hui de l'hôpital civil et militaire de Lunéville, M. Gueury, qui faisait partie de cette fatale expédition de Russie, qui a coûté à la France tant et des meilleurs de ses enfants. Il assistait à la bataille de la Wilna, et là, vous allez voir dans quelles conditions, c'est là qu'il a rencontré le maréchal Woronzow. Je ne sais comment un écho de ma plaidoirie est arrivé jusqu'à lui et a ranimé sa mémoire. Aussitôt il a pris la plume, et le 4 novembre 1861, le défenseur du prince Woronzow recevait une lettre dont je retrancherai seulement quelques lignes. Elles me sont personnelles, elles sont trop bienveillantes, trop peu méritées, et je ne veux pas mettre dans ce débat une personnalité qui n'y a rien à faire. Voici ce que j'ai lu et ce que le tribunal lira avec bonheur :

« Oh! oui, écrit M. Gueury, le prince Woronzow « pourrait se passer d'aïeux, son grand cœur lui en te-

« nait lieu. Plus de cent Français, officiers et soldats,
« pourraient l'attester.

« Il vint *lui-même* à Wilna, le 17 décembre 1812,
« nous secourir tous, chercher une vingtaine d'officiers
« prisonniers, renfermés dans un couvent, les reçut à
« sa table, les fit habiller, etc., etc. Je suis un de ces
« vingt dont il sauva la vie. Il m'envoya comme médecin
« dans un de ses châteaux, à Krougloe, gouvernement
« de Mohilew. Il n'a pas dépendu de lui que je ne
« rentrasse dans ma famille avant la fin de graves
« événements, porteur d'une signature du prince Cons-
« tantin, et c'est encore à sa grande âme que je dus
« encore une fois mon salut, car arrêté par les événe-
« ments, le 4 février 1814, à Bialostok, au moment de
« passer la frontière, je fus recueilli par un de ses
« dignes colonels d'artillerie, M. de Sabline, en garnison
« à Knychin, où je passai les cinq autres mois de
« captivité.

« Vous, monsieur, qui avez le bonheur que j'en-
« vie, de voir le fils du prince Woronzow, veuillez, je
« vous prie, lui dire que ma reconnaissance ne s'étein-
« dra pas avec moi, car mes enfants n'oublieront jamais
« que j'ai dû la vie au général Woronzow, souvenir
« que mon fils, médecin major, avait emporté en Cri-
« mée, bien désireux de trouver l'occasion de s'acquit-
« ter en partie de notre reconnaissance à tous.

« Veuillez, etc. »

Voilà, messieurs, la lettre, et c'est surtout pour

rendre hommage à M. Gueury, au sentiment honorable qui l'a inspiré, que je l'ai lue. La mémoire du prince Woronzow n'avait pas besoin d'un nouveau témoignage.

En face de cette grande image, voyons celle du prince Dolgoroukow.

Il est né en 1817; il a 44 ans. Qu'a-t-il fait? Quelle a été sa vie? Par quelles œuvres a-t-il recommandé son nom? Il a quitté la Russie en 1859; pourquoi? Etait-il exilé alors? Etait-il menacé? Etait-il une victime de ces vengeances politiques dont on vous a parlé si éloquemment à la dernière audience? Avait-il été réduit à acheter par l'exil, la confiscation, le sacrifice de la moitié de sa fortune, le droit de penser et de parler librement? Non, messieurs, il était à cette époque gentilhomme de la chambre.

Le prince Dolgoroukow. — Jamais!

Mᵉ Mathieu. — Il n'était pas gentilhomme de la chambre! soit. Nous verrons. Sa retraite en France était un exil volontaire. — Volontaire! messieurs. C'est très-délicat ce que j'ai à dire, je le dirai avec toute la réserve que me commande la situation. Vous vivez dans le monde, messieurs, mais vous êtes magistrats et vous ne pouvez interroger le monde, surtout à l'occasion d'un procès dont vous êtes les juges, mais enfin il y là une atmosphère qui vous pénètre, des échos qui peuvent parvenir jusqu'à vous. Si vous les écoutez, voici ce qu'ils vous diront.

Ils vous diront que le maréchal Woronzow et sa famille, malgré le silence qu'on leur prête, avaient assez parlé dès 1856, pour que, en effet, quand l'article du *Courrier du Dimanche* a paru, le prince Dolgoroukow comprît à merveille qu'ignoré en France, inconnu, méconnaissable dans cet article, il devait être, en Russie, reconnu par la société tout entière. Ce fait était-il le seul qui eût jeté une ombre fatale sur son nom et sur sa vie ? Peut être... sans que je puisse et veuille aller au delà de ce doute, peut-être existait-il d'autres faits encore plus certains, plus connus ; et peut-être aurait-on pu lui appliquer ces vers que Juvénal adressait à un noble Romain dégénéré de la vertu de ses aïeux :

Incipit ipsorum, contra te stare, parentum
Nobilitas, claramque facem præferre pudendis.

Voilà quelle était sa situation, et en vérité, est-ce que je n'ai pas le droit de parler ainsi quand je rapproche ces indications, dont je ne veux pas soulever tous les voiles, de cette lettre échappée à l'indignation spontanée et légitime du prince Simon Woronzow ; quand je les rapproche de ce mot par lequel il qualifie son adversaire, quand je les rapproche de cette volonté arrêtée de ne pas demander, à l'occasion de l'outrage reçu, une satisfaction personnelle au prince Dolgoroukow ? Voilà, messieurs, ce que, en 1859, était le prince Dolgoroukow, quand il a quitté la Russie

Il a compris la nécessité de se défendre contre ces attaques ; il a senti que son nom ne lui suffisait pas pour le protéger, pour l'entourer de cette auréole qu'il demande au souvenir de ses aïeux. Il vous a dit qu'en 1859, précisément à l'époque où la déconsidération, selon moi, l'aurait atteint, il vivait en Russie entouré de l'estime de tous. Il l'a dit, mon adversaire l'a répété; mais quelles preuves quels témoignages en a-t-il produit? Il a cité des lettres. Quelles lettres? Une invitation à dîner d'une dame dont le nom m'échappe, et une lettre d'avril 1859 du prince Gortschakow.

M⁰ MARIE. — Avril 1857.

M⁰ MATHIEU. — 1857! j'aime mieux cela; n'oubliez pas que c'est en 1859 seulement qu'il a quitté la Russie.

Comment! vous, prince Dolgoroukow, vous êtes ce que vous prétendez être; vous avez en effet un nom qui vous rattache à ce qu'il y a de plus illustre dans le pays qui vous a vu naître, et vous en êtes réduit à produire, comme témoignages de la considération dont vous êtes entouré, des documents semblables! Il faut lui rendre cette justice, s'il est si impuissant ce n'est pas sa faute. Il me démentira, il dément tout ce qui l'accuse, parce qu'il en sent la portée... J'affirme cependant à mes risques et périls qu'il a frappé aux portes de cette aristocratie dont son livre en quatre volumes fait l'histoire; il lui a demandé des attestations tendant à établir devant la justice française que la tentative de chantage, il faut appeler les choses par leur nom, que Simon Woronzow lui imputait, il en est incapable, et qu'aucune complaisance payée n'a trouvé place dans les pages de son livre ; il a demandé cela, que lui a-t-on répondu? qu'il le dise. Il y avait l'année dernière ici un homme, un grand seigneur, maréchal élu de la noblesse russe, c'était le comte Schouwalow. Il s'était adressé à lui, sollicitant son témoignage, le plus compétent de tous assurément, puisque c'était celui du réprésentant légal de cette aristocratie russe qu'il s'était proposé, il l'a dit, d'illustrer. Eh bien! qu'il montre la réponse du comte Schouwalow ; je l'en défie !

Il a, je le sais bien, une réponse toute prête. Il est proscrit et, dans ce pays de Russie, où le prince songe à émanciper les serfs, par un renversement des principes ordinaires, les nobles sont les esclaves ; ils tremblent sous un maître, et leur langue est condamnée au silence, à ce point qu'ils n'oseraient, en condamnant ses idées politiques, donner un témoignage d'estime à un exilé dans une question qui touche à son honneur et à sa réputation.

Eh bien, je le dis, parce que je suis autorisé à le dire et chargé de le dire, vous calomniez la noblesse à laquelle vous appartenez ; vous la calomniez en même temps que le gouvernement de votre pays. Non, vous ne persuaderez à personne que ce prince aux vertus et aux sentiments libéraux duquel vous rendez hommage, considère comme un crime les témoignages qui s'adresseraient en vous à la probité de l'homme privé. Non ! personne ne croira que, parmi vos concitoyens, il ne s'en rencontre aucun qui ose vous défendre contre

un soupçon flétrissant. Il est des proscrits parmi eux,
d'ailleurs ; que craignent-ils ceux-là, et pourquoi ne
vous font-ils pas cortége ?

En dehors de ces considérations, voyons par quelles
œuvres se recommande ce prince littérateur, historien
généalogiste. Il a fait un livre, *la Vérité sur la Russie,*
triste occasion de ce triste procès. Mon Dieu ! je veux
imiter sur ce point la réserve de mon adversaire. Je
me la suis imposée une première fois ; je ne veux pas
dire que je lui en avais donné l'exemple. Pas plus que
lui, je n'ai compétence pour juger la valeur des attaques qu'il a plu au prince Dolgoroukow de diriger, si
ce n'est contre sa patrie, au moins contre son administration tout entière ; il s'est fait le détracteur du gouvernement politique et social de son pays ; il l'a mis au ban de
l'Europe ; il l'a livré au mépris, à l'exécration publique.
Je ne veux pas juger ses attaques. Cependant ne me
sera-t-il pas permis, le tribunal ne me le pardonnera-
t-il pas, de laisser échapper de mon cœur des sentiments
qui l'oppressent et qui en débordent. Quel temps
choisit-il pour jeter dans l'Europe cette espèce de
brandon incendiaire qui, franchissant la frontière, peut
rencontrer et aviver en Russie les éléments inflamma-
bles qui s'y agitent en ce moment ? Il y a là sur le trône
un prince auquel, dans son livre qui n'épargne rien, il
rend un involontaire hommage ; un prince animé des
intentions les meilleures, ami des idées libérales et résolu à les appliquer. Ce prince a rêvé la réorganisation

politique de sa patrie au moyen d'une grande mesure
entourée de difficultés et d'obstacles, l'émancipation
des serfs. Il y a là une œuvre difficile à accomplir et
qui peut être en effet le présage d'un bouleversement
complet. C'est ce moment qu'il choisit pour publier
son livre, c'est au milieu de ces embarras qu'il répand
en Europe ses diffamations et ses calomnies. Je ne suis
pas peut-être un ami aussi ardent que d'autres de la
liberté; mais je l'aime, moi ausi; j'honore et j'estime le
courage; mais je me défie, je l'avoue, de ces tribuns du
peuple, sortis des rangs de l'aristocratie. Si c'est la
conviction qui, parfois, les entraîne, qui ne sait que
souvent les passions et les désordres de leur vie ont une
large part dans ces attaques dirigées contre des institutions qui ont abrité leur jeunesse? Qui ne sait à quel
prix, quand ils ont ébranlé les colonnes du temple, ils
entreprennent, mais trop tard, de raffermir l'édifice,
autorisant ainsi des doutes injurieux sur leurs convictions d'hier et d'aujourd'hui. Vous devinez de qui je
parle, et quelle distance le sépare de Pierre Dolgoroukow. A ces tribuns, ennemis de leur caste, je préfère
celui dont nous saluons l'image dans ce palais en venant
aux pieds de votre justice. Il avait prêté son concours
aux idées libérales; il avait essayé de les faire prévaloir
auprès de son roi sur le trône, et quand ce roi, victime
des réformes dont il avait donné le signal, descendit
du trône de ses pères pour monter sur l'échafaud, il lui
apporta le secours de sa parole et le sacrifice de sa vie,

heureux peut-être de mourir et de n'être plus témoin
des désastres qui affligeaient son pays! Oh! les réformes sont de belles choses, et nous qui sommes les fils
de 89, qui vivons de ses conquêtes, nous pouvons,
nous devons y applaudir. Mais permettez-moi de le dire
et j'en aurai fini sur ce point, quatre-vingt-neuf lui-
même, quand j'y songe, m'effraie, parce qu'il est bien
près de quatre-vingt-treize, et cette hache dont parlait
mon adversaire, cette hache qui détruit les abus, me
répugne et m'épouvante : elle ressemble trop à la
hache du bourreau! (Mouvement.) Et c'est là ce que le
prince Dolgoroukow aurait dû se dire avant de publier
son livre; c'est là ce qu'il aurait dû craindre de déchaî-
ner sur son pays. Je n'en veux pas dire davantage.
Tout à l'heure vous pourrez apprécier, non pas l'op-
portunité, mais la moralité de ce livre qui ose s'inti-
tuler la Vérité sur la Russie.

En dehors de cela, qu'a-t-il fait? Un journal, l'Avenir, qui continue l'œuvre du livre, et des pamphlets
qu'il jette sur son pays comme des brandons de dis-
corde et des semences de révolution.

Mais il a fait un autre livre qui, lui aussi, se rattache
à cette œuvre, qui en est l'occasion, le principe même,
un livre biographique sur la noblesse russe. Qu'est-ce
que cet ouvrage? Ce n'est pas, vous a-t-on dit, une de
ces œuvres éphémères dans lesquelles on va sollicitant
la vanité, et qui passent aussi vite que la spéculation
qui les a fait naître; c'est une œuvre capitale, indépen-

dante, impartiale ; et comme preuve de cette indépendance et de cette impartialité, voici ce que vous a dit
mon adversaire. Permettez-moi d'emprunter ce passage, non pas à sa plaidoirie, que je n'ai pas, mais au
compte rendu qu'en a fait l'*Indépendance belge* :

« Qu'a donc fait le prince Dolgoroukow ? Il a étudié
sérieusement, il a remonté aux sources les mieux accréditées. Il existe en Russie une histoire de la noblesse
de ce pays, c'est le *Livre de velours* : ce livre, rédigé
en 1682, est resté ouvert aux réclamations de la noblesse
russe jusqu'en 1689, puis il a été arrêté, et définitivement, un siècle après, en 1789, il a été imprimé et déposé
au département héraldique du Sénat. C'est là une source
officielle, certaine, authentique, puisée à des documents
incontestables et incontestés. Il est encore une autre
source en cette matière : c'est l'*Armorial officiel*, livre
excellent pour les armoiries, mauvais pour les origines ;
car il est arrivé un temps où les grands seigneurs,
cherchant à se rattacher aux anciennes familles, sont
parvenus, à force de sollicitations et même à prix d'argent, à y faire inscrire leurs prétentions ; mauvaise source
celle-là, je le répète ; la bonne, c'est le *Livre de velours*.

« Tels furent les principaux éléments que dut consulter le prince Dolgoroukow lorsqu'il entreprit son travail. Ce travail, il l'accomplit avec une grande activité,
une grande patience, une impartialité, une indépendance
à toute épreuve ; il en sortit un très-grand ouvrage qui
ne comprend pas moins de trois gros volumes in-8°. »

Ainsi, vous l'entendez, la preuve que le prince Dolgoroukow a entrepris une œuvre sérieuse et non une spéculation sur la vanité et l'orgueil des familles, c'est qu'il
a pris pour guide le *Livre de velours*, c'est que voilà
la source authentique à laquelle il a puisé des documents
incontestables et incontestés. L'amour de la vérité,
voilà ce qui l'inspire, voilà sa règle, soit qu'il écrive des
biographies, soit qu'il parle de son pays ; le voilà, tel
que l'a peint son honorable défenseur, afin de prouver
tout à la fois ses mérites comme historien, ses vertus et
son désintéressement comme biographe. Il n'a pas pu
spéculer, songer même à spéculer sur la vanité des familles russes, parce qu'il y avait là un guide pour tous,
une règle, le *Livre de velours*, en un mot.

Est-ce vrai cela? Le *Livre de velours* a-t-il ce caractère? N'est-il pas au contraire une arme, une menace
suspendue habilement sur la tête des grandes familles russes, et le moyen, le meilleur, à raison de son
caractère officiel, de ses incertitudes et de son arbitraire,
pour peser sur ces familles, pour obtenir d'elles-mêmes
la vérité à prix d'argent? Aux paroles de l'audience,
inspirées par le client à l'avocat, j'oppose le client lui-
même ; au plaideur, j'oppose l'écrivain, pour que vous
jugiez la véracité de l'un et de l'autre. Moi aussi,
comme c'était mon devoir, j'ai lu la *Vérité sur la Russie...*
Je l'ai lu tout entier. Il renferme un chapitre intitulé :
la Noblesse. Il y parle naturellement du *Livre de velours*. Qu'en dit-il? Voici ce que je lis à la page 59 :

« Il y a eu au xvi⁰ et au xvii⁰ siècle... une caste com-
posée d'un certain nombre de familles investies de priviléges ridicules sans être d'aucune utilité pour le pays.
Le tsar Jean IV, à peu près à l'époque où il publia le *Sou-
debnik*, fit rédiger un livre généalogique (*Rodoslovnaïa
Kniga*) où l'on inscrivit les descendants des anciens
princes apanagés issus de Rurik ; les descendants des
grands-ducs de Lithuanie, la grande famille tartare des
princes Mestcherki, *une partie des familles qui avaient
donné des boyards au grand-duché de Moscou*, et un
petit nombre d'autres familles distingées par la faveur
particulière du tsar. *La composition de ce livre fut arbitraire et partiale au plus haut degré ;* l'on y omit une
partie des familles des boyards de Moscou ; l'on y omit
en masse tous les descendants des boyards des principautés apanagées, tous les descendants des boyards de
ces deux grands-duchés de Tver et de Rriazane, qui
avaient longtemps rivalisé en pouvoir avec le grand-
duché de Moscou ; tous les descendants des boyards de
cette grande et puissante république de Novgorod, qui
fut si longtemps l'objet de la jalousie et de la haine de la
maison de Moscou, et finit par succomber devant la politique astucieuse et habile de cette dernière.

« Ce livre généalogique fut *recopié* en 1682, lors de
l'abolition du *Méstnitchestvo ;* appelé, à cause de sa
reliure, *Livre de velours (Barhatnaïa Kniga),* il se
trouve aujourd'hui en dépôt au département héraldique
du Sénat. »

Voilà ce qu'il a imprimé, en 1860, sur le *Livre de velours*. Vous savez ce qu'il a inspiré à son défenseur. Voilà comment il écrit la *Vérité sur la Russie*. N'ai-je pas le droit de dire que, basé sur cette œuvre arbitraire, c'est lui qui l'a appelée ainsi, son livre généalogique n'était qu'une spéculation? Il en a tous les caractères, soit qu'on interroge ses sources, soit qu'on examine les circonstances qui se rattachent à sa publication.

Avant de le livrer à l'impression, le prince Dolgo-roukow avait adressé des prospectus à toutes les grandes familles ; il les invitait à produire tous les documents en leur possession et de nature à contrôler les asser-tions de ce *Livre de velours* dont il fait une sorte d'E-vangile quand il plaide devant le tribunal de la Seine. Quand il a obtenu ces documents, que fait-il? Nous le savons! Il les repousse quand la rançon ne les a pas accompagnés ; il provoque l'envoi de documents sup-plémentaires que personne ne lui a jamais promis et que rien par conséquent ne l'autorise à demander.

Tenez, messieurs, arrêtons-nous sur ces mots: *Do-cuments supplémentaires*. Ils sont étranges ; mais au premier aspect on se demande s'ils n'auraient pas une signification détournée, intelligible seulement pour les adeptes... Pour ma part, j'en ignorais le sens et la portée et je n'y ai point insisté dans ma plaidoirie. Mais au sortir de votre audience, un Russe m'a abordé et il m'a dit : — Vous êtes Français et vous ignorez ce que veut dire *documents supplémentaires!* Sachez donc que dans un certain monde, dans certaines habitudes, cela veut dire clairement : *Donnez-moi de l'argent*. On peut ici ne pas saisir ce langage, auquel je ne veux pas donner son véritable nom ; en Russie on ne s'y trompe pas. Voilà les pratiques du prince Dolgoroukow, et voilà l'homme que vous avez à juger. Quelle différence y a-t-il donc entre cela et le *chantage* que mon adversaire qualifiait avec tant de sévérité et de justice ?

Ah ! il y en a une, c'est celle du prix. Ceux que nous connaissons demandent 100 francs, 200 francs. — Nous sommes d'accord, et le prince Dolgoroukow demande 200,000 francs ! Voilà sa moralité, c'est une question de tarif, et je crois en avoir fait justice, comme de ses preuves morales.

Voyons les miennes, et d'abord mes preuves matérielles.

Celles-là, mon adversaire ne les aime pas, il s'en défie. Elles sont pleines de doute et d'incertitudes. Il leur préfère de beaucoup les preuves morales. Il repousse ce qui tombe sous l'appréciation des sens. Il exalte au contraire ce qui relève de l'esprit et de la conscience. Loin de moi, messieurs, la pensée de contester à l'adversaire la sincérité de ses principes et de ses convictions ; mais vous le savez par votre expérience, il y a des principes qui ressemblent, dans le procès que nous plaidons, à de véritables nécessités de situation, et nous ne sommes jamais aussi près de mépriser les preuves matérielles que quand elles nous effraient et que nous nous sentons impuissants à les détruire.....

Certes, je ne dédaigne pas les preuves morales, ma conscience leur accorde l'estime et le rang qu'elles occupent naturellement dans les choses dont le ciel a permis à l'homme la contemplation et l'appréciation. Mais qu'il me soit permis de le dire, si nous sommes faillibles, êtres imparfaits et bornés que nous sommes, c'est bien plus encore par les lumières de l'esprit et du cœur. Oui, sans doute, quand il s'agit du devoir, de ces choses dont l'instinct et la règle ont été gravés par Dieu même dans l'âme de sa créature, j'en crois ma conscience comme un infaillible juge ; mais qand il s'agit de choses matérielles qui tombent sous nos sens, quand il s'agit de comparer des écritures, j'en crois plus, pardonnez-le-moi, j'en crois plus mes yeux que mon intelligence.

Où en serions-nous si la justice avait, pour les preuves matérielles, ce dédain que professe mon adversaire ? Il n'y aurait pas de poursuite de faux possible, soit devant vous, soit devant la justice répressive. La diffamation, la dénonciation calomnieuse anonyme échapperaient à la poursuite et à la loi. Qui donc oserait vous condamner ainsi à l'impuisance ? J'en ai dit assez sur ce point. Les preuves matérielles occuperont dans vos appréciations le rang, l'autorité qu'elles méritent parmi les preuves judiciaires.

Y a-t-il ici des preuves matérielles ?

Il y a en a une qui, à elle seule, serait décisive. Je

reçois une lettre, elle est scellée de votre cachet, de vos armes. Je l'ouvre, qu'y trouvé-je? Une lettre authentique, vous le reconnaissez; un billet anonyme, celui dont il est question au procès. Comment! ce n'est pas là une preuve matérielle de l'ordre le plus grave, le plus sérieux? Direz-vous que ces faits ne sont pas là matériellement prouvés, flagrants? Qu'importe! Est-ce qu'ils n'en peuvent pas moins tomber sous l'appréciation de la justice? Si le Tribunal doute de ce que j'affirme, j'en offre la preuve, et voici mes conclusions sur ce point.

Je demande au Tribunal de déclarer que le billet où se trouvent ces mots: « c'est de faire cadeau au prince « Pierre Dolgoroukow d'une somme de cinquante mille « roubles argent, » est écrit de la main même du prince Pierre Dolgoroukow.

Et subsidiairement j'offre de prouver:

1° Que lorsque la lettre du 4/16 juin 1856 du prince Pierre Dolgoroukow est arrivée chez le maréchal prince Woronzow, elle a été remise à celui-ci en présence de témoins;

2° Que le cachet a été brisé et la lettre ouverte lesdits témoins présents;

3° Que le maréchal prince Woronzow a montré à ces témoins la lettre et la *zapiska* ou billet qu'elle contenait;

4° Que cette *zapiska* ou billet était bien conçue dans les termes du billet original représenté au procès.

Comment! si ces faits sont établis, ce ne sera pas la

preuve incontestable que ce billet existait sous l'enveloppe, tel que je le produis, la preuve qu'il n'a pu se glisser pendant le trajet dans la lettre officielle et sous le
cachet du prince Dolgoroukow? C'est la plus incontestable des preuves.

La seconde preuve matérielle, c'est l'écriture. Je n'ai
pas la pensée de reprendre devant vous, si loin que
soient vos souvenirs, l'œuvre que j'avais entreprise à
votre première audience. Nécessaire alors, elle ne l'est
pas au même degré aujourd'hui.

Je me borne à recommander à votre appréciation
quelques mots, les mots *altesse* et *généalogie,* le mot
temps et le mot *point* que je vous ai déjà signalés et que
vous pourrez examiner plus à loisir.

Qu'oppose mon adversaire au travail de M. Delarue?
C'est un homme éclairé, parfaitement honorable ; on ne
le lui conteste pas, on lui reconnaît tous ces mérites. On
lui reproche seulement de donner, dans les matières qui
touchent à son art, trop à l'imagination, à l'esprit de
système, à cet esprit d'infaillibilité qui semble le péché
ordinaire et bien véniel des experts. Enfin on repousse
son travail, non pas seulement parce qu'il n'est pas
contradictoire, mais parce qu'il s'est borné à examiner
les ressemblances sans tenir compte des dissemblances
nombreuses que mon adversaire a relevées. Les dissemblances, je ne veux, pas plus que M. Delarue, les relever. Ce serait chose inutile à mon sens, impossible
d'ailleurs, car, par un hasard dont je n'accuse personne,

le travail de mon adversaire je ne l'ai pas reçu et je ne le connais pas...

Mᵉ MARIE.—Ce n'est pas un hasard, je l'ai fait depuis la dernière audience, et je n'ai pu l'obtenir qu'à l'heure même.

Mᵉ MATHIEU.—Ce que je dis, c'est pour que le tribunal soit bien convaincu que si je ne l'examine pas, c'est qu'il m'est impossible de le faire.

Vous relevez les dissemblances, mais j'ai répondu à cette objection facile à prévoir : vous l'avez oublié. J'avais soumis au tribunal des observations que je lui demande la permission de replacer sommairement sous ses yeux. Si l'œuvre sur laquelle porte ce débat était l'œuvre d'un faussaire, d'une main ennemie, je reprends les expressions de mon adversaire, que trouverions-nous ? De deux choses l'une, ou une imitation servile, un calque, ou une écriture qui n'offrirait aucune espèce d'analogie, de ressemblance avec celle du prince Dolgoroukow. Voilà, si l'écrit anonyme est une œuvre de faussaire, voilà ses caractères inévitables.

Si au contraire c'est l'œuvre, quoique anonyme, du prince Dolgoroukow, nécessairement vous y rencontrerez des dissemblances nombreuses ; elles seront nécessaires, forcées. Pourquoi ? Parce qu'elles auront été préméditées. L'esprit et la main du prince Dolgoroukow se seront appliqués, dans la mesure du possible, à rompre le lien qui rattache son individualité à cette œuvre indigne. Il veut déguiser, dissimuler son action, et cette volonté créera des dissemblances ; elles seront nombreuses, inévitables.

Mais, à côté de cela, il y aura des ressemblances. Elles seront involontaires, elles seront l'œuvre de l'instinct, pour ainsi dire. Pourquoi ? Parce qu'il y a pour nos organes, pour la main comme pour notre visage, pour notre corps tout entier, des habitudes acquises, constantes, invariables, contre lesquelles notre volonté elle-même est impuissante à se défendre. Et voilà pourquoi, dans cette œuvre qui sera la sienne, et pourtant anonyme, dans laquelle il aura cherché à dissimuler son individualité, vous trouverez des dissemblances nombreuses, beaucoup plus nombreuses que les ressemblances. Mais si vous voulez trouver la vérité, c'est dans les ressemblances que vous devez la chercher, parce que c'est là que l'habitude, que l'instinct, pour ainsi dire, aura trahi le coupable. C'est ce qu'a fait M. Delarue. C'est pour cela que, convaincu d'ailleurs que ce travail était inutile, il s'est appliqué non à signaler toutes les ressemblances, mais quelques-unes seulement, tellement éclatantes et visibles que, comme il le dit au début de son rapport, il n'était pas un expert en écriture qui, à son inspection, ne déclarât que le billet et la lettre de 1856 émanaient de la même main.

Au surplus, est-ce que ce travail j'ai songé à l'imposer au débat comme une preuve décisive ? Je l'ai dit, il n'y a pas en pareille matière de meilleurs juges que vos yeux, vos sens, auxquels j'en appelle. Mais si votre conscience hésite, ordonnez une expertise, je n'y répugne en aucune façon. Choisissez les experts les plus habiles, les plus honorables, les mieux placés pour donner à la justice les garanties les plus sûres.

Mon adversaire n'aime pas les expertises; il nous en a donné les motifs; je ne veux pas reprendre dans sa plaidoirie les détails par lesquels il a égayé votre audience en empruntant à un procès célèbre des histoires que nous connaissons tous. Pour unique réponse, je me permettrai d'adresser à la loyauté de mon adversaire une question... quelque chose comme un défi.

Je vous ai communiqué, lui dirai-je, le travail de M. Delarue; il vous a paru assez grave pour nécessiter la remise de la cause. Vous m'avez demandé à cette occasion les documents originaux qui sont sous les yeux du tribunal, et qu'une première fois déjà je vous avais communiqués. Est-ce que vous n'avez pas songé à opposer expertise à expertise? Est-ce que, par hasard, vous ne vous seriez point adressé de votre côté à des experts? Est-ce qu'ils vous ont donné un travail démentant celui de M. Delarue? Est-ce qu'ils vous ont répondu, ces experts, qu'il y avait un doute dans leur esprit sur la conclusion à tirer de ces pièces? Ont-ils cru qu'il fût possible de méconnaître l'écriture de Dolgoroukow dans le billet anonyme? Est-ce qu'ils n'auraient pas été, par hasard, de l'avis de leur confrère, M. Delarue? Si je ne me trompe, c'est ainsi que les choses se sont passées, et je ne crois pas me tromper. Au surplus, c'est à votre loyauté que je m'adresse, et, j'en suis sûr, elle me répondra. Si je me trompe, affirmez-le... Mais si cela est vrai, n'est-ce pas grave, messieurs? On repousse l'expertise de M. Delarue parce qu'elle n'a pas été contradictoire, parce qu'elle n'a pas la valeur d'une expertise judiciaire; vous vous adressez à deux experts, c'est votre droit. Mais, dites-nous leurs réponses et nous verrons alors si, en face d'elles, le mépris que vous affectez pour les expertises et les experts, peuvent peser beaucoup dans la cause. Ne serait-il pas grave qu'il se fût rencontré dans un débat de cette nature, quand les parties étaient en présence, d'un côté M. Delarue, affirmant, vous savez avec quelle autorité, quelle énergie, que l'identité est incontestable, et deux experts consultés par l'adversaire, se refusant à lui donner un travail qui contredise celui de leur confrère? Est-ce que cela ne serait pas un trait de lumière? Est-ce que si, en face de tous ces éléments, votre conscience hésitait encore, vous n'ordonneriez-vous pas cette expertise devant laquelle je ne recule pas?

Voilà mes preuves matérielles.

Mais en dehors, et bien au-dessus de ces preuves, il en est d'autres plus graves, plus décisives encore; ce sont celles que j'appelle mes preuves morales, à moi. Mon adversaire semble les avoir oubliées, et cela est pardonnable à raison de la distance qui a séparé ma plaidoirie de la sienne. Permettez-moi de les remettre en lumière.

J'ai dit, messieurs, et je le répète avec confiance : si le prince Dolgoroukow est innocent, s'il ne s'est pas rendu coupable, en 1856, de cette indigne tentative, il n'a aucune raison de mentir à la vérité ; elle marche d'accord avec une conscience droite ; la vérité, il la dira. Les faits, il ne peut pas les avoir oubliés ; ils sont de ceux qu'on n'oublie pas. Il pourrait se tromper sur quelques détails, mais il ne se trompera pas sur les points essentiels, sur le fond des choses, il restera dans la vérité, parce qu'elle lui permettra d'établir son innocence. S'il est coupable, au contraire, il sera condamné au mensonge, il jouera, en effet, devant le public, un rôle ; il s'arrangera de façon à inspirer à l'opinion à laquelle il s'adressera cette pensée, qu'il est incapable de ce qu'on lui impute et qu'il est victime d'une odieuse machination. En un mot, s'il ment, il est coupable ; s'il dit la vérité, il est innocent. Mon adversaire a compris la puissance de cette alternative et il s'est efforcé d'établir que l'article diffamatoire de 1860 était d'accord avec les faits et documents de 1856. Eh bien ! c'est là ce que je nie. Je prétends que cet article de 1860 est à chaque ligne en désaccord avec la réalité des faits. Je l'affirme, messieurs, et je le prouverai. Quel est le premier fait énoncé dans cette lettre de 1860 ?

« Pendant les dernières années de mon séjour en Russie, dit-il, j'ai publié, en russe, quatre volumes de généalogies. Ce livre souleva de vives susceptibilités et me valut de nombreux ennemis. Parmi les personnages dont les prétentions généalogiques n'étaient point admissibles, se trouvait le maréchal prince Michel Woronzow. Pendant son dernier séjour à Pétersbourg, en 1856, il ne cessa de me solliciter de dire, dans le quatrième volume que j'allais faire paraître, que les Woronzow actuels sont issus de l'ancienne maison des boyards Woronzow (éteinte à la fin du seizième siècle); il affirmait avoir en sa possession les documents à l'appui. Je savais que son assertion était contraire à la vérité, mais les égards dus à ses cheveux blancs d'octogénaire, ne permettaient point une négation directe; je me bornai à lui répéter, chaque fois qu'il m'en parla, que je serais charmé de voir et d'examiner ces documents. M'étant rendu à la campagne, et comptant à mon retour à Pétersbourg mettre sous presse le quatrième volume, je crus convenable, en souvenir des politesses dont m'avait comblé e vieux maréchal, de lui écrire que le volume paraîtrait bientôt, et que je regrettais vivement de n'être point à même de satisfaire à son désir, n'ayant point eu l'occasion de voir les documents historiques dont il m'avait parlé. C'était un acte de courtoisie vis à vis d'un vieillard qui, plus d'une fois, avait conduit nos troupes à la victoire. »

Voilà le récit. Écartons les sollicitations qu'il impute au maréchal : je les nie et n'y insiste pas; mais ce que je relève, ce qui frappera vos esprits, c'est cette affirmation du maréchal qu'il avait en sa possession des documents authentiques prouvant sa prétention;

l'absence de remise de ces documents ; puis, à la veille de la publication de son volume, une sommation, une sorte de mise en demeure au maréchal d'avoir à lui envoyer ces documents dont il avait parlé ; voilà l'affirmation.

Eh bien ! toutes les habiletés du monde ne réussiront pas à prévaloir contre la vérité. La vérité n'est pas cela; la vérité, la voici. C'est en 1856, et non en 1855, que débute cette histoire. Le troisième volume des généalogies avait paru. L'auteur avait provoqué publiquement les familles de la noblesse russe à lui envoyer les documents qu'elles avaient en leur possession. Le 12 octobre 1855, nous en avons la preuve, le prince Woronzow avait répondu à cet appel, il avait envoyé au prince Dolgoroukow un mémoire sur l'origine de sa famille, et à l'appui, l'extrait d'une généalogie des comtes Woronzow, œuvre du savant historien Jean Miller, qui vivait au milieu du xviiie siècle, et dont l'ouvrage est déposé au musée des Romaniantsow.

Ces documents envoyés, le prince Woronzow et le prince Dolgoroukow s'étaient rencontrés à Saint-Pétersbourg, dans l'hiver de 1856. Le prince Dolgoroukow n'avait pas dissimulé que ces documents ne le persuadaient pas : il l'avait dit franchement, comme le répétera le maréchal tout à l'heure, mais il avait promis de les imprimer à côté des siens, laissant le public juge ; tout s'était borné là. Le prince Woronzow n'avait point promis des documents supplémentaires, on ne les lui avait pas demandés, et rien ne lui faisait pressentir une pareille demande de la part du généalogiste. Est-ce vrai? Permettez-moi de remettre sous vos yeux la lettre du prince Woronzow lui-même au prince Dolgoroukow :

« Mon Prince, vous me demandez des documents en
« addition à ceux que je vous ai remis à Pétersbourg,
« et qui me paraissaient suffisants pour prouver que les
« Woronzow actuels étaient de la même race et des-
« cendaient de père en fils de ceux qui ont joué un
« grand rôle dans notre histoire, jusqu'à leur ruine par
« le tsar Iwan Wassiliewich. Après avoir examiné ces
« documents, vous m'avez dit franchement qu'ils ne
« vous avaient pas entièrement persuadé du fait, qui
« nous paraît, à nous, si clair ; mais que pour toute jus-
« tice dans la controverse, vous imprimerez dans votre
« prochain volume tout ce que je vous ai communiqué,
« laissant au public de juger la controverse. »

Ce qu'affirme cette lettre, Dolgoroukow le méconnaît aujourd'hui. Tandis que mon adversaire la lisait à la dernière audience, son client niait, comprenant, avec sa sagacité, quelle preuve cette lettre élevait contre lui.

Est-ce qu'il protestait en 1856? Voyons sa réponse. Que dit-il?

« J'ai eu l'honneur de recevoir votre lettre de Wil-
« bad du 27 juin (9 juillet). J'ai été stupéfait en lisant
« dans cette lettre que vous aviez trouvé dans la mienne
« un billet à écriture inconnue, et en parcourant la copie
« du contenu de ce billet que vous m'avez envoyée.

« J'aurais eté bien curieux de savoir qui a osé se per-
« mettre ce tour audacieux, cette action qui n'a pas de
« nom?

« Pour en revenir, mon Prince, à la question généa-
« logique, sur laquelle nous avons chacun notre ma-
« nière de voir différente, vous me dites, dans votre
« lettre, qu'après la publication en hiver, du quatrième
« volume de mon livre généalogique, vous publierez
« une protestation : c'est très-juste; chacun a le droit
« de protester contre un livre imprimé, mais une fois
« cette polémique engagée, je me réserve, à mon tour,
« de faire alors paraître une contre-protestation, ap-
« puyée sur des faits et des preuves irréfutables. Le pu-
« blic jugera. »

Est-ce qu'il y a un mot de réfutation, de démenti à ces
affirmations qui se sont produites sous la plume du
prince Woronzow? Rien, rien. Ainsi, les documents
premiers avaient été envoyés. Le prince Dolgoroukow
les a examinés et repoussés. Donc il n'a pu dire, dans
sa lettre de mai 1860, que ces documents il n'avait pas
eu l'occasion de les voir; il n'a pu le dire sans manquer
à la vérité! Il avait eu l'occasion de les voir, il le dit
lui-même dans sa première lettre que je viens de relire.
Il n'est donc pas exact que le maréchal Woronzow ne
lui ait pas envoyé les documents, et qu'il en ait été
réduit à lui adresser une vaine sommation pour les obtenir.

Est-ce tout? Non, messieurs; écoutez encore, car ceci

est plus grave. En 1860, quand il s'adresse à l'opinion, quand il raconte dans le *Courrier du Dimanche* l'histoire de ce billet anonyme, est-ce qu'il met en doute que la pensée du prince Woronzow ait été de lui imputer ce misérable écrit? Non, et voici, en effet, comment il s'explique à cet égard :

« Le maréchal m'a fait, dit-il, l'injure de m'écrire comme si, dans la lettre que je lui avais adressée, il avait trouvé une lettre d'une écriture différente de la mienne, où on lui proposait de m'envoyer 50,000 roubles. »

Ainsi c'était une injure, il l'a ressentie comme telle, il le dit, et puis continuant son rôle, il comprend que la première impression de ses lecteurs sera celle-ci : Comment, vous n'avez pas exigé la production de cet anonyme infâme! comment! vous ne demandez pas une enquête! Il comprend cette objection, et il va au devant d'elle, et alors que dit-il?

« Indigné, j'écrivis au maréchal une lettre peu polie
« où j'exigeais que l'original du billet en question fût
« produit. Mon projet était de provoquer une en-
« quête. »

Et puis, à la fin de cette lettre, il ajoute : « Pourquoi le maréchal Woronzow n'a-t-il pas provoqué une enquête qu'on ne lui aurait pas refusée à lui? pourquoi n'a-t-il pas répondu à la lettre dans laquelle j'exigeais la production de l'original du billet? »

Voilà ce qu'il dit en 1860.

En effet, si les choses en 1856 se sont ainsi passées,

s'il a exigé la remise de l'original, s'il a voulu provoquer une enquête, si le maréchal a résisté, je le reconnais, c'est une considération qui peut le sauver, et c'est contre le maréchal Woronzow la plus grande des preuves morales.

Mais est-ce vrai, cela? A-t-il été indigné, a-t-il écrit au maréchal une lettre peu polie, a-t-il exigé que l'original fût produit, et a-t-il attendu vainement une réponse pendant plusieurs semaines?

Non! non! Tout cela n'est pas vrai : ce qui est vrai, c'est exactement le contraire. C'est le maréchal qui lui a offert cet original — que sa main n'a pas osé saisir ; c'est lui qui, venant en aide à son désir naturel, a parlé d'une enquête ; et la preuve, elle est dans le *post-scriptum* de sa lettre, qu'il faut relire...

« J'ai trouvé à ma grande surprise dans votre lettre
« une zapiska non signée et d'une main qui me paraît différente de la vôtre, dont je vous envoie ci-
« joint la copie. Vous saurez peut-être apprendre qui a
« osé envoyer une pareille zapiska dans une lettre ca-
« chetée par vous et de votre cachet. J'ai cru devoir
« garder l'original avec la lettre que vous avez bien
« voulu m'écrire, et quand nous nous verrons je serai
« prêt à vous remettre cette zapiska, dans l'idée que
« peut-être vous voudrez en faire usage pour découvrir
« la main qui l'a écrite. »

Quant à Dolgoroukow, voici sa sommation ; qu'il en subisse une dernière fois la lecture :

17

« Mon prince,

« J'ai eu l'honneur de recevoir votre lettre de Wil-
« bad du 27 juin — 9 juillet. J'ai été stupéfait en lisant
« dans cette lettre que vous aviez trouvé dans la
« mienne un billet à écriture inconnue. Et en parcou-
« rant la copie du contenu de ce billet, que vous m'a-
« vez envoyée, j'aurais été bien curieux de savoir qui
« a osé se permettre ce tour audacieux, cette action qui
« n'a pas de nom ! »

Comment ! c'est là le langage d'un homme insulté,
outragé ! C'est là cette lettre peu polie, cette sommation
de livrer l'original, cette volonté d'obtenir une enquête !

Ah ! la vérité vous écrase. La voilà ! Elle est dans
cette lettre ; votre article de 1860 n'est qu'un mensonge hardi et qui vous condamne.

Qu'a-t-il fait depuis, et qu'oppose-t-il à cette preuve
morale sans réplique ?

Il a rendu une visite à son parent le prince Bazile
Dolgoroukow, ministre de la police. Je ne rétracte pas
ce que j'ai dit ; nous savons qu'une démarche a été faite.
A quelle époque ? Je l'ignore ; mais nous savons aussi
que jamais la lettre du prince Woronzow, du 25 juin,
n'a été placée sous les yeux du ministre ; cette lettre
qui, en vue d'une enquête dont vous deviez avoir besoin
mettait à votre disposition l'original du billet anonyme.
Si vous aviez montré cette lettre, comment aurait-on

repoussé une enquête au-devant de laquelle allait le maréchal lui-même.

Voilà ce que vous avez fait, mais il y a des absten-
tions beaucoup plus graves que les actes. Vous avez
été à Moskou à l'époque du couronnement de l'empereur Alexandre.......

Le prince Dolgoroukow. — Non.

Me Mathieu. — Le prince Dolgoroukow y était; ses
démentis ne m'arrêteront pas; s'il y persiste, je le prouverai. S'il n'y était pas, d'ailleurs, le maréchal y était, lui. La
distance n'est pas assez grande entre cette vieille capitale et la résidence du prince Dolgoroukow pour qu'il ne
pût la franchir. L'a-t-il franchie, s'est-il adressé au maréchal? A-t-il tenté de saisir dans sa main ce billet qu'il lui
tendait comme une planche de salut, comme un moyen
d'éclairer par une enquête ce mystère honteux ? Non, il
est demeuré immobile; toute correspondance a cessé, et
pourtant le maréchal est mort le 18 novembre, quatre
mois après seulement. Et d'ailleurs, quand il est descendu
dans la tombe, est-ce que tout était fini, tous liens rom-
pus? N'avait-il pas un fils, héritier de son nom et de ses
traditions ? Etes-vous venu à lui, avez-vous réclamé
l'exécution de la promesse que le père vous avait faite ?
Non, pas plus que vous n'aviez mis à profit les derniers
jours de la vie du maréchal. Ils avaient dans les mains
une pièce terrible contre vous... Ils vous la tendaient,
ils vous conviaient à une enquête, ils vous en offraient
les moyens, et vous n'avez rien fait, expliquez cela !

Mais vous dites que la conduite du maréchal et celle de son père prouvent que dans notre pensée alors vous n'étiez pas l'auteur de cette infamie ; pourquoi ? parce que le prince Woronzow, comme il le promettait par sa lettre du 27 juin, n'a pas protesté après votre publication : Le maréchal n'a pas protesté par une raison souveraine, hélas ! la mort l'avait frappé longtemps avant que votre quatrième volume eût paru. Son fils n'a pas protesté, pourquoi ? parce que l'histoire de votre billet anonyme était assez connue et l'auteur de la biographie assez discrédité pour qu'il attachât une importance médiocre à sa réfutation, surtout au milieu de son deuil. Qu'est d'ailleurs cette abstention quand on la compare à celles si graves que nous vous imputons, quand on la rapproche de votre inexplicable silence après la lettre de juillet 1856.

Voilà, messieurs, les faits et la vérité tout entière.

Pour moi, je le disais au début de cette réplique, et je le répéterai en la terminant, ma conviction est demeurée inébranlable, elle n'a pas fléchi un moment en face de la défense du prince Dolgoroukow et des efforts éloquents de mon adversaire. Oui, sans doute, il y a là un problème redoutable à résoudre, une question d'honneur à trancher, une question de vie ou de mort ; et je comprends que les spectateurs de ces débats s'émeuvent de commisération et de pitié en voyant ce descendant de cette antique race, cet homme qui se rattache par son origine à tant de noms illustres, avili à ce point et tomber de ces hauteurs sous le poids d'une accusation qui flétrit et déshonore. Je comprends cette émotion ; mais je sens à mon cœur qu'elle ne trouble pas le vôtre ; elle ne troublera pas, elle n'amollira pas votre justice. Il y a dans l'homme, dans le magistrat surtout, quelque chose de plus élevé que le cœur, c'est la conscience ; la vôtre sera ferme, et vous condamnerez cet homme si, comme je l'espère, cette conviction ardente qui m'anime, j'ai réussi à la faire passer dans vos esprits.

RÉPLIQUE DE Me MARIE

MESSIEURS,

Non-seulement je ne me plains pas de la juridiction que le prince Woronzow a choisie, mais je l'accepte ; et assurément il ne pouvait pas me venir, il ne m'est jamais venu à la pensée de la décliner.

Non pas que je fasse un grand mérite au prince Woronzow de l'avoir préférée, comme il le dit ; car, en définitive, s'il y a diffamation, la diffamation s'étant produite en France et à Paris, c'était bien, en effet, en France et à Paris que le débat devait être porté et jugé.

Laissons donc de côté une concession qui n'est, après tout, qu'une obéissance à la loi.

Nous sommes d'ailleurs d'accord sur un point. La juridiction française ne pouvait pas ne pas nous convenir;

elle nous offre à tous des garanties salutaires et que, pour ma part, j'accepte de grand cœur. Assurément, j'aurais abordé avec moins de confiance la justice russe, ou plutôt même, quand cela m'eût été permis, je ne l'aurais pas abordée du tout.

Cela dit, messieurs, mon adversaire a compris tout d'abord qu'il fallait bien fixer la vraie cause du débat. C'est aussi ma pensée, et c'est pour cela que je vous demande la permission d'insister encore sur ce point.

A entendre les adversaires, il semblerait que le procès trouve sa raison d'être dans l'article du *Courrier du Dimanche*, dans l'accusation même à laquelle ce journal a prêté ses colonnes, dans la réponse que le prince a cru devoir faire : c'est prendre l'occasion pour la cause.

Certes, cette publication du journal a été faite avec une légèreté désolante, avec une imprudence que la bonne foi du journal peut seule excuser. Certes, elle a jeté dans le cœur, dans la pensée du prince, dans sa vie tout entière, une de ces violentes commotions qui troublent profondément. Sans doute de telles attaques ne tuent pas un homme ; l'homme ne relève pas ainsi de la fantaisie d'un calomniateur ; mais elles peuvent, et cela est trop, altérer un moment la considération qui l'entoure, et je le redis, oui, c'est trop, c'est trop !

Cette imprudence, cette légèreté, je les blâme donc, je les condamne, oui, de toutes les forces de mon âme ; oui, il fallait que le prince Dolgoroukow s'armât contre elles ; qu'il répondît, qu'il s'expliquât. Mais enfin, et quoi qu'il en soit, il reste toujours à savoir pourquoi ces attaques ? quelle est l'origine d'où elles descendent ? d'où vient le mal ? Il faut que vous le sachiez. D'où vient-il ? Comment est-il né ? N'y a-t-il pas dans tout cela, je me le suis demandé, je me le demande encore, n'y a-t-il dans tout cela qu'une querelle privée ? Pouvait-elle exister ? Existait-elle entre les Woronzow et le prince Dolgoroukow ? Y avait-il un motif, enfin, à cette querelle ? Non, aucun, aucun ! Je le dis, je le redirai sans cesse.

Nous étions én 1860, n'oubliez pas cela, messieurs ; quatre ans s'étaient écoulés depuis 1856 ; pendant ces quatre ans, tout avait été mis dans l'oubli, si tant est qu'il y eût quelque chose à faire oublier, ce que j'examinerai encore tout à l'heure, — tout était dans l'oubli. Et, cependant, voilà qu'un étranger, un inconnu, — pseudonyme ou non, peu m'importe, toujours est-il qu'il se cache ; — voilà que tout à coup cet étranger, cet inconnu, à propos d'un compte rendu sur un livre purement politique, dans lequel les Woronzow ne sont en aucune façon attaqués, dans lequel peut-être même leur nom n'est pas prononcé, je n'en sais rien, mais, en tout cas, dans lequel il n'est pas à coup sûr insulté, invente une anecdote menteuse, pleine de détails menteurs. Pourquoi ?

Eh bien ! je dis, moi, qu'il ne peut pas y avoir et qu'il n'y a pas dans ces inventions odieuses une autre raison,

une autre cause, qu'une raison et une cause politiques.
Je dis que celui qui les a publiées, quel qu'il soit, n'est
rien autre chose qu'un *bravo* politique ; que cet homme
qui, s'il ne cache pas son nom, cache au moins sa personne, a voulu, en définitive, venger une cause politique ! J'ai à cœur de dire cela, de le démontrer, — j'ai
à cœur que cette vérité soit bien connue, bien saisie et
bien acceptée. Pourquoi ? Parce que nous savons que
les haines politiques sont implacables et fort peu scrupuleuses sur les moyens qu'elles emploient. La cause de
l'article du journal, connue, est déjà déconsidérée.

La cause du procès, la cause vraie, la cause certaine, personne ne peut en douter, personne n'en doute
dans cette enceinte, elle est politique.

En remontant à l'origine du débat, que découvrez-
vous donc ? Une origine viciée, souillée, infâme, née
de passions et de colères dans lesquelles la famille Woronzow n'aurait dû prendre aucun parti, et qu'elle a
tort de relever, se rendant ainsi l'auxiliaire des haines
qui ont armé le calomniateur pseudonyme.

Voilà, messieurs, ce que j'avais à cœur de vous dire.
Oui, je tenais à ce que cela fût bien connu dans le procès actuel, et j'y insiste, messieurs, j'y insiste fortement. Quand j'ai examiné cette cause, quand je l'ai
étudiée, quand je me suis entouré de renseignements
dont ma conscience avait besoin pour bien apprécier
tout à la fois les hommes et les écrits, j'ai bien compris, en étudiant les faits, en écoutant les discours

des hauts personnages qui m'ont entouré, en lisant avec soin des articles diplomatiques qui m'ont passé sous les yeux, j'ai bien compris que je n'avais pas seulement sous la main la cause d'un homme à protéger dans son honneur, mais que j'avais une cause plus grande, plus élevée, plus générale à défendre : la cause d'un réformateur ardent et, par conséquent, ardemment persécuté. Cette cause est juste à mes yeux. Je n'appartiens en rien, il est vrai, à la grande nation russe ; mais j'y tiens comme un homme tient à tout ce qui intéresse l'humanité ; mais je m'y rattache comme on se rattache au progrès, qui, dans sa marche à travers le monde, est appelé à jeter partout sa lumière, ses bienfaits, ses magnificences.

Sous cet aspect, oui, je le dis avec une conviction sincère, ma cause, c'est une cause politique, purement politique ; et je comprends maintenant comment, en jetant un regard sur le prince Dolgoroukow, et le comparant au prince Woronzow ; comment, dis-je, les mettant en parallèle, mon honorable contradicteur vous disait tout à l'heure d'un ton hautain : « Qu'est-ce donc que le « prince Dolgoroukow? qu'a-t-il donc fait? » Écoutez ! car ici se révèle hautement l'esprit du procès : « Il a « quarante-quatre ans. Eh bien ! il a passé ces quarante- « quatre ans, ou plutôt les ans qui se sont écoulés « depuis que son intelligence a brillé dans le monde, il les « a passés à composer des écrits politiques; ces écrits « il les a lancés sur son pays ou contre son pays. En 1859,

« notamment, il a publié l'écrit intitulé : *la Vérité sur*
« *la Russie*. Et quelle occasion a-t-il choisie pour cela?
« le moment où la Russie est ébranlée dans ses condi-
« tions politiques, plus que cela,—dans ses conditions
« sociales,—où le jeune empereur, placé à la tête de la
« société russe, voulant lui-même accomplir quelque
« progrès, songe à réaliser un fait depuis longtemps
« rêvé, mais qui était resté jusqu'ici à l'état de rêve,
« l'affranchissement des serfs. »

Ah ! je vous entends ! oui, voilà son crime ! il est écrivain politique, il dénonce le mal ; guerre à sa personne !

Maintenant, après avoir accusé, il faut effrayer. Et
mon adversaire, mettant alors en regard des faits d'op-
position qu'il signale et une époque pour laquelle je
n'ai pas dans mes affections et mes souvenirs plus de
sympathie qu'il n'en existe dans les siens, et s'emparant d'un mot échappé de ma bouche : « Il y a des abus
« qu'on ne brise qu'à coups de hache, »—mon adversaire s'écriait : — « Cette hache ressemble trop à la
« hache révolutionnaire de 1793. » — Rapprochement
détestable, et qui ne devait pas se trouver dans votre
bouche quand vous faisiez allusion à mes discours.

Mᵉ Mathieu. — Je proteste, et jamais je n'ai pu rien
vouloir dire qui vous soit personnel.

Mᵉ Marie. — Je le crois bien, je le crois bien ; laissons
cela et revenons au prince Dolgoroukow.

Vous lui reprochez des écrits lancés au milieu d'une

situation périlleuse. Cette situation, M. le prince Dolgoroukow ne l'a pas choisie, il ne l'a pas faite. Elle est
grave, c'est pour cela qu'il s'en inquiète et que, voyant
bien le mal, il cherche le remède. Sa grande préoccupation, son idée à lui, c'est d'implanter sur le sol russe la
monarchie constitutionnelle ; — peut-être cette idée res-
tera-t-elle longtemps aussi à l'état de rêve ; mais avouez
du moins que c'est là un beau rêve, un rêve d'honnête
homme, et, dût-on s'endormir sur un tel rêve pendant de
longues années, eh bien ! on pourrait être heureux, sinon fier, de s'endormir ainsi en attendant le triomphe de
la réalité.

Ne le présentez pas, cet homme, en relevant trop le
sentiment politique qui vous domine et domine tout ce
procès, ne le présentez pas comme un homme de désordre dans le milieu politique où il est placé. Russe fidèle, bien que réformateur, tout en prêchant les réformes, oui, avec une grande ardeur, il sait rendre
justice au souverain qui gouverne aujourd'hui ; mais,
tout en s'inclinant devant sa personne, il dit comme
disait Alexandre Ier, avant son avénement au trône :
« Il y a bien des abus à renverser ! » — et il voudrait,
jetant un regard sur l'avenir, n'avoir pas encore à
dire un jour : Oui, Alexandre II a pensé ce qu'avait
pensé Alexandre Ier, et il a été impuissant devant
les abus comme Alexandre Ier l'avait été lui-même ;
il y avait des réformes à faire, et les réformes ne se
sont pas faites, malgré l'intelligence de l'homme qui

gouvernait, malgré sa volonté. Elles ne se sont pas faites, parce qu'il a trouvé autour de lui des volontés plus puissantes que la sienne, et qui ont maintenu le mal contre le bien qu'il voulait réaliser.

Voilà dans quel esprit le prince Dolgoroukow a lutté et lutte encore. Voilà dans quel sens et dans quel esprit il a publié ses écrits; dans quel sens, dans quel esprit il s'est occupé d'histoire et de politique, dans son journal l'*Avenir*, dans son livre : *la Vérité sur la Russie.* — Pamphlets, dites-vous, que tout cela ! Nous savons ce que vaut un pamphlet politique; pamphlet, si vous voulez, je ne tiens pas ce dédain pour une injure, et *Paul-Louis Courier* a bien prouvé que des écrits de ce genre pouvaient très-bien s'allier à un grand esprit et à un noble caractère.

Voilà donc l'homme. Voilà à quel propos, dans quelles circonstances il a été attaqué, — attaqué, mais enfin de la manière du monde la plus abominable, il faut bien le reconnaître.

Que nous dit l'adversaire ? Il insiste sur son argument : « Vous n'étiez pas nommé ! »

Comment! il n'était pas nommé ! — Non, dit l'adversaire, et c'est vous cependant qui vous êtes reconnu. Comment cela? Oh ! c'est que, dans le secret de votre conscience, vous vous rendiez justice, et vous saviez bien que si, en France, l'anecdote ne devait pas vous faire reconnaître, il n'en était pas de même en Russie; — nécessité de répondre, parce que vous avez su que, en Russie, l'accusation existait.

Quel argument, grand Dieu!

Oh! que vous ayez, dans votre plaidoirie d'exposition, mis en avant une observation de cette sorte, je le comprends à peine; mais que vous y insistiez dans la réplique, et que vous demandiez sérieusement comment le prince Dolgoroukow a dû ou pu se reconnaître dans cette anecdote, qui s'appliquait à son livre de généalogie, qui regardait une famille puissante dont il était question dans ce livre; que vous demandiez sérieusement, je le répète, comment il a pu croire qu'on parlait de lui dans l'article du journal, quand l'auteur y disait mensongèrement, — en voilà un mensonge, et d'une belle taille, d'une belle taille, celui-là! — qu'il y disait mensongèrement, mais sous une forme dont la transparence éclatante aurait rendu la vue à un aveugle, que cette famille avait protesté contre la spéculation dont elle avait été l'objet, qu'elle avait publié à des milliers d'exemplaires le billet qui la contenait, qu'elle l'avait imputé publiquement à l'auteur de la généalogie; — ah! que vous vous demandiez comment il s'est senti ému, que vous vous demandiez cela! quand l'auteur désigné, le seul qui pût être désigné, était le prince, seul auteur, en effet, d'un livre de généalogie! Je vous réponds, moi, ce que je vous ai déjà répondu : Oui, si le prince s'était cru coupable, s'il s'était senti coupable, oui, il aurait pu, et c'eût été encore une triste habileté, laisser passer le nuage, et au lieu de faire éclater l'orage qu'il contenait, il aurait peut-être bien fait de se cacher sous le silence. Mais non, non, cette impassibilité jouée ne convenait pas à son caractère, elle ne convenait pas à la dignité de sa vie, pas plus qu'à sa conscience.

Son caractère, vous l'avez attaqué aussi, et j'entends encore vos insinuations,—je les ai retenues. Cet homme-là a un caractère hautain, difficile, avez-vous dit. Hautain! non; mais fier, indépendant, hostile, en effet, à tout ce qui est servile; pardonnant volontiers aux personnes, non aux actes. Oui, il y a bien quelque emportement, quelque violence dans ce caractère-là; quand il poursuit la vérité, il va droit son chemin, sans trop se préoccuper de la question de savoir s'il se froissera, lui, dans ses intérêts matériels, si sa fortune pourra y être compromise, si la liberté de sa personne pourra y être engagée.

Oui, voilà l'homme. Oh! que par ses écrits et par ses répugnances il se soit fait des ennemis, soit, — oui, il en a; oh! il en a beaucoup, je n'entends pas le nier, je ne le nie pas. Si sur ce point je m'étais fait une illusion, le procès qu'il subit aujourd'hui serait bien de nature à la détruire. Il en a, oui, il les connaît, j'en pourrais nommer quelques-uns : je ne le ferai pas. Mais il a aussi des amis, des amis chauds, des amis ardents, qui le connaissent depuis longtemps, qui l'ont suivi dans toute sa vie, qui l'aiment sur la terre d'exil comme ils l'ont aimé sur le sol national; plus discrets, plus réservés, il est vrai, que ne le sont ses ennemis. Que voulez-vous, messieurs, notre camp a ses dangers, le camp ennemi n'en a point : c'est presque une bonne fortune, j'allais dire une bonne spéculation, de combattre pour les Woronzow.

Que voulez-vous ! Des amis qui, ouvertement, l'escortent et le protègent ! lui, l'exilé, le persécuté, le novateur politique ! que m'importe ! Ce qui me suffit pour la cause, ce sont ces amitiés qui l'ont servi auprès de moi ; c'est la sympathie de ces grands personnages qui appartiennent aussi à la haute aristocratie comme vous, et qui sont venus me rendre témoignage du caractère de cet homme. Oh ! je les en remercie de tout mon cœur ! car ils ont ainsi préparé mes croyances, ils ont affermi mes convictions, et quand, dans nos entretiens, résumant tous les faits, toutes les présomptions, toutes les preuves morales et les mettant en regard de ce que vous appelez des preuves matérielles, nous nous demandions : Que pouvons-nous penser de cela ? Qu'y a-t-il à penser ? —Ah ! me disait l'un d'eux, accuser le prince Dolgoroukow d'un acte infâme ! non ! J'aurais son écriture réelle dans la main, que je soutiendrais encore qu'il est incapable de l'action basse et vile qu'on lui reproche ! — C'est vrai, répondis-je, et comme vous et avec vous, en appréciant son caractère, en étudiant sa vie, en parcourant toutes les preuves, en les concentrant comme je l'ai fait à la dernière audience, je dis aussi, leurs voix faisant écho à la mienne : Non, non, il n'est pas possible que cet homme ait commis cette action basse et vile !

18

Encore une fois, qu'y a-t-il là ? Y a-t-il la main d'un tiers, une autre main ? Je n'en sais rien, je n'en sais rien ! Quelle est-elle surtout ? Je n'ai pas même à le rechercher ; mais ce qui est certain, c'est que cette main-là n'est pas la sienne ; qu'il est impossible d'accuser d'une pareille félonie un homme qui a parcouru la vie qu'il a parcourue, et qui compte derrière lui des ancêtres dont toutes les vieilles traditions sont restées écrites en lettres de feu dans son esprit et dans son cœur !

Voilà ce que nous disions dans nos communications intimes et sympathiques ; nous ne nous étonnions pas pour cela de l'accusation, car nous savions d'où elle part, quelle en est l'origine et la cause. Vous le savez aussi bien que nous, maintenant, messieurs, et cette première partie du débat une fois vidée entre mon honorable confrère et moi, j'examinerai, et très-rapidement, mais avec plus de confiance encore, ce qui tient plus particulièrement au procès lui-même.

Un écrit anonyme existe. Oui, cela n'est pas nié. Quel en est l'auteur ? Mon adversaire affirme que c'est le prince Dolgoroukow. J'affirme que ce n'est pas lui. Qui a raison ? Voilà la question.

J'offre la preuve, dit mon adversaire ; j'articule des faits, je demande une enquête et une expertise.

Soit ; votre enquête, votre expertise, tout cela n'est pas contesté ; le tribunal cherchera la lumière partout où il croira pouvoir la trouver : — en lui, si cela suffit ; en dehors de lui, si cela ne suffit pas.

L'écrit anonyme existe. Eh bien! dit l'adversaire, trois hypothèses peuvent se présenter. Vous les avez présentées, et je les reproduis moi-même : ou bien c'est Woronzow qui en est l'auteur, ou bien c'est une main étrangère, ou bien c'est le prince Dolgoroukow.

La première hypothèse est abandonnée, dit l'adversaire. On ne soutient pas contre le prince Woronzow qu'en effet le billet anonyme ait été écrit par lui ou par ses ordres. Voilà donc un premier point fixé.

Entendons-nous bien.

Non, c'est vrai, je n'ai pas soutenu que Woronzow eût écrit le billet, et je ne le soutiens pas ; mais ne me faites pas repentir de ma modération, pour revendiquer plus à l'aise le prix de votre témérité.

Certes, si j'avais voulu, usant de la même liberté que vous, me demander si je n'avais pas, moi aussi, quelques présomptions, quelques indices contre vous ; si dans les détails des faits je ne pourrais pas rencontrer quelques infiniment petits qui, groupés avec art, auraient pu parvenir à soulever quelques-unes de ces présomptions dont la méchanceté s'empare avec tant de plaisir ; si j'avais voulu faire cela, peut-être aurais-je pu, moi aussi, soulever quelque doute dans les esprits. Mais je n'aime pas ces tactiques? Certes, quand je ne me sens pas une conviction au cœur, fondée sur des faits graves, sur des documents importants, je n'aime pas me livrer à d'imprudentes hypothèses, dût ma réserve être compromettante ; car je trouve qu'elle serait injurieuse pour moi, injurieuse pour le tribunal auquel je m'adresse. Voilà tout, voilà tout! N'étendez pas mes concessions au delà de la pensée qui les a dictées.

Puis j'ai dit au tribunal : Je n'ai, quant à moi, qu'une chose à démontrer, à savoir, que le prince Dolgoroukow n'est pas l'auteur du billet; que, quand on l'a accusé d'en être l'auteur, on a menti; que, quand on a produit l'écrit comme étant de lui, on n'a produit qu'un écrit faux, sachant qu'il était faux.

Voilà ce que j'ai dit, ce que j'ai prouvé; voilà ma thèse. Pour moi, il n'y en a pas d'autre dans ce procès, et c'est cette thèse-là que j'ai abordée.

Maintenant, est-ce la main d'un tiers qui a tracé le billet? Cette main a-t-elle pu agir au milieu des relations du prince Woronzow et du prince Dolgoroukow? A quel moment y aurait-il eu, en effet, un cachet brisé? Les armes qui scellaient la lettre n'ont-t-elles pas pu en protéger le secret? A-t-on pu, par conséquent, dans cette lettre ouverte, insérer ce billet? Est-ce un ennemi qui l'a inséré? Quand, comment l'a-t-il fait? Je n'en sais rien encore, je n'en sais rien, et je vous dis tout naïvement aussi bien mes affirmations quand je les crois vraies que mes doutes quand ils existent, que mon ignorance même quand mon ignorance me dicte toutes ces concessions, fussent-elles, je le répète encore, compromettantes pour ma cause.

Je n'ai donc qu'une thèse devant moi, il n'y en a qu'une sérieuse, il n'y a qu'une question entre nous. Le

prince Dolgoroukow, oui ou non, est-il l'auteur du billet?
c'est-à-dire a-t-il tendu une main impie?... impie, oui...,
car il mentait à la religion de sa famille, en sollicitant
du prince Woronzow, en échange de sa conscience
vendue, une somme de 200,000 francs? L'a-t-il fait?
Voilà ce que j'ai à rechercher, ce que le tribunal a à vérifier.

Je vous ai dit qu'il fallait des preuves, des preuves
positives; qu'un doute ne pouvait pas planer sur une
telle cause, et qu'on ne tuait pas un homme en vertu
d'un doute, qu'on n'assassinait pas la réputation d'un
prince... ou d'un particulier, — car peu m'importe le
rang dans de telles questions, — qu'on n'assassinait
pas l'honneur d'un prince ou d'un particulier à l'aide
de quelques observations plus ou moins subtiles, sur
le texte d'un billet pris dans son ensemble, non pas
même interrogé dans les lignes, dans les mots qui
le constituent, mais sur quelques lettres de l'alphabet qui pourraient présenter quelques ressemblances...

En posant ainsi la question, j'indique donc les conditions de s   solution; et ces conditions, c'est à vous,
prince Woronzow, c'est à vous, demandeur, accusateur, c'est à vous, non pas à moi, de vous y conformer.
La certitude qui condamne, qui seule peut condamner,
c'est à vous de la faire briller, non pas à moi; et si cette
certitude n'est pas éclatante, une condamnation,—vous
l'avez dit vous-même,—ne peut pas peser sur la tête

du prince Dolgoroukow. — Non, non, elle ne peut pas peser sur sa tête.

Qu'est-ce que vous me dites? qu'en tout cas il aurait eu tort dans sa réponse, et *quand il n'était pas attaqué*, — quand il n'était pas attaqué!... non, laissons de côté ces subtilités qui ne sont pas dignes de vous,— il aurait eu tort, dans sa réponse, d'attaquer lui-même la famille Woronzow.

Comment l'a-t-il attaquée? qu'a-t-il dit? ne pouvait-il pas écrire, calomnié qu'il était, bien mieux, ne devait-il pas écrire ce qu'il a écrit?

De quoi s'agit-il? Il a écrit une généalogie. A ce propos, on l'accuse d'avoir dit au prince Woronzow : Donnez-moi 200,000 francs, et les rectifications que vous me demandez seront faites à l'instant!

Que dit-on encore? Oh! écoutez, je vous en supplie. Le calomniateur ajoute : Le billet par lequel le prince a demandé ces 200,000 francs est entre les mains du prince Woronzow. Est-ce tout? Non. Il ajoute encore : Ce billet, depuis la mort du prince Woronzow, ou avant, on ne s'explique pas assez clairement à cet égard, mais enfin on l'a lancé en Russie par milliers d'exemplaires, dans la société russe, partout, partout, en sorte que c'est par milliers d'exemplaires que l'accusation aurait été répandue? par qui? comment? — par ces milliers d'exemplaires, je l'entends; mais de qui émanent-ils? M. Michenski le proclame, de la famille victime de la spéculation, et nous savons que cette famille n'est, ne peut être que la famille Woronzow. — Que disait-il encore, cet homme ? qu'il avait entre les mains un millier d'exemplaires ! Intolérable impudence, car il n'en avait point, il n'en a jamais eu !

Comment ! Et M. le prince Dolgoroukow n'aurait pas eu le droit, le devoir de s'expliquer sur toutes ces infamies ! Comment ! en s'expliquant, il n'aurait pas eu le droit de rétablir l'anecdote dans sa vérité ! Comment ! il n'aurait pas eu le droit de s'indigner, de s'indigner jusqu'à la fureur, de dire que si ce billet a été publié, c'est un faux qui a été publié, et que s'il l'a été par la famille Woronzow, elle s'est rendue complice du faux ! Comment ! il n'aurait pas eu le droit de dire cela ! — Oh ! dût-il être mille fois condamné par un tribunal, en vertu des lois sur la diffamation, qu'il aurait dû dire ce qu'il a dit.

Quant à moi, je dis ce que je pense. — Voyons, en présence d'une accusation semblable, quel est l'homme d'honneur, je parle de celui que la calomnie oserait de même ternir, quel est l'homme d'honneur qui, au risque d'être mille fois condamné, n'aurait pas mille fois publié la vérité en face du mensonge ? La justice frapperait fort, — sa conscience, du moins, aurait protesté, et c'est bien une justice aussi et une haute justice que la conscience d'un honnête homme.

Après tout, qu'avait à faire M. Woronzow ? On l'accusait de complicité de faux, si, en effet, comme le prétendait M. Michenski, il avait publié la fausse accusation à des milliers d'exemplaires. Il n'avait à répondre qu'une chose, et c'était la vérité : « Non, je n'ai « jamais publié ce billet. »

Il a donc dû protester comme il l'a fait. Seulement j'entends bien que, la question ainsi posée, il faut voir si, en effet, le prince Dolgoroukow est bien l'auteur du billet. Si cela est prouvé, car, de même que je lui reconnais le droit, — si la preuve n'est pas faite et s'il est accusé faussement, — d'avoir répondu comme il l'a fait, — de même j'accorde que si, en effet, il est l'auteur du billet, non-seulement il aurait fait un acte infâme en l'écrivant, mais qu'il aurait ajouté à cette infamie en reportant sur un autre, quel qu'il soit, le billet qui émanait de lui.

La question, je l'envisage donc comme elle doit l'être. Je n'absous le prince de votre accusation, et je ne fais valoir sa demande reconventionnelle qu'à la condition qu'en effet vous n'aurez pas, vous, prince Woronzow, prouvé qu'il est l'auteur du billet.

L'avez-vous prouvé, soit par des preuves matérielles, soit par des preuves morales?

Les preuves matérielles, dit l'adversaire, vous les avez traitées bien légèrement; vous vous êtes contenté de jeter sur elles du ridicule et voilà tout.

Répondons immédiatement à cela. L'adversaire n'a pas engagé de débat nouveau sur les preuves matérielles. Je le comprends à merveille : aussi n'engagerai-je pas non plus de nouveau le débat sur ce point. J'avais à présenter au tribunal des observations ; je les lui ai distribuées ce matin. Le temps n'a pas permis qu'elles le fussent plus tôt. Le tribunal les a sous les yeux, et je comprends que c'est là une étude de cabinet à faire, qu'elle n'appartient pas et qu'elle ne peut appartenir à l'audience.

Mais si je ne rentre pas dans les détails techniques, ah ! je ne peux pas accorder à mon adversaire, cependant, que je les aie traités par le ridicule seulement, que je n'aie pas opposé des raisons et des raisons graves, aux preuves de ce genre. Non pas ! Non pas ! Et le tribunal me rendra cette justice, au contraire, que, dans ma première plaidoirie, j'ai attaché une grande importance, sinon à ces détails techniques qui devaient être, je le répète, l'objet d'observations écrites, au moins à la question en elle-même de la vérification d'écritures et à la valeur de ce genre de preuve. La vérification d'écritures est, je le sais, un moyen d'instruction nécessaire peut-être en certains cas, soit ; cependant n'oublions pas ce qu'en a dit la sagesse des magistrats et des jurisconsultes. Les preuves testimoniales, messieurs, sont des preuves aussi. Cependant, et encore bien qu'elles soient dues à la conscience d'un homme qui dépose sous la foi d'un serment fait devant Dieu, ces preuves n'ont jamais obtenu des juges et de la loi elle-même qu'une confiance très-limitée.

Eh bien ! pour la vérification d'écritures comme pour

les enquêtes, on peut reconnaître leur nécessité; la justice peut en avoir besoin, elle peut y recourir. Je ne demande pas que le tribunal n'y recoure pas; mais ce que je demande, c'est une grande prudence, une juste défiance dans l'admission et dans les résultats de ces preuves.

Vous invoquez une vérification, une contradiction, comme si une bonne conscience [pouvait vous mettre en garde contre la faillibilité de vos organes. — Vous voulez voir, vous voulez saisir par vos yeux ! vous croyez que vos yeux vont nécessairement, sans trouble, sans hésitation, sans incertitude, vous conduire à la vérité ! Insensés, insensés que vous êtes ! où donc avez-vous trouvé jamais cette infaillibilité de la vue qui vous donne tant de confiance? Tenez, voici deux artistes, ils sont en présence de la même nature, sous le même ciel, éclairés par le même soleil. La lumière se joue à travers les objets et y développe les mêmes couleurs. Ils regardent du même point de vue, ils regardent avec attention ; car cette nature, ils veulent la saisir dans tous les aspects, et ils veulent que leur toile redise avec sincérité ses formes variées, la lumière et les ombres, les couleurs, les nuances dans leurs caprices infinis. Dites-moi, est-ce que sous ces yeux également confiants dans leur force, jaloux de bien voir afin de bien imiter, les objets auront le même aspect, les mêmes formes, les mêmes apparences? les profondeurs, les surfaces, les mêmes accidents capricieux et

bizarres? Et les couleurs?... Il semble que sur leur ma-
gnificence il n'y ait pas d'erreur possible. Pas d'erreur
possible, grand Dieu ! Demandez à ces brillantes écoles
de peinture qui se partagent l'admiration du monde, ce
qu'il faut penser de tout cela, et demandez à leurs querelles savantes sur le dessin et le coloris, combien est
orgueilleux et insensé l'homme qui cherche la vérité et
la certitude dans l'infaillibilité de ses organes !

Et voilà qu'il existe, en matière de vérification d'écritures, des hommes qui ont la prétention d'être infailli-
bles sur ces choses, comme si, en effet, en nous donnant l'organe de la vue, Dieu ne nous avait donné un
instrument aussi sûr que peut l'être une vérité mathé-
matique. Quoi ! en face des mêmes objets, toujours les
impressions, toujours les sensations seront identiques,
et l'esprit pourra comparer sans craindre de se heurter
à l'erreur, sinon au mensonge ! Insensés, insensés !

Est-ce un argument que cette prétention-là ? Est-ce
un argument ? Est-ce quelque chose de sérieux ? Con-
sultez-vous, messieurs ! Que tout le monde se consulte
ici et se demande si, en effet, entre deux écritures, il est
possible de saisir certaines lignes d'une telle évidence
qu'on puisse dire, avec une unanimité et une outrecui-
dance que j'admire, mais dont je ne suis pas jaloux :
Oui, cette forme-là appartient bien certainement à la
main de telle personne ou de telle autre !

Oui, il y a là un argument, une raison grave, non
pas qui vous dispense d'examiner, mais une raison qui

vous dit : Examinez, oui, mais faites-le avec cette prudence, je dirai presque cette timidité d'esprit qui vous armera justement, légitimement, contre votre faillibilité même.

Cependant, me suis-je arrêté là ? N'ai-je pas été plus loin ? N'ai-je pas combattu les preuves matérielles présentées par l'adversaire ? Qu'il me parle de plusieurs experts qui auraient pu dire la même chose que lui, je lui répondrai comme à ce témoin dans l'affaire que j'ai citée : « Tous les experts du monde diraient cela, « que je n'y croirais pas, — à moins que les preuves « morales ne vinssent au moins fortifier ce qu'auraient « pu signaler les preuves matérielles. »

Ah ! oui, je l'avoue, et je mérite, à cet égard, toutes les critiques de mon adversaire ; oui, oui, j'attache à ces preuves morales une grande importance, bien plus grande que je n'accorderai jamais aux preuves matérielles ! — J'ai vécu toujours dans cette idée, et je ne suis pas près d'en changer.

Je crois fermement que les conseils de l'esprit, que les inspirations de la raison, fécondées par les inspirations d'une bonne conscience qui cherche la vérité et qui la veut, sont infiniment moins faillibles que ne peuvent l'être les données de nos organes, quels qu'ils soient. Oui, c'est là ma croyance. J'ai donc combattu les preuves matérielles de l'adversaire par les quelques observations que vous avez entendues et par les observations écrites que j'ai placées sous vos yeux. Le tribunal examinera et jugera. Mais les preuves *morales*, *les preuves morales*, c'est là que pour moi se place le débat, c'est là que je trouve le siége de la difficulté, la raison,—je ne dirai pas de douter en ma faveur,—mais la raison d'affirmer, la raison d'affirmer ce que j'affirme !

Vous avez voulu comparer vos preuves morales aux miennes, vous avez prétendu que j'aurais négligé les vôtres, et, sous ce prétexte, vous avez jugé convenâble, — c'était votre droit, — de les reprendre dans cette réplique.

Eh bien ! qu'avez-vous donc ajouté aux preuves morales que j'avais analysées et combattues à la dernière audience ? Il y en a une que vous avez mise en avant et que j'admets comme principe. Vous avez dit : « Si le prince Dolgoroukow est innocent, il ne mentira jamais. Or, ajoutez-vous, il a menti, et puisqu'il a menti, c'est qu'il se reconnaît coupable et qu'il voulait, par le mensonge, effacer sa culpabilité. »

J'accorde cela ; — mais il faut me prouver qu'il ment, qu'il ment sur des choses essentielles, et non pas sur des détails insignifiants ; qu'il ment sur ce qui fait précisément l'objet de notre procès, et non sur des faits qui n'y jouent aucun rôle digne d'attention.

Voilà ce qu'il faut démontrer. Eh bien, donc, en quoi ment-il? et quelles sont, en définitive, vos preuves morales, rétablies par vous devant le tribunal? Le prince Dolgoroukow a affirmé que le prince Woronzow avait sollicité des rectifications à sa généalogie ; — il a nié que des documents eussent été fournis. C'est un mensonge, cela ! Vous avez les lettres. Mais les lettres disent positivement ce que nous leur faisons dire.

La généalogie a été écrite. Vous l'avez connue d'une manière ou d'une autre. Vous vouliez la faire rectifier. Vous avez donné des documents présentés par vous comme authentiques. Ces documents, nous les avons vus, nous les avons lus, et nous avons répondu que nous ne les regardions pas comme authentiques et qu'ils ne changeaient pas notre opinion. Nous vous avons demandé d'autres documents qui nous paraissaient nécessaires.

Voilà ce que nous avons fait, voilà ce qui s'est passé entre nous. Que le mot *sollicitation* s'y trouve ou non, le fait y est, et c'est apparemment au fait que le tribunal s'attachera. Ainsi donc, sur ce premier détail, la vérité a été dite.

Un mot sur l'expression qui se trouve dans la lettre : *documents nécessaires* ou *documents supplémentaires*.

Vous n'aviez pas songé à ce bel argument-là dans votre première plaidoirie...

Mᵉ Mathieu. — Je vous en ai dit l'origine.

Mᵉ Marie. Vous n'y aviez pas songé, et vraiment je vous en sais bon gré, non pas pour moi, mais pour vous. Comment ! *documents nécessaires*, *documents supplémentaires*, cela signifie, dites-vous, en Russie : Donnez-moi de l'argent ! C'est là ce que vous entendez par documents supplémentaires !

Mᵉ MATHIEU. — Il ne faut pas donner à mes paroles une autre portée que celle que je leur ai donnée. Je n'ai pas dit : *en Russie*. J'ai dit : *dans un certain langage et dans un certain cas*. Il y a en France aussi un *argot*. Je n'avais pas dit le mot, je le dis. Ce langage-là n'est pas à l'usage des honnêtes gens.

Mᵉ MARIE. — Ah! *dans un certain langage et dans un certain cas*. Vous n'aviez pas trouvé cela d'abord, je le répète. Mais, en tout cas, ce langage-là, cet *argot*, selon votre expression, qui n'est pas à l'usage des honnêtes gens, le prince Woronzow ne l'aurait pas compris! Alors, pourquoi le lui aurait-on tenu?... C'est ridicule.

Maintenant on nous dit : Le prince Dolgoroukow ment quand il soutient que, en 1860, le maréchal Woronzow ne l'avait pas accusé, puisqu'il dit lui-même aussi, dans sa réfutation : *Il m'a fait l'injure de croire*, etc., etc.

Il ment? Lisez donc la lettre du prince Woronzow, non pas seulement le *post-scriptum*, la lettre tout entière dans laquelle il discute sur sa généalogie, comme on discute avec un honnête homme, comme on ne discute jamais avec un misérable qui veut vendre sa conscience. Lisez cette lettre, relisez-la; prenez vos impressions dans cette lettre qui a trois pages; corroborez-les, ces impressions, par le *post-scriptum*, dans lequel il est question du billet anonyme. Trouvez-moi une phrase, un mot, un mot, dans lequel, en effet, la pensée, la trace de l'émotion que le maréchal aurait pu ressentir d'une infâme proposition faite à son honneur, puisse se rencontrer! Montrez-les-moi, montrez-moi un mot, un mot! Absolument rien! Et ce qu'il y a de vrai, au contraire, ce que je relève, moi, comme une preuve morale des plus puissantes, c'est d'abord cette impression du maréchal qui ne laisse pas même apercevoir un soupçon contre le prince Dolgoroukow; c'est, d'un autre côté, le silence qu'il a gardé, lui, maréchal, le silence qu'a gardé sa famille, silence si bien en harmonie avec les impressions non hostiles qu'avait données le billet. Est-ce vrai, cela? Le niez-vous? Pouvez-vous le nier? N'êtes-vous pas condamné, dans ce procès, à démentir cet odieux anonyme qui est venu publier, lui, dans son article, que le billet avait été imprimé, autographié à des milliers d'exemplaires, et jeté dans le monde russe par vous, famille Woronzow? Niez-vous cela? Non. Donc, le silence est acquis.

Vous ne répondez rien à une preuve morale de cette nature, qui non-seulement tue la vôtre, mais qui, après l'avoir tuée, après l'avoir mise sous ses pieds, s'élève sur le néant de la preuve que vous aviez voulu fournir.

Silence éclatant pour moi, et qui vient donner un démenti solennel à l'accusation, la détruire! Vous n'avez rien dit; rien, quand vous avez reçu la proposition abominable, rien, quand la généalogie a été publiée; rien, quand on vous a refusé de vous rendre ce que vous appeliez une justice, ce que nous avons ap-

pelé une injustice ; rien, quand on vous a refusé la
rectification — rien, absolument rien !

Est-ce tout ? — Qu'avez-vous donc à répondre à cette
autre partie de l'argumentation qui vient contrôler la
première et la fortifier ? D'un côté, vous n'avez rien dit,
vous avez gardé un silence inexplicable, inexplicable
dans la situation où vous étiez placé. — D'un autre côté,
le prince Dolgoroukow, lui, a cherché auprès du ministre de la police à jeter la lumière sur ce fait entouré
de tant de ténèbres. Vous êtes-vous joint à lui ? Non.
L'avez-vous su ? Oui. Le déclarez-vous ? Oui. Pourquoi
le déclarez-vous ? Parce que vous savez à merveille
que si vous ne le déclariez pas, et bien plus que cela,
si vous veniez à le nier, vous trouveriez dans les enquêtes que vous sollicitez et qui seraient suivies de
contre-enquêtes, un démenti formel à votre dénégation.

Voilà ce que j'appelle des preuves morales accablantes pour votre accusation ! Voilà de ces preuves
que j'ai le droit d'invoquer et que j'invoque, moi, avec
une grande puissance, car elles sont exclusives de cette
accusation.

Mais j'ai mieux encore. Ah ! vous avez voulu tourner,
permettez-moi de vous le dire à mon tour, vous avez
voulu tourner en plaisanterie un argument que vous ne
pourrez pas même essayer de combattre, que vous ne
combattrez jamais assurément, qu'aucune intelligence
ne pourrait combattre ! Cet argument, le voici, permettez-moi de le rappeler encore. Comment ! ai-je dit,

19

voilà le prince Dolgoroukow qui, en effet, veut avoir 200,000 francs.

Mais avant tout il veut cacher son nom! il ne veut pas qu'une pareille proposition vienne de lui, ni de personne qui pourrait être considéré comme confident de ses désirs, et dont l'intervention pourrait, par conséquent, jeter sur son honneur un doute quelconque!... C'est pour cela qu'il imagine de falsifier un billet, de dissimuler son écriture... Et pourtant, ce billet dissimulé porte au pied, — car c'est absolument comme si c'était au pied du billet, — le cachet et les armes du prince Dolgoroukow!..... Ah! le voilà bien avancé d'avoir dissimulé son écriture, et c'était bien la peine, vraiment, puisqu'il était bien décidé à mettre au bas de son écriture dissimulée sa propre signature, — mieux que sa signature, son cachet, ses armes, c'est-à-dire l'honneur de sa famille, l'honneur de son nom ; oui, il dissimulait son écriture pour se dissimuler lui-même, et il prenait, par son cachet et par ses armes, tous ses ancêtres à témoin de son infamie et les rendait pour ainsi dire complices de ses sordides ambitions. Oui, c'est sous le sceau des armes qu'ils lui ont transmises, qu'il vient demander 200,000 francs en échange de sa conscience vendue!... Expliquez-moi cela, expliquez-moi cela d'une façon qui soit tolérable!

Vous en convenez, — il n'a jamais fait entendre au prince Woronzow une parole qui pût donner à celui-ci un doute sur son désintéressement. — Pudeur! dit-on ;

il n'aurait pas osé, en présence de cette grande statue, faire entendre une parole de ce genre. — Et il a écrit, directement, sans pudeur, au prince Woronzow, affichant un cynisme éhonté, signant de son cachet, de ses armes, de sa signature !

Ah ! comment expliquez-vous encore cette contradiction ? Car, enfin, voilà la cause, nous sommes là dans le vif de la question, dans ce que le fait a de plus saillant, de plus net, de plus saisissable, — et là précisément où le crime se commet, — car c'est un crime, — la main droite du criminel vient dire : Je le commets, ce crime, et afin que personne ne puisse en douter, je dis *c'est moi*, et je le dis de la manière du monde la plus éloquente, la plus éclatante, en le scellant de mon cachet et de mes armes !

Y a-t-il une réponse à cela ? y en a-t-il une possible ? En avez-vous tenté ? Non, vous n'en avez pas tenté, car je vous fais grâce du déplorable argument que vous avez mis en avant pour expliquer cette contradiction étrange, inexplicable, qui me faisait dire et me fera dire toujours, qu'il est imposible que cet homme ait commis un pareil acte.

J'avais aussi, messieurs, parlé de la situation du prince Dolgoroukow ; j'avais aussi parlé d'une circonstance qui avait bien aussi pour moi son importance, et à laquelle encore l'adversaire n'a pas touché ! Je ne lui avais pas seulement dit : Voici un écrit sur les grandes familles de Russie. On emprunte les documents à un livre officiel, le *Livre de velours*; je ne lui avais pas seulement dit cela,— c'était le commencement de l'argument, — il s'y attache; mais cet argument arrive au vif, il le fuit;— j'ai dit ceci, ne l'oubliez pas, messieurs : Voilà un livre qui va faire appel à la noblesse russe, sur lequel elle pourra fixer ses regards avec plus ou moins d'intérêt. Eh bien ! voyons ce qui va se passer. Examinons cela de près. Un tel livre, conçu comme il l'a été, sur le plan général qui avait été adopté et qui a été suivi, à travers beaucoup de travaux et d'efforts, par le prince Dolgoroukow, ce livre est important pour tout le monde. Eh bien! a-t-il attiré quelques réclamations? Oui, beaucoup. A-t-il donné lieu à quelques rectifications? Oui, beaucoup. Ces rectifications, quand elles étaient fondées, ont-elles été faites? Oui, et le quatrième volume contient soixante pages de rectifications, soixante pages, —et parmi les nobles Russes qui ont demandé et obtenu des rectifications, parce que les document qu'ils fournissaient étaient, en effet, des documents officiels et authentiques qui méritaient et appelaient nécessairement ces rectifications, il y en a un, le comte Schouvalow, lequel est le frère du gendre du maréchal Woronzow.

Mon argument était donc celui-ci, — et vous n'y touchez pas, à cet argument, parce qu'en effet vous ne pouvez pas y toucher : Voilà donc une famille, des familles intéressées... Et à cette occasion, messieurs, permettez-moi de vous dire qu'un livre de ce genre, —

si j'en crois une conversation que j'ai eue avec un grand personnage russe, — qu'un livre de ce genre était moins de nature peut-être à devenir la base d'une spéculation en Russie qu'en France. Il me disait, — comparant le caractère français avec le caractère russe, il me disait : « Voyez-vous, en Russie, nous sommes sous un gou- « vernement despotique, tout le monde le sait ; « nous sommes aussi sous l'empire d'une caste nobi- « liaire formidable, tout le monde le sait. Eh bien ! « cependant il y a, au fond du cœur de tous ceux-là « même qui se courbent sous le despotisme ou qui se « renferment avec fierté dans les grandes régions de « leur aristocratie, il y a au fond de leur cœur peut-être « plus de sentiments démocratiques, ou, au moins, « moins de vanités nobiliaires qu'il n'y en a chez vous. » Cela m'étonnait, je ne comprenais pas bien. Il me semblait qu'au contraire, dans ce pays de Russie, on devait attacher une très-grande importance aux titres, à la grandeur des origines, à l'ancienneté surtout des origines. Et puis, à mesure que la conversation s'avan- çait, j'ai compris, en effet, en étudiant les mœurs de notre pays, qu'il y avait, au fond de nos cœurs, à nous autres Français, une grande somme, une trop grande peut-être de prétentions vaniteuses ; que ceux-là qui, chez nous, crient contre la noblesse, sont peut-être ceux qui la désirent le plus ; je comprenais, en même temps qu'ici une spéculation sur la vanité pouvait avoir plus de succès qu'en Russie, où l'aristocratie date des temps les plus reculés, se mêle par son nom et ses alliances successives, aux puissances souveraines qui ont gouverné ce pays. — Eh bien! c'est un fait tellement acquis, c'est une richesse si bien fondée, que c'est à grand'peine si, en effet, on va consulter les livres de généalogie. Et on me disait : Tenez, en voici la preuve. En France, le *Livre de velours* aurait été réimprimé cent fois. — En Russie, jusqu'en 1856, il ne l'a pas été; on le laisse enfoui dans les archives du département héraldique.

Si cela est vrai, je dis avec plus de force encore que, au point de vue général, la conception du Livre des généalogies ne pouvait guère se baser sur une pensée de spéculation.

Mais enfin, en admettant qu'il y ait quelque erreur dans cette conversation ingénieuse, — je parle de la personne avec laquelle je causais, — qu'il y ait erreur ou non, voyons, y a-t-il eu une spéculation, une seule? Y a-t-il eu une accusation produite, une seule? Vous ne répondez pas à cela ! — Nous sommes en Russie ; — le procès existe depuis longtemps ; — mettez une réclamation à côté de la vôtre ! Vous avez jeté une insinuation dans le procès. Cette insinuation regardait le comte Pierre Schouvalow. Oui, le comte Schouvalow a demandé une rectification, et elle lui a été accordée ! L'a-t-il payée, cette rectification? A l'occasion de ce procès, oui, nous lui avons écrit ; non, il n'a pas répondu, et quand nous lui demandions l'attestation d'un fait aussi grave, d'un fait aussi important, — voyons, vous a-t-on demandé quelque chose, directement ou indirectement, pour cette vérification ? — Il n'a pas répondu. Sa qualité de frère du gendre du maréchal Woronzow n'était pas une raison, et il semble, en effet, messieurs, qu'en consultant sa conscience, son honneur, il aurait dû le faire, dût cette preuve venir à la décharge du prince Dolgoroukow dans l'accusation abominable soulevée contre lui. — La lettre lui est-elle parvenue? Oui, et pour qu'elle parvînt bien, M. le prince Dolgoroukow a pris la précaution de la faire charger ; j'en ai la preuve dans mes pièces. Elle est donc parvenue à son adresse. Il n'a pas répondu, parce qu'il n'a pas voulu, peut-être parce qu'il n'a pas *osé*; — j'admets cette faiblesse et je l'admets pour son honneur ; — car enfin il vaut mieux encore être timide qu'injuste, et surtout injuste dans de pareilles circonstances.

Avez-vous, vous, des preuves morales qui soient égales à celles-là ? Et quand vous accusez un homme d'avoir vendu sa conscience, et qu'il vient vous dire : Mais voyez donc ma vie, voyez-la dans toutes ses parties ; allez donc là, sur tout ce territoire russe, allez donc demander à mes amis, à mes ennemis ; consultez mes ennemis, oui, je les attends sur ce terrain-là; allez leur demander si en effet il y a un fait de spéculation qui puisse être reproché au prince Dolgoroukow,—non, non, vous n'en trouverez pas un, pas un !... Je retiens cela, vous le retiendrez : — il n'y a pas de preuve ma-

térielle qui puisse prévaloir contre de telles circonstances, contre de pareilles preuves morales.

J'ai invoqué aussi la situation du prince Dolgoroukow,
je l'invoque encore, je l'invoquerai toujours ; car ce ne
sont pas les quelques réponses que vous avez faites qui
pourront apparemment me faire reculer sur ce fait si
grave. Oui, j'invoque cette situation. Non pas que je
veuille encore remonter aux aïeux. Vous l'avez dit, et
je vous approuve en ce sens : laissons les aïeux de côté,
nous n'avons pas à nous occuper de leur histoire, — et
je m'en félicite, car j'éprouvais quelque répugnance à
me placer sur ce terrain. Occupons-nous des hommes,
seulement des hommes qui sont en présence ; voyons
s'ils méritent une égale confiance et si nous pourrons
les mettre en parallèle l'un avec l'autre.

Pas d'équivoque, s'il vous plaît. Il ne s'agit pas de
mettre en parallèle la situation sociale du prince Woronzow avec la situation sociale du prince Dolgoroukow.
Je sais que le maréchal Woronzow a eu le bonheur de
rendre de grands services à son pays, et qu'il en a été
magnifiquement récompensé par les hautes dignités qui
ont couronné sa vie. Les éloges qu'il reçoit ici d'un médecin français, je ne m'en étonne pas, — je ne m'en
étonne ni de la part de celui qui les donne, ni de la part
de celui qui les reçoit ; — car enfin, quand la guerre a
fait son œuvre et qu'on relève sur le champ de bataille
les soldats qu'elle a mutilés ou massacrés, il est bien juste
que le vainqueur relève à son tour toutes les victimes,

qu'il les entoure de quelques soins ! Je ne songe pas non
plus à discuter la sensibilité du prince Woronzow, sa
générosité sur le champ de bataille. C'est une vertu,
grâce à Dieu, assez commune. J'avoue aussi que le
prince Dolgoroukow n'a pas suivi la carrière des armes.
Je ne le compare donc pas avec lui comme guerrier, ni
comme diplomate ; je ne compare pas non plus les for-
tunes, et ne demande pas si le prince Dolgoroukow est,
comme les Woronzow, entouré de milliers de serfs !
Non, non, sous ce rapport-là, vous avez la supériorité.

Je les compare au point de vue de l'honneur, seulement à ce point de vue, et je vous demande ce que,
sous ce rapport, vous avez à reprocher au prince Dolgoroukow, et en quoi il devrait le céder au prince Woronzow ? Que lui reprochez-vous donc ? Je ne me paie
pas de mots, je trouve même qu'ils sont inconvenants
quand il s'agit de pareilles choses ! Vous avez jeté une
insinuation dans le débat : « Il a quitté la Russie en
1859. *Peut-être*, avez-vous dit, ne pouvait-il plus vivre
dans cette atmosphère ; *peut-être* le fait de 1856 avait-
il déjà fait trop de bruit ; *peut-être* ne se sentait-il plus
à l'aise sur le sol russe. »

Voilà vos *peut-être*, —voilà vos hypothèses..., et c'est
une preuve, cela, une preuve contre l'honneur d'un
homme ! et vous croyez que le tribunal s'en contentera,
et vous croyez qu'une autre conscience que celle de
M. Simon Woronzow peut s'en contenter ?... Montrez-
moi donc que cette atmosphère existe, que le fait de 1856

avait alors déjà fait bruit, que dans toute la noblesse russe, il n'était question que de ce fait, et que, dans l'atmosphère brûlante qui l'entourait, la respiration n'était plus possible pour le prince Dolgoroukow... Montrez-moi cela, non pas par des insinuations, non pas par des affirmations... Montrez-moi cela par des preuves. Je les attends, et ce que je trouve au fond de votre plaidoirie, au fond de la défense du prince Woronzow, c'est la calomnie sous couleur d'insinuations ; puis après, — la calomnie sous couleur d'affirmations. L'une vaut l'autre.

Ah ! vous demandez une enquête ; vous la sollicitez, à mains jointes, du tribunal ; vous voulez qu'elle ait lieu, et vous nous dites qu'alors on saurait ce qu'il faut penser du prince Dolgoroukow et de son livre de généalogie.

Vous voulez savoir ce qu'on en pense ? Le voici : Lorsque vous avez dit au prince Dolgoroukow qu'il était *gentilhomme de la chambre*, il a protesté, parce qu'en effet cela n'est pas vrai. Quand vous avez dit qu'après avoir publié son livre de généalogie, il avait soulevé beaucoup d'irritations et de colères, il ne vous a pas démenti parce que cela est, et qu'il le voit trop bien en voyant surgir contre lui, dans ce procès, tant d'inimitiés qui parlent et s'agitent contre lui.

Mais quand vous dites que ces colères sont dues à ses jugements injustes, partiaux, à des prétentions non satisfaites, quand vous dites cela, j'ai cette réponse décisive à vous faire : Après la publication du livre de gé-

néalogie, l'empereur Alexandre II a fait parvenr au
prince Dolgoroukow, par le ministre de l'instruction
publique, une bague ornée de diamants, témoignage de
sa gratitude pour une telle publication. Ce fait a été publié dans les journaux, vous le savez. Est-ce donc ainsi
que l'on punit le *chantage* en Russie?

Vous attendez votre enquête, afin de prouver des
faits qu'il vous est impossible, dites-vous, de prouver
maintenant, et vous ajoutez : J'ai des témoins, je puis
en citer, j'en cite un au moins, une grande dame, madame la comtesse Kisselew, femme de l'ambassadeur !
Quand madame la comtesse Kisselew se sera expliquée
sur ces faits, je saurai ce qu'elle a à dire et ce qu'elle
dit. Tout ce que je puis, moi, vous répondre à cet
égard, c'est que jusqu'à ces derniers temps le prince
Dolgoroukow a été fort bien accueilli chez elle, très-
bien accueilli, non pas comme on accueille un misérable
qui vend sa conscience, mais comme on accueille un honnête homme qui dit la vérité. Voilà ma réponse au
moins quant à présent : elle est plus éclatante que votre
objection.

Puis quand nous arriverons plus à fond, à ces enquêtes que vous sollicitez, et quand j'aurai à établir
d'une façon plus ferme encore, s'il est possible, les
preuves morales dont je m'empare contre vous, alors,
et à côté de la lettre du prince Gortchakow, à côté
d'une autre lettre que j'ai lue au tribunal, et qui sont
toutes les deux imprimées dans la plaidoirie que vous

avez maintenant entre les mains, j'aurai encore à faire
entendre d'autres témoins. Où les prendrai-je? Je ne les
prendrai pas dans les bas-fonds de la société, — je ne
les connais pas, moi, ces bas-fonds ; — je les prendrai
dans tous les milieux, sur toutes les hauteurs, soit parmi les grands seigneurs russes, soit parmi les diplo-
mates de tous les pays. Car cet homme, d'abord exilé,
exilé à quatre cents lieues de Pétersbourg, sur la route
de Sibérie, à la suite d'un livre qu'il avait publié, et
sous l'influence de familles mécontentes qui n'avaient
pas trouvé dans la publication de leur généalogie tout
ce qu'elles croyaient y rencontrer; — cet homme,
après cet exil, est revenu à Pétersbourg, où il a vécu
depuis 1852 jusqu'à 1856, et depuis 1856 jusqu'à 1859.
Et comment donc y a-t-il vécu? Toujours isolé, parce
qu'il n'aurait pas pu faire autrement? Non, non, toujours dans les salons de l'aristocratie, parce que, par
son esprit supérieur et par son caractère, il pouvait en
effet y être et il y était fort bien accueilli.

Je m'arrête et je vous le demande, messieurs, avais-
je raison de vous dire en terminant ma plaidoirie à la
dernière audience : Comparez, s'il vous plaît, les
preuves morales de l'adversaire et les miennes !...
Voyons tous les faits !... Depuis 1856, moment où ils
éclatent, jusqu'en 1860, examinez la conduite de chacun, — examinez si la conduite de Dolgoroukow est
celle d'un homme coupable, — si la conduite de Woronzow n'est pas la conduite d'un homme qui n'a ja-

mais cru à la culpabilité de celui que son fils accuse aujourd'hui. Voyez cela, suivez tous les faits, entrez dans tous les détails, approfondissez tout, et vous aurez la preuve que personne n'a cru jusqu'à ce jour à la culpabilité du prince Dolgoroukow, que personne n'a pu loyalement et sciemment y croire.

Non, ce que vous appelez vos preuves morales ne peut pas supporter l'examen ; — leur faiblesse ne peut pas aborder la puissance des miennes.

C'est pourtant là le procès, — c'est là le procès que nous avons véritablement à débattre, mon adversaire et moi. Il repose sur des preuves matérielles !... Je me suis expliqué, à cet égard, autant que possible, à l'audience. Il repose surtout et avant tout sur des preuves morales !... Je me suis aussi expliqué à l'égard de ces preuves.

Et puis, je reviens à ceci, qui est, pour moi, le résumé de tout le débat. De quoi ai-je à me préoccuper ? Je n'ai à me préoccuper, je le répète, que d'une chose: l'accusation est-elle vraie ou est-elle fausse? Si l'accusation est vraie, bien, condamnez, oh! certes, il l'aura bien mérité. Mais si l'accusation est fausse, non-seulement, messieurs, absolvez-le quand il se défend, mais absolvez-le même au point de vue de la défense qu'il a présentée et dans la forme qu'il lui a donnée, absolvez-le même quand il est violent. Car, s'il est permis à un homme d'être jamais violent, c'est quand il est attaqué avec la fureur qu'on a apportée dans cette affaire.

Il ne pouvait pas se défendre sans expliquer les faits. Il n'a pas dit que le prince Woronzow a fabriqué le billet ni même qu'il avait été fabriqué par son ordre. Il n'a dit qu'une chose, — répondant à l'auteur de l'article, qui lui disait : « On l'a colporté partout comme étant de « vous, et on vous a accusé partout d'avoir voulu « vendre votre conscience et d'avoir proposé cet abo- « minable marché dans un billet écrit et dissimulé par « vous, » — il a dit : « Ce n'est pas vrai ! » et il a ajouté, c'était son droit : « Si on l'a fait, on a colporté sciem- « ment un faux, et par là on s'est rendu complice « même d'un faux dont on ne serait pas coupable. »

C'est vrai, oui, voilà ce qu'il a dit. Pouvait-il le dire ? Oui. Qui donc ne l'aurait pas dit ? Ah ! j'aime bien, moi, à me mettre en scène, et j'avoue que, sous une pareille accusation, ma réponse non-seulement aurait été violente, mais j'aurais porté, dans le camp ennemi cette accusation jetée sur ma tête, si dans le camp en- nemi j'avais trouvé non pas le coupable, mais un com- plice profitant d'un faux quelconque pour tuer mon honneur !

Que m'importe que la famille Woronzow ait été ou non complice de l'article de ce Michenski, qui n'est pas un pseudonyme, dit-on, mais qu'on ne connaît pas pour- tant, et qui se cache ! — Vous avez raison : je n'ai pas plaidé qu'ils l'eussent suscité, je crois qu'il vient d'autre part, comme je l'ai dit au tribunal, et j'y persiste. — Il vient, — j'allais dire des hauteurs politiques ; — non, on ne peut pas ainsi parler des pareilles choses, mais de bas-fonds politiques. Voilà d'où il vient !

Mais vous, votre tort est d'affirmer ce que vous avez affirmé, — parce que vous n'en avez pas la preuve, — parce que vos preuves matérielles sont insignifiantes, — parce que vos preuves morales sont bien plus insignifiantes encore et qu'elles sont tuées par les miennes !

Vous êtes dans une position plus favorable, je l'entends bien. —Vous pouvez perdre votre procès sans que votre honneur en soit blessé. Pour le prince Dolgoroukow, — c'est une question d'honneur.

C'est grave, cela ! c'est de la plus haute gravité ! Et c'est précisément parce que c'est de la plus haute gravité qu'il faut des preuves claires comme le soleil, brillantes comme la plus brillante des lumières, — et vous n'en avez pas ! et vous êtes condamné, sur ce point-là, au silence !

J'ai donc prouvé ma thèse. — Vous n'avez pas prouvé la vôtre, — et dès lors vos conclusions doivent être écartées et les miennes admises.

OBSERVATIONS

POUR M. LE PRINCE

DOLGOROUKOW

SUR

LES ÉCRITURES COMPARÉES

PREMIÈRE OBSERVATION.

Avant de vérifier au point de vue de l'art, consultons l'impression première que nous donnera la vue du billet incriminé, comparé aux lettres du prince.

Cette impression est-elle une impression d'identité?

Les types sont sous les yeux du Tribunal, il suffit de regarder pour dire, à première vue, et sous le coup de la première impression : Non, ces types ne se ressemblent pas.

La *physionomie générale* des deux écrits, le *caractère des écritures*, la *forme* des lettres, sinon de toutes, au moins de presque toutes ; le *ton*, l'*aspect* des mots, des lignes, de l'ensemble ; tout conduit à cette affirmation si nette du maréchal au prince Dolgoroukow : « *Une*

20

écriture non signée d'une main qui me paraît différente de la vôtre. »

L'impression du maréchal, et cette impression n'est pas suspecte de partialité, est bien l'impression vraie, naturelle.

Nous regrettons de ne pas photographier ici les deux écritures, et de ne pas les mettre en face l'une de l'autre sous les yeux des magistrats. Notre opinion serait à l'instant justifiée.

Mais, encore une fois, les types sont dans leurs mains; qu'ils veuillent bien les regarder.

DEUXIÈME OBSERVATION.

Ce n'est pas non plus à la première vue, à la vue in-stinctive, ni aux **premières** impressions quelle peut donner, que s'attachent les adversaires; c'est à une vue *d'analyse* et *de détails*. C'est, selon eux, l'art, le rai-sonnement, qui doivent décider, c'est-à-dire l'esprit de système, et l'on sait ce que c'est que l'esprit de sys-tème en toutes choses, et surtout en matière de vérifi-cations d'écritures.

Eh bien! soit, prêtons-nous à cette méthode; mais que du moins le travail d'analyse porte, non pas seule-ment sur quelques détails isolés et infiniment petits, mais sur le corps général des écrits comparés, sur cha-cune des phrases, chacune des lignes, chacun des mots, chacune des lettres qui composent ces écrits.

Et puis, qu'on étudie les *dissemblances* aussi bien que les *ressemblances ;* car s'il se peut que les *dissemblances* ne soient telles que parce qu'elles seraient le résultat d'une dissimulation habile, il se pourrait aussi qu'elles fussent l'écriture naturelle du véritable auteur du billet.

Car, d'un autre côté, s'il se peut que les *ressemblances*, résultat d'un moment d'oubli, trahissent l'écriture naturelle de l'auteur du billet, il se pourrait aussi que ces *ressemblances* fussent dues à une imitation, à un calque, à une manœuvre perfide accomplie pour reporter sur le prince, dans l'espèce, la responsabilité qui ne lui appartient pas.

Évidemment toutes ces choses sont à considérer très-sérieusement.

TROISIÈME OBSERVATION.

LES DISSEMBLANCES.

Ces *dissemblances*, en a-t-on fait état? Non, ni dans le travail de M. Delarue, ni à l'audience dans la plaidoirie. La seule allusion à ce point si important du débat qu'on trouve dans les appréciations de M. Delarue, se résume en ceci : « En faisant la part, comme cela « doit être, de la différence d'inclinaison et de dévelop- « pement qui existe entre les lettres de l'écrit anonyme « et les lettres des deux missives signées, etc. » Quelle dérision !

Pourtant ces dissemblances sont fort nombreuses.

L'écrit anonyme se compose de dix lignes, — cinquante-trois mots, — deux cent trente-quatre lettres. (Il faut bien entrer dans ces détails, puisqu'on le veut.)

Or, nous l'avons déjà dit, vus dans leur ensemble, saisis dans leur physionomie générale, les écrits comparés ne se ressemblent pas ; « l'écrit non signé paraît être « d'une autre écriture que celle du prince Dolgorou- « kow. »

En est-il autrement, si l'on compare l'une des dix lignes, l'un des cinquante-trois mots ? Non ; et il faut bien qu'il en soit ainsi, puisque les adversaires n'ont pas cité une seule ligne, un seul mot qui eût une ressemblance tant soit peu saisissante.

Et sur les deux cent trente-quatre lettres ! à part les huit ou dix lettres et les trois syllabes sur lesquelles nous allons nous expliquer, on n'a pu que constater des dissemblances.

Objection. — Sans doute, il faut bien qu'il en soit ainsi, puisque l'auteur a dissimulé son écriture.

Réponse.—1° C'était ainsi que les experts raisonnaient dans l'affaire criminelle que nous avons rappelée lors des plaidoiries ; personne ne s'y est laissé prendre (voyez la plaidoirie) ;

2° On conviendra que le dissimulateur s'est presque toujours montré fort habile, et l'on s'étonne fort, en conséquence, qu'il ait manqué d'esprit précisément sur son nom (c'est là surtout que quelques ressemblances sont constatées), c'est-à-dire au moment même où son intention de bien dissimuler était le plus excitée et quand il avait tout le temps de réparer son oubli, s'il s'était laissé entraîner à un moment de distraction ;

3° L'auteur a dissimulé, dit-on ! mais c'est décider la question par la question, Où est le faux ? est-il dans la dissimulation ? est-il dans l'imitation de quelques lettres ou de quelques syllabes qui pouvaient être attribuées au prince ?

Si une main étrangère, dit-on, avait voulu imputer la proposition écrite au prince Dolgoroukow, elle se serait appliquée à falsifier le plus possible son écriture. Oui, cela eût été plus brutal, mais moins adroit ; car il est plus facile de falsifier quelques lettres que deux cents trente-quatre, de calquer un mot et surtout un nom que cinquante-trois mots, surtout quand il s'agit ensuite de les réunir en un corps d'écrit. D'ailleurs, quelques imitations étaient bien suffisantes quand le faussaire plaçait ses imitations sous le cachet et les armes du prince ;

4° *On parle de dissimulation* et d'une dissimulation portant sur 234 lettres ; mais c'est chose difficile que cela. La main constamment enchaînée sous l'empire d'une volonté frauduleuse trahira à chaque instant, par ses hésitations, la volonté qui la dirige. Sinon à chaque lettre, du moins à chaque mot, le *naturel reviendra au galop* : on le découvrira, on le saisira partout.

Or, si je ne me trompe, il semble que ce qui distingue

l'écriture du billet anonyme, c'est la hardiesse qui va jusqu'à l'emportement.

En tout cas, toutes les lettres de l'alphabet figurent plusieurs fois dans cet écrit. Or, presque toutes sont dissemblables, et rien, dans les dissemblances, ni un trait, ni un contour spécial, ne vient accuser l'écriture naturelle du prince.

Ma preuve, elle est dans les efforts mêmes des adversaires qui, après avoir bien regardé à la loupe, sont arrivés à quoi? à des infiniment petits que nous allons maintenant étudier avec eux.

QUATRIÈME OBSERVATION.

LES RESSEMBLANCES.

Quelles sont-elles! Nombrons-les d'abord.

Je les emprunte au travail de M. Delarue et à la plaidoirie de Me Mathieu.

1° Ressemblances de lettres :

Majuscules A du mot *Altesse.*
>> *D* du mot *Dolgoroukow.*
>> *P* du mot *Prince.*
>> *W* du mot *Woronzow.*

Minuscules d des mots *de, cadeau, perdre.*
>> *p* des mots *point, temps, perdre.*

Minuscules rr du mot *Pierre.*

      s des mots *Altesse, sa, suivant.*

      t des mots *telle, temps.*

2° Ressemblances de syllabes dans les mots *dol*, *go*, *rou.*

Ainsi donc, neuf lettres majuscules ou minuscules, trois syllabes, plus le mot *généalogie*, dont a parlé M⁰ Mathieu seul, voilà toutes les ressemblances que nous ayons à expliquer.

Or plusieurs questions surgissent :

1° Existent-elles?

2° Sont-elles un oubli échappé à la main du prince Dolgoroukow?

3° Sont-elles, au contraire, une imitation, un calque fait par une main ennemie?

PREMIÈRE QUESTION : *Les ressemblances existent-elles?*

Observation préliminaire. — Dans les nombreux exemples et surtout dans l'exemple si capital que nous avons cité à l'audience, que de ressemblances de ce genre avaient été constatées et affirmées, et pourtant combien l'erreur de ces affirmations était profonde!

Mais passons.

Maintenant abordons les détails.

Pour prouver ces ressemblances on compare :

1° La majuscule *A* du mot *Altesse* (écrit anonyme) avec la même majuscule de trois mots *Altesse* écrits dans deux lettres émanées du prince Dolgoroukow.

Réponse. — I. Dans l'écrit anonyme la majuscule *A* est très-hardiment jetée, et rien n'y révèle une intention de dissimulation. — Il s'en faut de beaucoup que, dans les écritures de comparaison, elle ait cette hardiesse.

II. Dans l'écrit anonyme, le second jambage est *bouclé*, et ce *bouclé* commence la liaison avec la lettre *l* ; dans les écritures de comparaison il n'y a pas de *bouclé*, mais un trait anguleux comme on peut le voir dans les *t*.

III. Que si l'on examine l'ensemble du mot, on remarque qu'il n'a pas la même physionomie générale ; mais on y remarque surtout la forme du *t*, qui, bien que écrit sans hésitation, n'a pas la forme qu'il affecte dans les écritures de comparaison, où il porte invariablement un trait faisant angle avec la branche principale de la lettre. Est-ce une dissimulation? Pourquoi, alors n'aurait-il pas dissimulé avec un égal soin le bouclé de l'*A* et le bouclé des *ss*.

2° La majuscule *D* du mot *Dolgoroukow* (anonyme) avec la même majuscule de l'une des signatures du prince.

Réponse. — I. Examinez de près, et toute ressemblance concluante va disparaître.

II. D'abord n'est-il pas vrai que tous les *D* majuscules sont jetés sur le papier avec la forme générale qu'ils ont ici.

III. Certainement, quoique la forme générale se ressemble, on trouve aussi des différences caractéristiques.

Or, précisément on les retrouve ici.

Ainsi voyez le *D* (anonyme), le premier trait très-roide, très-accentué, très-incliné de droite à gauche, se replie à la base pour former le dos de la lettre, puis, ce dos formé, il coupe le trait et se termine en ovale assez ouvert.

Comparez dans l'écriture ou plutôt dans les écritures de comparaison : 1° dans ces écritures ils ne se ressemblent pas ; 2° avec l'écriture anonyme ils se ressemblent encore moins, Le premier trait est timide, — il se recourbe comme toujours pour former le dos, puis passe sur le trait pour se terminer par un ovale analogue, mais non semblable.

Or, qu'est-ce que cette analogie quand on songe que tous les *D* majuscules se ressemblent presque toujours, surtout par cette forme ?

Consultez des écritures diverses, — écrivez vous-même, et la preuve de ce fait sortira éclatante.

3° La majuscule *P* des mots *Prince* (anonyme) avec même majuscule du mot *Prince* trouvé à la vingtième ligne d'une lettre (A) du prince Dolgoroukow.

On fait remarquer que cette lettre *P* est suivie dans le mot du billet anonyme, comme dans le même mot de l'écriture de comparaison, d'une *minuscule r* sans tête.

Réponse. — I. Je remarque dans l'écriture anonyme deux *P* majuscules, quatre dans les écritures de comparaison. Il n'y en a pas deux qui se ressemblent.

Voyez notamment dans ces derniers les quatre *P* de la signature *Prince Pierre*. Comparez! Où donc est l'écriture naturelle, où l'écriture dissimulée?

II. Me Mathieu a constaté lui-même la différence *d'allongement* ; mais c'est caractéristique cela!

III. Cette différence constatée, où donc est la ressemblance? Les *P* sont, dit-on, enchaînés de même.

Cela n'est pas exact; — dans l'écrit anonyme cet enchaînement représente la forme incorrecte d'une *M* ou d'une *N*.

Cherchez cette forme dans les quatre *P* de l'écriture de comparaison, vous n'y trouverez rien *même d'analogue*.

IV. Il y a aussi un grand nombre de *p* minuscules ; examinez encore et comparez! Les adversaires n'ont pas même osé aborder ce détail.

V. Les minuscules *rr* du mot *Pierre* se ressemblent, dit-on encore; elles se confondent, et en se confondant elles forment une *n*.

C'est la seule ressemblance qu'on puisse en effet constater. Seulement il faut remarquer encore :

1° Que dans les écritures rapides et vives cette confusion est une chose normale, et non pas un accident qui soit particulier à l'écriture du prince. 2° Qui n'a pas vu, sous sa plume, une telle confusion? Il n'y a guère que des héros de calligraphie qui puissent se vanter de n'avoir jamais commis de telles fautes! 3° Et puis concevez-vous que, s'il eût voulu dissimuler son écriture, l'auteur se serait oublié précisément sur un tel détail et sur son nom?

4° La majuscule *W* du nom *Woronzow* (anonyme) est la même au nom *Wilbad* (comparaison B).

Réponse. — I. Je dis que dix-neuf personnes sur vingt qui écriront le double *W*, traceront une forme identique, ou du moins très-analogue.

II. Pourquoi comparer au mot Wilbad plutôt qu'aux autres mots *Weliaminow*, *Woronzow*, qui se trouvent dans les écritures de comparaison? C'est parce que tous ces *W* ne se ressemblent pas assez bien, et que l'on veut absolument une ressemblance.

Pourquoi ce parti pris?

5° La minuscule *d* des mots *de*, *cadeau*, *perdre* (anonyme), avec la même des mots *de*, *dedans*, *découvrir* (comparaison A) et des mots *dans*, *du* (comparaison B).

Réponse. — I. Les *d* des mots *de*, *cadeau*, *perdre* (anonyme), ne me paraissent pas se ressembler beaucoup d'abord, pas plus qu'ils ne se ressemblent, au reste, dans les mots *dans*, *désirs*, etc.

II. Et je dis, sans hésitation, la même chose pour tous les *d* des écritures de comparaison, dont la forme est variable comme le caprice.

Nous ne pouvons, sur ces minuties, que renvoyer aux pièces.

6° La minuscule *p* aux mots *point*, *temps*, *perdu* (anonyme) est la même aux mots *preuves*, *presse* (comparaison A), et aux mots *publierez*, *protestation* (comparaison B).

Réponse. — Nous nous en référons à l'observation précédente.

7° La *minuscule s* des mots *Altesse, sa, suivant* (anonyme), avec la même des mots *se, professe, Altesse, sais* (comparaison **A**), et des mots *stupéfait, lisant, osé, se* (comparaison **B**).

Réponse :

I. Que remarque-t-on dans toutes ces lettres? non pas assurément qu'elles soient jetées de même, et que la physionomie, ou plutôt la pose en soit identique ; cela n'est pas vrai.

II. Mais elles ont toutes un trait *bouclé* à la base, c'est vrai.

Eh bien! nous soumettrons au tribunal des lettres sorties de mains russes étrangères au prince ; qu'on les examine, et l'on verra que, dans ces lettres aussi, les *s*, sauf la forme de la pose, ont fort souvent un trait ou bouclé à la base.

Est-ce à dire que ces écrivains soient auteurs du billet dissimulé?

8° La minuscule *t* des mots *telle, temps* (anonyme), avec la même des mots, *Altesse, toutes* (comparaison A), et des mots , *tour, dites, protestation* (comparaison B).

Réponse :

I. Les observations précédentes s'appliquent ici.

II. Nous ajoutons que nous remettrons au tribunal

les lettres du maréchal Woronzow écrites en 1856 par son secrétaire.

Or, le tribunal remarquera que dans ces lettres, tous ou presque tous les *t* portent, comme ceux du prince, comme ceux du billet anonyme, un *bouclé,* ou *trait anguleux.*

Qu'en conclure ?

9° Les syllabes *dol, go, rou* du mot *Dolgorouky* (anonyme) avec les mêmes syllabes du mot *Dolgoroukow* (comparaison A).

Réponse. — I. La lettre *o* de *Dol* dans la signature de comparaison, ne ressemble en aucune façon à la lettre *o* de *dol* de l'écrit anonyme : il suffit de regarder.

II. Dans la syllabe *or* de l'écrit anonyme, l'*o* et l'*r* se confondent. On aperçoit, il est vrai, une confusion analogue dans l'écriture de comparaison.

Mais regardez la même syllabe dans la signature de comparaison B ; l'*r* se distingue, au contraire, parfaitement de l'*o*.

Pourquoi n'avoir pas dit cela ?

Singulière manie! On pouvait toujours accuser, soit que la confusion existât ou n'existât pas ; il suffisait seulement d'émettre ou de rejeter, selon le besoin de l'accusation, telle ou telle écriture de comparaison !

III. Quant à la syllabe *ou,* la ressemblance nous échappe complétement.

IV. Nous venons de parler de dissemblance, et nous nous demanderons encore, à ce propos, pourquoi les adversaires n'ont pas fait remarquer que l'écrit anonyme écrivait *Woronzoff*, par la finale double *ff*. *Dolgorouky* par la finale *ky*, tandis que dans ses habitudes constantes, le prince écrit toujours *Woronzow* par un double *w*, *Dolgoroukow* par un double *w*.

Cela est pourtant bien remarquable.

Dissimulation, dit-on ! Alors pourquoi aurait-il laissé échapper une ressemblance quelconque dans les syllabes *Dol, go, rou*?

Nous en avons fini avec M. Delarue. Prendrons-nous le mot *généalogie* de Mᵉ Mathieu ?

I. Ici les ressemblances sont purement imaginaires.

II. Mais, en revanche, nous pourrions faire des rapprochements plus curieux.

Ainsi, qu'on prenne les lettres du secrétaire du maréchal et notamment la copie qu'il a écrite du billet anonyme.

Comparez les lettres *a, g, e, l,* du mot *généalogie* du billet, et voyez si la ressemblance n'est pas plus frappante.

Qu'y a-t-il à conclure contre le secrétaire ? Rien.

Rien, si ce n'est, comme on l'a dit si souvent, qu'avec deux mots de l'écriture d'un homme on peut le faire pendre.

Heureusement la justice a les yeux ouverts sur toutes ces habiletés et ne s'y laisse pas prendre. En cela elle est de l'avis de Denizart et de tous les jurisconsultes qui ont écrit ou parlé sur la valeur des vérifications d'écritures. Marie.

RÉPLIQUE DE Me CHAUDEY

MESSIEURS,

Je dois tenir à ce que rien ne soit altéré ni exagéré dans ce que j'ai pu dire pour le *Courrier*, relativement à la personnalité de Michenski. Cette personnalité n'a pas dans le procès l'importance qu'on a voulu lui donner. Michenski n'est point un pseudonyme, c'est un nom porté par une personne réelle, de nationalité polonaise, je crois, et qui était à Paris l'année dernière, au moment de la publication de l'article sur le livre du prince Dolgoroukow. Michenski avait été signalé au *Courrier* comme sachant bien ce dont il parlait, et en particulier comme très-instruit des choses de la Russie. Après avoir été de sa part l'objet de la déloyauté que j'ai expliquée au tribunal, dans l'article relatif à la *Vérité sur la Russie*, le *Courrier* a rompu avec lui toutes relations, et nous ne savons pas ce qu'il est devenu depuis. Je n'ai rien à en dire de plus.

Mais je dois déclarer qu'en recherchant par quels motifs il avait pu être amené à glisser dans son article l'anecdote anonyme qui a donné lieu à la réponse du prince Dolgoroukow et par suite au procès actuel, je n'ai nullement entendu insinuer qu'il avait pu être en cela l'instrument de la famille Woronzow. Il m'a semblé difficile d'expliquer la perfidie de l'anecdote autrement que par des motifs politiques et par des intentions qui pourraient paraître favorables au gouvernement russe de toute l'hostilité cachée qu'elles contenaient contre le prince Dolgoroukow. Mais de là à prétendre qu'il ait existé entre Michenski et la famille Woronzow, au sujet de l'article, une relation quelconque, il y a loin, et je ne dois pas laisser entendre que je l'ai prétendu. Je persiste à penser que l'anecdote a dû être très-agréable au gouvernement russe et aux amis de la politique russe, mais je ne veux pas qu'on me fasse dépasser cette appréciation. Je ne suis pas fondé à parler plus explicitement ; je ne puis avoir là-dessus que des impressions, je les ai livrées au tribunal, mais je ne saurais en faire la base d'une articulation formelle.

Quant à ce qui a été dit par l'avocat du prince Woronzow, de l'imprudence qu'il y avait eu, de la part du *Courrier*, à laisser mettre en cause le nom de

Woronzow dans la lettre du prince Dolgoroukow, je
dois faire observer que, du moment où la loyauté nous
paraissait commander d'admettre la défense du prince
Dolgoroukow, il était impossible que cette défense
n'amenât point en cause le nom de Woronzow, puisque
ce nom faisait le fond de l'anecdote à réfuter. C'était un
débat qui s'ouvrait et qui nous semblait devoir rester
sur le terrain d'une discussion publique, mais non judiciaire. Je suis autorisé à constater de nouveau, d'après
ce qui vient d'être répété par l'avocat du prince Woronzow, que le véritable objet de ce procès n'est point
d'arriver à la réparation civile du fait de publicité qui
nous est reproché, mais bien d'arriver par là à une
décision du tribunal sur le fond de la querelle qui existe
entre les deux parties. Encore une fois nous ne sommes
ici que comme un expédient de procédure, pour faciliter
la solution, à Paris, d'un débat que, sans notre présence,
le prince Dolgoroukow pourrait décliner, et auquel pourtant nous sommes complétement étrangers. La vraie
question de l'affaire se discute au-dessus de notre tête,
et il me semblerait un peu dur, je le répète, que nous
eussions à payer les frais d'une guerre qui ne nous regarde point.

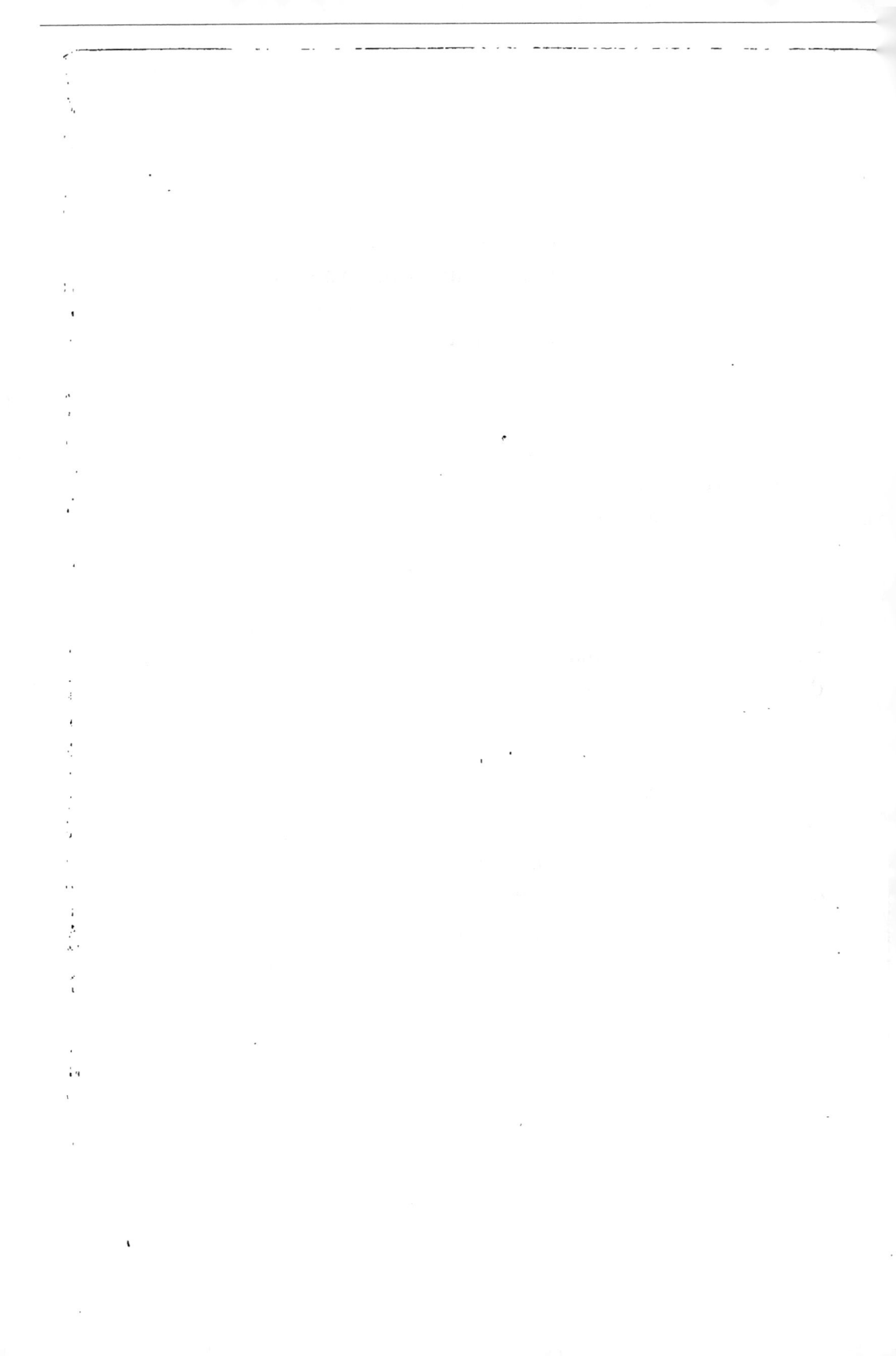

RÉQUISITOIRE

DU

MINISTÈRE PUBLIC

—

CONCLUSIONS

DE

M. SÉVÉRIEN DUMAS

Substitut du Procureu Impérial.

———

Une question d'honneur s'agite devant vous, messieurs, et les honorables défenseurs de la cause vous ont dit, dans un admirable langage, combien elle est difficile, délicate, grave surtout.

Question d'honneur, en effet, pour la mémoire du feld-maréchal prince Michel Woronzow, dont la longue et brillante carrière avait été entourée du respect et de l'admiration de ses contemporains, et qui, tout à coup, pendant qu'il dort dans la tombe, est signalé, à la face de l'Europe, comme ayant déshonoré son nom et sa vie! Il aurait tenté de perdre l'honneur d'un noble écrivain, d'un historien consciencieux qui refusait de consacrer dans son ouvrage une généalogie mensongère! Et la vanité nobiliaire, l'orgueil de race, trompés, froissés par ce refus, auraient placé dans sa main la plume du faussaire!

Question d'honneur pour le prince Simon Woronzow, fils de l'illustre maréchal, l'unique héritier de son nom et de sa gloire, et dont la cause est solidaire de celle de son père!

Question d'honneur, enfin, pour le prince Pierre Dolgoroukow, qui, mentant aux traditions de la plus antique famille, aurait, dans un écrit indigne, proposé de vendre à prix d'argent sa conscience et l'honneur de ses ancêtres!

Sans doute, messieurs, des demandes en dommages-intérêts sont aussi portées devant vous; mais les parties n'insistent pas à cet égard, elles n'en fixent pas même le chiffre. Elles craindraient d'amoindrir, de rapetisser le débat, de le faire descendre des hauteurs où elles l'ont placé.

Il faut bien le dire, tout intérêt pécuniaire est absent de ce procès. Le prince Simon Woronzow et le prince Dolgoroukow recherchent et poursuivent une de ces satisfactions d'honneur, placées bien au-dessus de tous les biens matériels, de tous les avantages humains : *Magis contumeliæ, quam pecuniæ persecutionem habent* (1). La demande en dommages n'est

(1) Cujas.

donc qu'une voie suivie pour arriver jusqu'à votre justice, un moyen pour que votre juridiction puisse connaître de ce débat. C'est comme un autre jugement de Dieu, que les parties font dépendre de votre justice !

J'en ai déjà dit assez pour faire comprendre ce qui ressort d'ailleurs des conclusions prises par les parties, à savoir : que le procès est double et qu'à côté de la demande formée par le prince Simon Woronzow, se place une autre demande formée par le prince Dolgoroukow. Ce fait est important à rappeler ; les conséquences s'en manifesteront bientôt.

Le prince Simon Woronzow dirige contre le prince Dolgoroukow et contre le journal le *Courrier du Dimanche* une demande en dommages-intérêts pour obtenir la réparation du préjudice occasionné par la publication d'un article inséré dans ce journal, sous la date du 6 mai 1860, et qui contient des outrages infligés à la mémoire de son père.

Le prince Pierre Dolgoroukow dirige, à son tour, contre le prince Woronzow une demande reconventionnelle en dommages-intérêts pour obtenir la réparation du préjudice à lui occasionné, soit par la publication de l'article du *Courrier du Dimanche*, en date du 29 avril 1860, signé Michenski, soit par les conclusions signifiées au procès au nom du prince Simon Woronzow.

La première action est simple ; à l'heure où nous

sommes elle se résout en une affirmation, plutôt qu'elle
ne se formule en une discussion. — Il s'agit de savoir
si l'article du 6 mai contient des imputations de nature
à nuire à la mémoire du prince Michel Woronzow.
Il faut de plus que le prince Simon Woronzow, demandeur au procès, prouve que c'est d'une manière
illicite, sans droit, que Pierre Dolgoroukow a publié
dans le journal les imputations calomnieuses qui font
l'objet de sa poursuite.

Oui, les faits signalés dans cet article sont, mani-
festement et au plus haut degré, diffamatoires et ou-
trageants pour la mémoire du prince Michel Woronzow. Lisons, en effet, messieurs, les passages les plus
saillants :

« L'article de M. Michenski, dit le prince Dolgoroukow, contient une assertion attentatoire à mon
honneur, une assertion qui prend sa source dans la
calomnie la plus infâme et le faux le plus audacieux
qui aient jamais pu être commis, même en Russie, où
l'impunité est assurée aux personnages haut placés et
à leur entourage. Voici le récit exact de cette odieuse
et ténébreuse affaire.........................

« ... L'on peut juger de ma stupéfaction et de mon
indignation, en recevant du maréchal une lettre où
il me faisait l'injure de m'écrire comme si, dans la
lettre que je lui avais adressée, il avait trouvé un billet
d'une écriture différente de la mienne, où on lui proposait de m'envoyer 50,000 roubles. Indigné, je ré-

pondis au maréchal par une lettre peu polie, où j'exigeai que l'original du billet en question fût produit. Mon projet était de provoquer une enquête judiciaire, et ne pouvant croire qu'un vieux guerrier pût manquer à ce devoir de loyauté, j'attendis en vain une réponse pendant plusieurs semaines. Dans l'état d'anarchie où se trouvent les tribunaux en Russie, la procédure n'étant chez nous qu'une fusion de l'arbitraire et de la versatilité, je savais bien que toute plainte portée contre un homme puissant à la cour aboutirait infailliblement à une fin de non-recevoir. Il ne me restait qu'à m'adresser à l'équité du gouvernement, et c'est ce que je fis sans aucun succès.

« Je revins à Saint-Pétersbourg ; j'allai voir le ministre de la police, le prince Basile Dolgoroukow ; je lui montrai la lettre du maréchal, je le priai d'en parler à l'Empereur, et je demandai une enquête sévère. Le prince Basile me répondit que l'on ne pouvait procéder à une enquête, dans une affaire où se trouvait impliqué un chevalier de Saint-André, un maréchal. Je lui demandai s'il existait, pour les maréchaux et les chevaliers de Saint-André, un privilége d'impunité pour des faits qui, chez les simples particuliers, constituent un crime de *faux*........................

« Je ne veux point troubler la cendre d'un mort, mais je dois dire que cet épisode projette une triste lueur honteuse sur l'administration russe et vient complétement à l'appui de ce que je dis dans mon livre.

En Russie, quand on a affaire à un homme puissant en cour, il n'y a plus ni justice ni équité. Voilà un *faux* évident qui vient d'être commis, et le ministre de la police, un homme personnellement intègre, mais imbu des funestes traditions du despotisme asiatique, se refuse à toute enquête, par la raison qu'un chevalier de Saint-André, un maréchal, y serait impliqué! L'on se croirait au fin fond de l'Asie ! »

Cet article est-il diffamatoire? Sur ce premier point, la discussion est inutile.

Nous ne sommes pas encore, messieurs, sur le terrain des difficultés. Bientôt elles solliciteront votre examen.

Mais est-ce sans droit que l'article a été publié? Le fait de cette publication est-il illicite?

Dans le système du prince Pierre Dolgoroukow, le prince Simon Woronzow se serait caché sous le pseudonyme Michenski et aurait ainsi fait publier lui-même l'article du 29 avril, lequel aurait provoqué la réponse du 6 mai, de telle sorte que cette réponse ne serait, de la part du prince Dolgoroukow, que l'exercice du droit de légitime défense.

Ce système tombe de lui-même. Michenski n'est pas au procès et on n'essaye pas d'établir qu'il ait été l'instrument du prince Simon Woronzow. Il est, d'ailleurs prouvé, de la manière la plus positive, qu'aucun lien, aucun rapport n'existent entre le prince et le signataire de l'article du 29 avril.

Je ne m'arrête pas davantage, messieurs, à la première action et je dis : La double preuve est rapportée ; le fait dommageable, attentatoire à l'honneur du prince Woronzow, ce fait est certain, et c'est injustement, sans droit aucun, qu'il s'est produit.

Le tribunal, en conséquence, prononcera contre le prince Pierre Dolgoroukow les dommages-intérêts réclamés par le prince Simon Woronzow.

Un mot sur la situation du *Courrier du Dimanche*. Son rôle est effacé dans l'affaire, mais il n'en est pas moins important au point de vue de la responsabilité. Le journal a été l'instrument du préjudice. L'a-t-il occasionné sans droit ? On ne saurait le nier. La légèreté, l'imprudence de cet organe de publicité sont manifestes. Il a d'abord accepté, sans aucun contrôle, l'article Michenski, qui porte atteinte à l'honneur du prince Dolgoroukow. Il a ensuite accueilli, sans plus de scrupule, l'article du prince Dolgoroukow attentatoire à la mémoire du maréchal Woronzow.

Donc, pas de défense possible pour le journal. Les avocats des deux nobles étrangers en présence s'accordent, dans leur loyauté, pour blâmer et flétrir, de toute la force de leur âme, un tel oubli des devoirs du journalisme. L'entrefilet signé *J. Laurent, secrétaire de la rédaction*, et qui déclare formellement que le journal aurait pu se refuser à la publication demandée par le prince Dolgoroukow, prouve bien toute l'étendue de la faute commise, et les explications fournies à l'audience n'ont en rien modifié la situation. Je n'insiste pas davantage, et je laisse le *Courrier du Dimanche* sous le coup du blâme sévère qui lui a déjà été infligé.

C'en est assez sur la demande principale. Elle est fondée, et vous l'accueillerez dans votre justice, en allouant au prince Simon Woronzow les dommages-intérêts qu'il réclame.

Reste la demande reconventionnelle; c'est autour d'elle que se groupent les graves difficultés auxquelles j'ai fait allusion; cette action s'est-elle évanouie? A la vérité,. il n'en a pas été dit un mot au procès. Le prince Dolgoroukow, après avoir posé ses conclusions, ne dit pas un mot pour soutenir sa demande; il n'apporte devant le tribunal aucune justification. Sa demande n'en subsiste pas moins; c'est important à noter. Le prince Simon Woronzow persiste, en effet, à imputer à son adversaire d'avoir proposé au maréchal, son père, un marché honteux. Sa plaidoirie tout entière est le développement de cette accusation. Or, c'est là, à coup sûr, un fait essentiellement préjudiciable au prince Dolgoroukow et attentatoire à son honneur. Les termes employés dans l'article signé Michenski et reproduits dans les conclusions sont cruels : c'est une tentative de honteux chantage dont on inflige le poids à un écrivain qui, lui aussi, est couronné du titre de prince. Certes, le caractère dommageable du fait ne saurait être contesté.

Mais est-ce bien sans droit et d'une manière illicite qu'une semblable imputation est adressée au prince Dolgoroukow? ou bien, au contraire, le prince Simon Woronzow a-t-il eu, a-t-il encore le droit de la lui adresser? Là, messieurs, est tout le procès. Si c'est sans droit que le prince Simon Woronzow a agi, vous devez le condamner aux dommages-intérêts demandés contre lui; s'il est diffamateur, pas d'excuse pour lui, en présence du tort immense causé au prince Dolgoroukow. S'il ne prouve pas la vérité des imputations produites, vous devez le frapper dans votre justice.

Mais si le prince Simon Woronzow faisait cette preuve, oh! alors, il faudrait déclarer que, placé en état de légitime défense, il a pu, il a dû signaler le honteux chantage tenté par le prince Dolgoroukow. Faire respecter la mémoire de son père est un devoir sacré, et celui-là est un lâche qui déserte l'accomplissement d'un pareil devoir. De là, nécessité pour le tribunal de résoudre ce terrible problème de l'origine du billet anonyme au moyen duquel le chantage aurait été proposé. Il n'y a pas de faux-fuyants possibles; non-seulement ils seraient indignes du tribunal, mais ils constitueraient un déni de justice. C'est une nécessité rigoureuse, inexorable, à laquelle nous ne saurions nous soustraire, messieurs, quelque pénible qu'elle soit; car la conscience du magistrat est ici engagée. Ah! je comprends votre trouble et votre

anxiété! Je les comprends, moi qui les ai si cruellement éprouvés! Mais aujourd'hui plus de troubles
pour moi, le calme de ma conscience s'est rétabli, la
lumière s'est faite, la vérité m'est apparue! Ah! j'en
remercie Dieu! car c'est le prix de mes efforts, la rançon et la récompense des angoisses qui ont si longtemps torturé mon âme.

Quelle est ma tâche, messieurs? c'est de porter,
autant qu'il est en moi, la lumière dans ce débat, de
vous offrir la vérité, telle du moins qu'elle m'est
apparue, et si c'est elle, en effet, vous saurez bien la
reconnaître.

J'aborde donc l'examen de cette grave question.
Quel est donc l'auteur de l'écrit anonyme? — Trois
hypothèses se présentent : ou c'est le maréchal
Woronzow lui-même, ou c'est une main étrangère,
vénale ou ennemie, ou enfin c'est le prince Dolgoroukow, Le cercle est fatal, on ne peut en sortir; il
n'y a pas une quatrième hypothèse possible...

Avant d'entrer dans la discussion de la première
hypothèse, une remarque importante trouve ici sa
place; elle se tire de la comparaison des attitudes et
du langage des parties.

Le prince Simon Woronzow est invariable, lui,
est invariable dans son attitude et dans son langage;
il n'a jamais changé. Il voulait se taire; on l'a forcé
de parler par la nécessité la plus sacrée. Il voulait
imiter la réserve et la magnanimité de son noble

père, par respect pour sa mémoire vénérée ; c'est par respect pour cette mémoire qu'il vient remplir un devoir de piété filiale et porter contre le prince Dolgoroukow les graves accusations que vous savez.

Du côté du prince Dolgoroukow, rien de semblable ; il a eu successivement trois attitudes, trois langages différents. — Premier langage : celui de l'article du *Courrier du Dimanche*; l'écrit anonyme est l'œuvre d'un faussaire, et le faussaire n'est autre que le maréchal prince Woronzow. — Second langage, celui des conclusions signifiées : ce n'est plus le maréchal Woronzow qu'on incrimine ; une main vénale aurait tracé le billet anonyme. — Enfin, troisième langage, il se retrouve dans la plaidoirie : c'est une main ennemie qui, pour perdre le prince Dolgoroukow, n'a pas reculé devant la plus infâme machination.

Telles sont les attitudes prises successivement par le prince Pierre Dolgoroukow.

Ne pourrait-on pas pressentir déjà de quel côté est la vérité?... Mais éloignons ces premiers indices, messieurs ; ils pourraient peut-être égarer nos consciences. Plus le débat est grave, plus il convient de se montrer difficile sur les preuves ; écartons les simples préventions, écartons-les.

Première hypothèse : l'auteur du billet, c'est le maréchal Woronzow. Ah ! je sais bien que devant le tribunal on n'insiste plus ; on rend aujourd'hui hommage à la mémoire du maréchal, et cet hommage est sans

nul doute, une rétractation. Mais le prince Simon
Woronzow ne peut pas plus accepter ces hommages
qu'il ne subissait les outrages adressés à la mémoire
de son père. Le tribunal seul jugera. Quel est donc le
mobile qui conduit le prince Dolgoroukow? Quelle
pensée l'agite et l'oppresse? Ah! je crains de le deviner : 1856 est bien loin déjà; l'illustre maréchal a
rendu son âme à Dieu; la correspondance de 1856 a
été tenue secrète par lui; ce secret n'a pas été violé
davantage par son fils, et, alors, on s'est dit peut-
être : Plus de billet anonyme, plus d'armes contre
moi, plus de preuve! Alors on outrage, on croit pouvoir outrager impunément la mémoire du maréchal...
On s'est cruellement trompé; il faut aujourd'hui rendre ses comptes à la justice. Si le prince Simon Woronzow n'accepte pas la rétractation, le tribunal ne
peut pas davantage s'y arrêter.

Qu'est-ce que le maréchal Woronzow? Quelle est
sa vie? Quel est son caractère?

Sa vie vous a été racontée avec autant de fidélité
que de talent. Moi, messieurs, j'interroge l'histoire
impartiale et désintéressée, car l'histoire a déjà parlé
pour cette grande figure.

On lit dans le *Dictionnaire des Contemporains* (1) :
« Woronzow (Michel), général russe, né à Moscou en
1782, et fils du diplomate de ce nom, fut élevé au-

(1) Vapereau, au mot *Woronzow*.

près de son père en Angleterre, puis entra dans l'armée russe, fit ses premières armes au Caucase sous Zizianow, et en Turquie sous le général Koutousow. Il prit part aux campagnes de 1812 à 1815 contre la France, et commanda le contingent russe d'occupation de 1815 à 1818. Après avoir assisté au congrès d'Aix-la-Chapelle, il devint gouverneur de la Bessarabie et de la Nouvelle-Russie, où il fit faire de grands progrès à l'agriculture.

« En 1828, il succéda à Menschikow dans le commandement du siége de Varna, et eut le dessus dans une série de combats importants. L'empereur, confiant dans la fortune de ce général, le donna pour successeur, en 1844, à tous les commandants malheureux de l'armée du Caucase. Le 18 juillet 1845, il prit d'assaut Dargo, la forteresse de Schamyl, exploit qui lui valut la dignité de prince, s'empara de Palti en 1847, de Salti en 1848, et essaya, par une politique de clémence, d'attirer à la Russie la peuplade de la montagne.

« Il est mort le 18 novembre 1856, après avoir reçu de l'empereur Alexandre II, à l'occasion de son couronnement, la dignité de feld-maréchal. »

Tel est le récit froid, austère et glorieux de la vie du maréchal prince Woronzow.

Son caractère? Un écrivain français, qui a longtemps habité la Russie, a écrit les lignes suivantes :

« Le prince Michel Woronzow est un des plus beaux

caractères du pays, l'honneur de son temps, ce que les Anglais appellent un parfait *gentleman* (1). »

Le maréchal, en effet, messieurs, était renommé autant pour l'exquise urbanité et l'atticisme de ses manières que pour la fermeté et la fierté de son caractère. On l'avait surnommé : *Une main de fer dans un gant de velours !*

Un dernier témoignage, messieurs, que je recommande particulièrement à votre attention. Un prince russe écrivait en 1843 : « Le général prince Simon fut ambassadeur à Londres, et son fils unique, le général prince Michel, l'un des plus brillants capitaines des guerres de 1812, 1813 et 1814, commanda les troupes russes qui occupèrent la France de 1815 à 1818. Il se trouve aujourd'hui gouverneur d'Odessa, de la Nouvelle-Russie et de la Bessarabie, et membre du conseil de l'empire. C'est un homme d'un mérite éminent (2) ! »

Le prince qui parle en ces termes du maréchal Michel Woronzow est devant vous, messieurs ; c'est le prince Pierre Dolgoroukow.

Eh bien! c'est ce brillant capitaine, c'est cet homme éminent que le même prince Pierre Dolgoroukow traite aujourd'hui de faussaire. C'est ce noble

(1) *La Sainte-Russie*, par Ach. Gallet de Kulture, 2ᵉ édition, 1857, page 122.

(2) *Notice sur les principales familles de la Russie*, par le comte d'Almagro (pseudonyme de Dolgoroukow), page 56.

caractère qui se serait abaissé jusqu'à concevoir et pratiquer la tortueuse machination que vous savez. C'est cette main de fer qui aurait écrit ou fait écrire le billet anonyme destiné à perdre le prince Dolgo- roukow...

Ah! du moins ce vieillard, presque octogénaire, qui déshonore lâchement son nom, son blason, ses che- veux blancs, sa vie tout entière, a dû obéir à un mo- bile bien puissant? C'est l'orgueil de race, dit-on, et la vanité nobiliaire qui lui ont suggéré un acte aussi honteux. Arrivé au faîte de toutes les gloires et de toutes les magnificences, le maréchal avait formé un vœu suprême : rattacher sa maison à l'illustre famille des boyards Woronzow, si célèbre au xv° et au xvi° siècle, et remonter ainsi, par l'origine la plus antique et la plus illustre, jusqu'aux descendants de Rurick. Voilà le but poursuivi. — Et le moyen imaginé pour atteindre ce but? Se créer une arme pour vaincre la résistance d'un généalogiste consciencieux, et si on échoue, déconsidérer l'œuvre en flétrissant l'auteur. Pour satisfaire un désir aussi âpre, on ne reculera devant aucune bassesse...

Il ne faudrait pas, messieurs, apprécier ce prétendu sentiment de vanité nobiliaire à la lueur de nos idées et de nos traditions françaises. En France, l'idée de noblesse se rattache à l'organisation du système féodal. Les nobles exerçaient une sorte de souverai- netéindépendante du pouvoir royal. Ils avaient des priviléges, ils avaient aussi des charges. C'étaient eux qui soutenaient tout le fardeau des guerres; leur sang et leur or coulaient sur le champ de bataille. Il n'y avait pas seulement de la puissance, il y avait de la gloire derrière leurs créneaux. A leur mort leurs fils recueillaient, sans conteste, cet héritage d'honneur et de puissance. Dans la suite et peu à peu, le pouvoir royal centralisa dans ses mains toutes ces souverainetés éparses sur le sol français, et la noblesse ne fut désormais que le reflet d'une chose qui avait disparu(1). Mais l'histoire, en lui assignant son origine féodale et son caractère propre, lui a conservé ses traditions.

Les pays slaves, vous le savez, messieurs, n'ont pas connu le régime féodal des races latino-germaniques. Aussi l'origine et la notion de la noblesse y sont-elles complétement différentes de ce qu'elles sont chez nous. En Russie, la noblesse est concentrée dans la personne du souverain ; c'est le rayonnement de la majesté impériale. Le Tchinn, l'œuvre la plus vaste de Pierre le Grand, a divisé le pays en diverses classes, indépendantes du nom, de la naissance des individus, et de l'illustration des familles; « si bien, dit M. le marquis de Custine, que le fils du plus grand seigneur de l'empire peut faire partie d'une classe inférieure, tandis que le fils d'un de ses paysans peut s'élever jusqu'aux premières classes (2) » Il y a en Russie bien

(1) OEuvres de Napoléon III, tome III, chap. xviii : *les Nobles*.
(2) M. le marquis de Custine, *la Russie*, lettre neuvième.

plutôt une aristocratie qu'une noblesse proprement dite, et le titre aristocratique ne confère par lui-même aucun privilége, aucun avantage.

Les notions, les mœurs et l'opinion sur ce point diffèrent donc essentiellement dans les deux pays. Un grand seigneur russe s'étonne de la devise de l'une de nos plus illustres maisons de Bretagne : « *Roi ne puis, prince ne daigne, Rohan suis.* » Et nous, nous restons confondus par le langage de l'infortuné Paul Ier : « Sachez, monsieur l'ambassadeur, qu'il n'y a de noble et de puissant, en Russie, que l'homme auquel je parle et pendant que je lui parle. »

L'illustre avocat du prince Dolgoroukow disait que la science héraldique est fort délaissée en Russie, que la noblesse russe est, de toutes les noblesses, la plus accessible, et, partant, peut-être la plus libérale ; c'est la vérité, et j'en tire, quant à moi, cette conséquence que l'orgueil de race est bien loin d'y avoir l'âpreté qu'il a en Allemagne, par exemple.

Quant au maréchal prince Woronzow, il était placé par son caractère au-dessus de ces vaniteuses exagérations, et la noblesse du cœur, dont il était doué à un haut degré, suffisait à son ambition.

Dois-je m'arrêter encore à l'accusation dirigée contre un tel caractère?

Le prince Pierre Dolgoroukow publia à Paris, en 1843, sous le pseudonyme *Comte d'Almagro*, une brochure sous ce titre : *Notice sur les principales familles de la Russie.* A l'article relatif à la famille comtale des Woronzow, je lis :

« Ils ne sont point issus de l'illustre famille des boyards Woronzow, si célèbre au xve et au xvie siècle; l'extinction de cette famille (qui eut lieu en 1576) se trouve constatée par le *Livre de velours.* Le premier aïeul authentique de la maison comtale des Woronzow, Gabriel Woronzow périt, au siége de Tchighirine en 1678. »

Cette *notice* causa une vive sensation en Russie. L'article consacré à la maison des Romanow la fit considérer comme le premier acte d'hostilité du prince Dolgoroukow contre la dynastie régnante et contre le gouvernement.

Pourquoi la vanité nobiliaire du prince Michel Woronzow ne s'est-elle pas éveillée et alarmée en 1843? Pourquoi ne s'est-elle émue qu'après treize années? Pourquoi n'a-t-elle conçu qu'en 1856 l'abominable projet de l'écrit anonyme? L'auteur de la *notice* ne s'explique pas à cet égard.

Faut-il accorder une autorité véritable à la publication de 1843?

La notice est très-rare aujourd'hui ; mais voici, messieurs, l'exemplaire de la Bibliothèque impériale. Sous la même couverture, je trouve une autre publication ayant pour titre : *Quelques mots au sujet d'un ouvrage intitulé :* « *Notice sur les principales familles de la Russie,* » et dont je détache les premières lignes :

« Nous avons parcouru une brochure tombée par hasard entre nos mains, intitulée : *Notice sur les principales maisons de Russie par M. le comte d'Almagro.*
Tout en rendant justice à l'érudition déployée par
l'auteur et à l'étendue de ses investigations historiques, nous avons été étonnés de ne point rencontrer
dans ce Manuel de la noblesse russe une foule de noms
qui, par leur ancienneté et leur illustration en tout
genre, eussent certes mérité de trouver place dans
cette nomenclature. *Nous ne voulons point rechercher
les causes de cette omission surprenante dans un ouvrage qui, par sa nature, devrait tendre à être non-
seulement exact, mais complet de tous points.* Cependant, comme l'on pourrait croire qu'il n'existe pas en
Russie de bonnes et anciennes maisons en dehors de
celles citées dans la notice, nous avons pensé, dans
l'intérêt de la vérité et des familles elles-mêmes, devoir présenter une série de ces noms oubliés, dont
plusieurs sont titrés, et tels qu'ils se sont présentés à
notre souvenir. »

L'auteur dresse une liste d'environ 150 noms... Tel
est le jugement porté, en 1843, sur les premiers essais
généalogiques du prince Pierre Dolgoroukow.

Mais, vous dit-on, la source des documents généalogiques où a puisé le prince généalogiste, c'est le
Livre de velours, source officielle et authentique par
excellence, livre d'or de la noblesse russe, en dépôt
au département héraldique du sénat.

Le prince Dolgoroukow est donc un historien impartial, consciencieux, de tous points inattaquable.

C'est là, vous vous en souvenez, messieurs, ce qu'on
fait plaider à votre barre en 1861. Mais voici ce qu'on
écrivait en 1860 :

« La composition de ce livre (le *Livre de velours*) fut
partiale et arbitraire au plus haut degré! L'on y omit
une partie des familles des boyards de Moscou... L'on
y omit en masse tous les descendants des boyards des
principautés apanagées..., tous les descendants des
boyards de ces deux grands-duchés de Tver et de Ria-
zane, qui avaient longtemps rivalisé en pouvoir avec
le grand-duché de Moscou..., tous les descendants des
boyards de cette grande et puissante république de
Novgorod, qui fut si longtemps l'objet de la jalousie
et de la haine de la maison de Moscou, et finit par
succomber devant la politique astucieuse et habile de
cette dernière (1).»

Tel est le livre dont on proclame l'arbitraire et
l'extrême partialité en 1860, pour en vanter l'infaillibilité en 1861!... Ne nous arrêtons pas plus
longtemps, messieurs, à d'aussi singulières contradictions.

Ce qui est certain, et ce qu'il importe de constater
ici, c'est que le maréchal prince Woronzow, qui
n'ignorait pas, à coup sûr, l'histoire de son pays,

_____

(1) *La Vérité sur la Russie*, 1ʳᵉ édition, page 153.

savait que, vers 1570, plusieurs boyards de son nom avaient été ruinés et exterminés, dans une pensée politique, par Ivan le Terrible. Mais il tenait pour authentique aussi la survivance de quelques rejetons de cette souche féconde, qui, après avoir échappé au massacre, avaient pu fournir dans la suite à la Russie une nouvelle lignée d'hommes illustres. Cette conviction profonde était basée sur des documents que le prince Pierre Dolgoroukow devait être le dernier à repousser.

J'en ai assez dit, je crois, messieurs, sur la première hypothèse, et je me résume ainsi :

Le maréchal prince Woronzow, éminent par les hautes facultés de l'esprit, aussi bien que par la dignité du caractère, était au-dessus des vanités nobiliaires qu'on lui a supposées. Que si, obéissant à un pareil mobile, il avait pu s'abaisser jusqu'à l'action la plus lâche et la plus misérable, il n'eût pas attendu 1856 pour tirer vengeance d'une allégation généalogique produite en 1843. Il était d'ailleurs, — sa correspondance en fait foi, — dans cette conviction très-arrêtée que sa famille descendait des anciens boyards Woronzow.

Au surplus, l'hypothèse est abandonnée.

Cependant l'écrit anonyme existe, et il faut en chercher l'auteur. Où le trouver ?

J'aborde la seconde hypothèse : C'est une main étrangère qui a fabriqué le billet; et cette hypothèse se dédouble ainsi : Ou c'est une main vénale, ou c'est une main ennemie. En posant cette alternative, je ne fais que reproduire les différents systèmes du prince Dolgoroukow; car il y a d'abord : C'est une main vénale, et il a fait plaider à votre barre : C'est une main ennemie.

Examinons les deux versions :

D'après le système de la main vénale, un familier du prince Woronzow aurait arrêté au passage la lettre écrite, le 4 juin 1856, par le prince Dolgoroukow au maréchal, qui se trouvait alors à Wilbad, en Allemagne.

Il est assurément bien difficile d'expliquer comment ce familier, voyant pour la première fois l'écriture du prince Dolgoroukow, pourra si habilement contrefaire cette écriture. Mais enfin la lettre est interceptée, le cachet est rompu. On lit le contenu, on s'aperçoit qu'il s'agit de généalogie, et aussitôt l'idée du chantage pénètre dans l'esprit du lecteur. Il glisse dans la lettre l'écrit anonyme par lequel on demande au maréchal 50,000 roubles, et il scelle la lettre des armes du prince Dolgoroukow. Comment ces armes ont-elles pu se trouver à la disposition d'un homme qui certes ne prévoyait pas cette occasion de honteuse fortune ? Par quelle inspiration inouïe avait-il apporté à Wilbad le cachet des Dolgoroukow? Comment l'exécution a-t-elle pu, dans de pareilles circonstances, être assez habile pour n'éveiller aucun soupçon? C'est impossible.

Mais il y a mieux : quel était l'intérêt du faussaire? Le voici tel qu'il est signalé dans les conclusions signifiées. Le familier a fait ce calcul : que le prince Woronzow ne croirait sans doute pas devoir remettre de la main à la main les 50,000 roubles qui lui étaient demandés; qu'il chercherait un intermédiaire, ne voulant pas se trouver en face de l'homme qui avait proposé ce déshonorant marché. L'auteur de la combinaison a pensé que le maréchal pourrait jeter les yeux sur lui et le charger de porter la somme qui était censée réclamée; et comme, en réalité, rien n'était demandé par le prince Dolgoroukow, il pourrait l'escroquer impunément.

Voilà le tour..., tour audacieux, pour employer les expressions mêmes du prince Dolgoroukow, mais impossible! — On a compris, messieurs, que l'édifice si péniblement construit, s'affaissait sur lui-même. L'espoir qu'on avait fondé s'était évanoui à la réflexion. On s'est rétracté et on a passé à un autre système.

Suivons le prince Dolgoroukow dans ses folles variations et arrivons à la seconde partie de cette deuxième hypothèse, à savoir, le système de la main ennemie; une main ennemie a écrit le billet anonyme. C'est le système plaidé, surtout dans la réplique; car si mes souvenirs sont exacts, dans la première action,

on se bornait à dire : Le billet est faux ; ne me demandez pas de l'expliquer ; j'y suis étranger ; je n'ai
pas de comptes à rendre : je ne sais pas ! je ne sais
pas ! On a cru devoir abandonner ce quatrième système
pour revenir au système de l'ennemi politique.

Qu'entendez-vous par là ? L'ennemi politique ! sera-
ce encore, comme Michenski, un bravo politique ? Le
prince Dolgoroukow en trouve donc à chaque pas ?
Loin de nous ces incriminations par trop vagues. C'est
l'administration russe, c'est le gouvernement russe
que vous accusez, n'est-il pas vrai ? Une hostilité implacable poursuit le prince Dolgoroukow. C'est une victime politique que l'on traîne à votre barre ? — Est-ce
bien sérieux ? On a mis bien du temps pour trouver ce
dernier moyen. C'est la troisième étape parcourue par
le prince Dolgoroukow ; sera-ce la dernière ? sera-ce la
dernière production de sa trop riche imagination, la
dernière inspiration d'une conscience aux abois ?
Encore une fois, est-ce bien sérieux ? ou bien n'est-ce
qu'un jeu de l'esprit ?

Pour produire quelque impression à l'aide de ce
système, il faudrait d'abord prouver qu'on n'est pas
soi-même l'auteur du billet. Car, si, par malheur, la
preuve contraire était faite, que nous importeraient
alors les persécutions dont on se dit victime ? y avez-
vous bien songé ?

Du moins, cette combinaison n'est pas sans quelque habileté. — Mais on lui oppose, en premier lieu,

des impossibilités morales, en second lieu des impossibilités matérielles, et j'examine immédiatement les premières.

La cause du ressentiment conçu par le gouvernement russe contre le prince Dolgoroukow serait la publication d'un ouvrage de nature à soulever contre son auteur les plus grandes colères, une de ces haines qui ne pardonnent pas.

Eh bien ! arrêtons-nous quelques instants. Il y a environ dix-huit mois, parut à Paris, sous ce titre : *La Vérité sur la Russie,* un livre qui produisit dans le monde politique et littéraire une assez vive sensation. Je n'ai pas à juger l'œuvre, ni à apprécier sa sincérité ; mais il me paraît utile, nécessaire même au débat, d'en constater l'esprit. La pensée de l'auteur se trahit, que dis-je ! s'étale dès les premières lignes, et la voici tout entière : — L'empire russe est un édifice immense à l'extérieur européen, orné d'un fronton européen, mais à l'intérieur meublé et administré à l'asiatique. En Russie, l'empereur règne, l'administration gouverne, et quelle administration ! Corrompue à tous les degrés, avide, rapace, pillarde, adonnée aux passions les plus viles ! De haut en bas, la duplicité ! de bas en haut, la spoliation ! C'est le pays du mensonge officiel, organisé, élevé à la hauteur d'une institution ! C'est l'antre de la vénalité la plus effroyable ! Le clergé, la magistrature, l'armée, cette triple expression de la force morale d'un peuple et la plus haute manifestation de son honneur national, n'échappent pas à l'impitoyable flagellation : le mérite écarté, la loyauté persécutée, la bassesse protégée, élevée de grade en grade, le vol comblé d'éloges et décoré des titres les plus hypocrites ! Tel est, en raccourci, le tableau présenté par l'auteur de *la Vérité sur la Russie*.

Ah ! que cet auteur soit fier, qu'il s'enorgueillisse de son œuvre, s'il croit en avoir le droit ! Moi, je ne puis me défendre d'un sentiment profondément triste, douloureux, navrant, quand je songe aux nobles illustrations de cette maison historique, qui a donné deux impératrices au trône de Russie. Depuis Marie Dolgoroukow, épouse du tsar Michel, fondateur de la dynastie des Romanow, jusques et y compris Jacob Dolgoroukow, le patriote populaire, est-il un seul des ancêtres du prince Dolgoroukow qui ne désavouât hautement un pareil livre et bien plus encore les sentiments et les mobiles qui l'ont inspiré ?

Je ne nie pas, messieurs, qu'une pareille œuvre, signée d'un pareil nom, ne fût de nature à exciter le ressentiment du gouvernement russe ; et ce ressentiment a dû être d'autant plus vivement éprouvé que le moment de la publication du livre était plus malheureusement choisi. Eh quoi ! c'est quand l'empereur Alexandre II inaugure son règne par les réformes les plus salutaires ; c'est quand s'accomplit, grâce à sa noble initiative, le grand acte de l'émancipation des

serfs, destiné à illustrer son règne ; c'est alors qu'a-
près avoir réalisé les débris de sa fortune et reçu sur
la terre de France, qui est toujours la terre classique
de l'honneur chevaleresque, une généreuse hospitalité, c'est alors que le prince Dolgoroukow adresse à
son pays et au gouvernement de son pays les plus
violentes accusations ! Je le répète, je comprends le
ressentiment de tous les Russes vraiment dignes de
ce nom. Mais ce que je n'admets pas, entendez-vous,
ce que je n'admettrai jamais, c'est qu'un gouvernement honorable, comme celui de l'empereur Alexandre II, entouré de l'estime et du respect de l'Europe,
ait pu concevoir et pratiquer, pour perdre un pamphlétaire, l'odieuse machination que vous savez, ce
pamphlétaire fût-il un Dolgoroukow !

Au surplus, un mot, une date, un simple rapprochement, et j'aurai fait justice de ce système. — On
dit que ce procès est purement politique, qu'un ennemi politique a comploté dans l'ombre la perte du
prince Dolgoroukow, et la cause de cette ténébreuse
combinaison c'est le ressentiment, ce sont les fureurs
soulevées contre lui par la publication du livre *la Vérité sur la Russie ;* c'est bien convenu ? Eh bien, le ressentiment produit par le livre du prince Dolgoroukow
éclate en 1860, et l'écrit anonyme fabriqué, dites-vous,
pour consommer la ruine de votre honneur, l'écrit
anonyme, c'est-à-dire le fondement du procès, est
du mois de juin 1856 ! Ainsi l'effet a devancé la cause !

L'effet, c'est l'écrit anonyme de 1856; la cause, c'est la publication, en 1860, du livre la *Vérité sur la Russie*.

Faites maintenant, si vous le jugez bon, appel à la haute raison et à l'impartiale justice du tribunal. Ce simple rapprochement de date ne l'a-t-il pas déjà convaincu ?

Essayera-t-on de prétendre que les rancunes politiques, les grandes colères datent de 1843 ? — Le prince Dolgoroukow, il est vrai, fut, en 1843, exilé à Viatka, à la suite de la publication de la *Notice sur les principales familles de la Russie*. Si ce fut là la cause de son exil et l'origine de la haine politique dont il se prétend victime, pourquoi alors a-t-on tant parlé, dans ce procès, du livre la *Vérité sur la Russie?* Pourquoi ? — Mais soit ! il est exilé en 1843, et la cause de l'exil c'est la brochure ! Apprécions cette allégation nouvelle. Depuis 1843, ou plutôt depuis 1845, — l'exil, en effet, paraît avoir duré jusqu'en 1845, et encore même le mot *exil* est-il exagéré, puisque Viatka n'est pas en Sibérie, — depuis 1845, dis-je, jusqu'en 1856, comment se manifestent les fureurs politiques soulevées contre le prince Dolgoroukow? Revenu à Pétersbourg, le voit-on l'objet de passions haineuses et de persécutions? Il ne l'allègue même pas. Se produisent-elles davantage en 1856, alors que l'écrit anonyme est déjà fabriqué, l'écrit anonyme qui ne serait que la conséquence des ressentiments amassés ? Non, les colères semblent, au contraire, apaisées, elles ne

troublent en aucune façon l'existence du prince Dolgoroukow, et il vous disait lui-même que, l'année suivante, en 1857, il avait l'honneur de recevoir une
bague de Sa Majesté l'empereur de Russie, à l'apparition de son grand ouvrage généalogique. Pendant
la période de 1857 à 1859, le prince Dolgoroukow ne
quitte pas encore la Russie ; il raconte qu'il a été en
rapport avec les plus hauts dignitaires de l'empire, et
il apporte au tribunal la petite monnaie des témoignages de considération dont il jouissait. Vous avez
assisté, messieurs, à cette exhibition affligeante des
invitations à dîner qui étaient adressées au prince
Dolgoroukow, il y aura bientôt cinq ans ! On est réduit
à vous les offrir comme un gage de sa bonne renommée à Saint-Pétersbourg !

Toutes ces productions, glorieuses ou misérables,
ne prouvent qu'une chose, et cette chose est la meilleure et la plus inexorable réfutation du système de
l'ennemi politique, à savoir : qu'en réalité, de 1845
à 1860, il n'a existé aucune haine, aucune animosité,
aucun complot, aucune machination infernale, aucune main stipendiée pour tracer l'écrit anonyme auquel, en définitive, il faut toujours en revenir, puisque
là est tout le procès.

On a donc eu tort de glisser dans le débat un élément qui devait lui être parfaitement étranger ; on a
eu tort, surtout, de parler du livre *la Vérité sur la
Russie* ; mais, enfin, puisque cet élément vous est livré,

permettez-moi, messieurs, d'y puiser le thème d'une étude morale qui ne sera pas, je crois, sans utilité pour la cause. Trois traits suffiront au tableau, mais ils sont nécessaires et ils sont loin d'ailleurs d'être étrangers à la véritable nature de ce procès, où il s'agit, vous le savez, des plus graves questions d'honneur.

Je lis à la page **92** du livre *la Vérité sur la Russie :*

« Les tentatives du parti rétrograde ne se bornaient point à vouloir arrêter l'émancipation ; quelques individus de ce parti essayèrent de spéculer sur les nouvelles tendances du gouvernement pour tromper leurs serfs. Ainsi, le général **T**... proposa à ses paysans d'acheter leur liberté au prix de 450 roubles (**1,800 fr.**) par tête, et s'étonna fort de voir ses serfs repousser cette proposition insidieuse. C'est ce même général **T**... connu pour avoir volé son beau-frère le comte **W**... dont il administrait les terres. »

Voici une accusation d'une nature bien grave ; comment l'auteur pourrait-il la justifier ? J'ai dans les mains une lettre qui donne satisfaction entière au général **T**..., et cette lettre est signée par le prince Dolgoroukow. En voici le texte :

A M. le prince Louis de W...

« Paris, 10 avril 1860.

« **Mon cher prince,**

« Après la conversation que nous avons eue au sujet d'une note insérée dans le livre *la Vérité sur la*

Russie, je ne puis que vous répéter que si l'on imprimait quelque part que le prince D... a volé, je ne voudrais point prendre cela pour mon compte, et ne me considérerais nullement comme atteint. Je ne saurais assez m'étonner de ce que le général T... puisse se considérer comme atteint par le récit d'actions indignes commises par un général T... Je ne le crois point capable de pareilles actions.

« Vous pouvez, cher prince, faire de ma lettre l'usage qu'il vous plaira.

    « Votre vieil et dévoué ami,

        « Prince PIERRE DOLGOROUKOW. »

Ainsi, messieurs, la rétractation est catégorique Qu'on n'essaie pas d'en contester la valeur, à l'aide du vague intentionnel des termes qui la renferment, car, dans la seconde édition de l'ouvrage *la Vérité sur la Russie*, le passage relevé a disparu.

La deuxième observation est celle-ci : A la page 307 du libellé, le prince Dolgoroukow, à propos des Mémoires si intéressants et si véridiques de M. Hertzen, rend hommage à la loyauté du caractère de cet écrivain. Or, M. Hertzen venait de publier un livre : *le Monde russe*, dans lequel il raconte quelques traits de la vie d'un prince Dolgoroukow, exilé pour cause de vol et qu'il avait connu à Perm.

Voici, à propos de ce passage, la note de l'auteur de *la Vérité sur la Russie*, à la page 307 de ce livre :

« M. Hertzen, en parlant de son exil à Perm, puis à Viatka, en 1834, 1835, 1836 et 1837, raconte des actions peu honorables commises à Perm par un exilé, le prince Dolgoroukow. M. Hertzen n'ayant point indiqué le nom de baptême par lequel se distinguent ordinairement entre eux, en Russie, les membres de familles nombreuses, plusieurs de ses lecteurs ne nous connaissant point personnellement et sachant que nous avions été exilé à Viatka, ont cru qu'il s'agissait de nous. Nous tenons à rectifier cette erreur des lecteurs. Le prince Dolgoroukow dont parle M. Hertzen a été exilé à Perm, et il est mort, en 1841, dans la ville de Verhotourié, province de Perm. Nous, nous avons été exilé à Viatka en 1843, et le récit de M. Hertzen ne nous concerne en rien. »

N'êtes-vous pas surpris d'un pareil langage, messieurs? N'êtes-vous pas étonnés surtout qu'on n'ait pas cru devoir demander à M. Hertzen une insertion explicative? Dans sa lettre au général T..., le prince Dolgoroukow déclarait que si l'on imprimait quelque part que le prince D... a volé, il ne se considérerait nullement comme atteint. Pourquoi fait-il justement le contraire, et prend-il à cœur de rectifier une erreur dont il s'est cru victime aux yeux de ses lecteurs? Le passage cité prouve bien du moins que, pour être un Dolgoroukow, on n'est pas toujours à l'abri des actions les plus bassse.

Voici le dernier trait. Dans un autre passage de son

livre, l'auteur croit devoir diviser les nobles de son pays en deux classes : celle des valets grands seigneurs et celle des grands seigneurs valets! Cette appréciation me porte à faire connaître au tribunal une correspondance échangée entre le prince Dolgorou kow et le comte Schouvalow, dans le courant du mois d'octobre 1861. Le prince adressait, le 14 de ce mois, au comte Schouvalow la lettre suivante :

Au comte Schouvalow.

12, rue de Miromesnil.

« J'aurais bien voulu causer avec vous sur l'état des choses en Russie, en présence des orages que l'incapacité du gouvernement amasse sur notre pauvre pays.

« Vous m'auriez trouvé chez moi *seul,* après-demain mercredi, de midi à deux heures.

« Mille politesses.

« Pierre Dolgoroukow. »

Le comte Schouvalow répondit immédiatement :

« La conformité des noms et même la similitude d'adresse amènent tant d'erreurs, que j'ai hésité à croire que votre billet fût pour moi. J'hésite encore ; mais, en tout cas, je préfère vous dire que je ne partage pas votre avis sur l'incapacité du gouvernement russe. J'ignore quels sont les désastres que vous redoutez. Si j'y croyais, ce serait en Russie, au service du gouvernement que je mettrais toute mon énergie, et ce ne serait pas dans une conférence mystérieuse de la rue Miromesnil que je chercherais le salut de mon pays.

« Recevez l'expression de mes civilités.

« Le comte P.-G. Schouvalow. »

38, avenue Gabrielle.

16 octobre 1861.

De quel côté, messieurs, est la noblesse véritable et la dignité du langage?

Nouvelle lettre du prince Dolgoroukow :

Le 17 octobre 1861.

A. M. le comte Schouvalow,

12, rue de Miromesnil.

« *Le billet que vous avez trouvé dans la lettre n'était destiné ni à vous, ni à personne de votre famille : il était destiné à un de mes compatriotes.* Je me suis trompé en cachetant les deux paquets. J'ai mis dans le paquet de l'autre le billet à vous destiné. Ce billet m'a été restitué et je vous le fais passer sous ce pli. Vous avez eu parfaitement raison de croire que l'autre billet ne pouvait point vous être destiné.

« Recevez l'expression de mes civilités.

« Prince Pierre Dolgoroukow. »

Le tribunal appréciera la portée de cette dernière lettre et des habitudes qu'elle suppose.

Je reprends l'examen du système plaidé par le prince Dolgoroukow; car je n'en ai pas fini avec l'hypothèse de l'ennemi politique, qui est, vous le savez, son dernier refuge.

Dira-t-on encore que le prince Simon Woronzow est l'instrument complaisant de haines qui ne pardonnent pas, et que votre justice si impartiale et si éclairée court le risque de devenir complice des vengeances politiques du gouvernement russe et des colères de la camarilla? Non, le prince Simon Woronzow n'est pas un instrument. Depuis dix-huit mois il est sous l'empire d'une préoccupation unique, d'un besoin impérieux : obtenir la réparation de l'outrage fait à la mémoire de son père. Il eût brisé la glorieuse épée du maréchal, son illustre père, si des résistances venues d'en haut l'avaient empêché de suivre l'élan de sa piété filiale. Faut-il le prouver? Laissez-moi, messieurs, vous donner lecture de la lettre qu'il adressait spontanément, le 17 mai 1860, à son ami M. Tolstoy, secrétaire de l'ambassade russe à Paris. L'article du journal qui excitait sa légitime indignation porte la date du 6 du même mois, il venait d'arriver à Saint-Pétersbourg.

Voici ce qu'il écrit :

Saint-Pétersbourg, ce 17/29 mai 1860.

Prince S. Woronzow à M. Tolstoy, premier secrétaire
de l'ambassade russe à Paris.

« Mon cher Tolstoy,

« Vous connaissez sans doute la lettre publiée par
le prince Dolgoroukow, dans laquelle il accuse mon
père d'avoir commis un faux. La réputation de mon
père est trop pure et trop glorieuse pour que des calomnies publiées par un homme taré puissent le toucher d'aucune façon ; malgré cela, il m'est impossible de laisser passer sans réponse une pareille infamie.

« Je ne puis penser à tirer aucune vengeance personnelle sur la personne du prince Dolgoroukow. Il
ne me reste qu'à avoir recours à la justice et lui livrer
les pièces qui se trouvent en ma possession et qui
prouvent, d'une manière évidente, le système de
chantage adopté par le prince Dolgoroukow, lors de
la publication de son ouvrage.

« Je vous envoie les copies photographiques de deux
lettres du prince Dolgoroukow, ainsi que du billet qui
se trouvait dans la première. J'y ajoute, pour plus de
clarté, la copie de la réponse de mon père. En lisant
ces pièces et la lettre imprimée de Dolgoroukow, vous
verrez qu'il m'est impossible de ne pas prendre des
mesures pour rétablir les faits dans toute leur vérité.
Chaque expert en écritures reconnaîtra que c'est la

même main qui a écrit les lettres et le billet. Mon bnt est d'avoir cette constatation faite légalement et publiquement par un tribunal compétent. Ne connaissant pas la loi française, je ne sais pas si je dois, pour y arriver, attaquer le prince Dolgoroukow lui-même, ou le journal qui a publié la lettre.

« Faites-moi la grâce, mon cher ami, de consulter les meilleurs avocats ; chargez-vous de tous les frais, que je vous rembourserai avec plaisir ; faites-moi savoir l'opinion des hommes de loi ; je vous ferai tenir les originaux dès que vous en aurez besoin, et viendrai moi-même à Paris lorsque ma présence y sera nécessaire.

« Vous comprenez sans doute quel intérêt grave j'attache à tout ceci, et suis trop sûr de votre amitié pour ne pas douter que vous ferez tout ce qui dépendra de vous pour mener cette affaire à bonne fin.

« Communiquez, je vous prie, cette lettre au comte Kisselew, qui ne refusera peut-être pas de donner un conseil, ayant été l'ami de mon père et m'ayant toujours honoré de sa bienveillance. Un conseil de sa part sera toujours reçu avec reconnaissance et respect.

« J'attends votre réponse avec grande impatience, et vous supplie de ne pas négliger ma requête, prenez le meilleur avocat..... etc.

« Je vous prie de croire à tous mes sentiments de véritable dévouement.

« Woronzow. »

Ah! oui, ces accents sont inspirés par le plus noble de tous les sentiments, celui de la piété filiale, ils ne sauraient cacher une infâme machination. Un langage empreint d'une dignité si fière ne peut être inspiré par la plus honteuse complaisance.

J'en ai dit assez *sur les impossibilités morales* qui s'élèvent contre l'hypothèse de l'ennemi politique et la détruisent. J'arrive *aux impossibilités matérielles*. Tout à l'heure, en réfutant le système de la main vénale, j'ai signalé les invraisemblances devant lesquelles est tombé ce système; je ne reviendrai pas sur les observations que j'ai présentées, encore bien qu'elles eussent ici le même à-propos, et je me bornerai à indiquer quelques nouvelles remarques plus spéciales à l'hypothèse de l'ennemi potique.

La lettre du prince Dolgoroukow, qui aurait été surprise au passage, portait la date du 4 juin 1856, date du départ; elle mit vingt-un jour pour arriver à sa destination. C'était le temps rigoureusement nécessaire, tant à raison des distances que par le fait du nombre limité des courriers de service, dans les lieux où se passent les faits du procès. La lettre n'a donc pas été interceptée et retenue.

Mais si j'admets un moment le contraire, pour le besoin du raisonnement, le système en sera-t-il moins acceptable? Voyons : le cachet brisé et le lecteur apprenant qu'il est question de généalogie, conçoit aussitôt et exécute, à l'aide du faux, l'infernale combinaison destinée à perdre le prince Dolgoroukow dans l'esprit du maréchal. Cette fois, ne l'oublions pas, c'est l'ennemi politique qui glisse l'écrit anonyme dans la lettre; aucune pensée vénale ne conduit sa main, mais il compte sur l'indignation du prince Woronzow. Dans ses prévisions, cette indignation sera bruyante; elle se produira par un violent éclat : le prince Dolgoroukow en sera tué moralement! Cette hypothèse est-elle plus vraisemblable que l'hypothèse de la main vénale? Je m'explique difficilement, pour ma part, qu'on ait abandonné la première pour la seconde; en réalité, elles ne valent pas mieux l'une que l'autre.

Mais enfin le complot est ourdi, le billet est fabriqué et introduit, soit! La lettre est de nouveau fermée et scellée avec les armes du prince Dolgoroukow, que l'ennemi politique avait, à point nommé, dans la main; soit encore! Mais saisissons l'écrit anonyme et étudions-le : en voici le texte.

« Son Altesse le prince Woronzow a un moyen sûr de faire imprimer sa généalogie dans la *Rossiskaïa Rodoslovnaïa Kniga*, telle qu'il la veut. C'est de faire cadeau au prince Pierre Dolgoroukow d'une somme de cinquante mille roubles argent; alors *tout* se fera suivant ses désirs. Mais il n'y a pas de temps à perdre. »

Le tribunal va se heurter ici contre de nouvelles

impossibilités matérielles. — Quelle doit être la préoccupation de l'ennemi politique, au moment où il trace
le billet? C'est d'imiter servilement, n'est-ce pas! l'é-
criture du prince Dolgoroukow; de s'effacer, en quelque sorte, derrière le prince, et de disparaître. Or, la
première inspection du billet suggère deux remarques
principales. — Voici la première : l'écriture est déguisée. Ces apparences lointaines sont trompeuses,
je le reconnais; mais les dimensions de l'écriture ne
sont pas les dimensions habituelles de l'écriture du
prince Dolgoroukow. Les lettres ont un développement
double. Les proportions, en un mot, ne se retrouvent
plus. Que prouvent ces dissemblances? La volonté
matérielle, de la part de l'auteur, de dissimuler l'écriture, de s'écarter des habitudes graphiques du prince
Dolgoroukow, pour parler comme l'expert. Que devient dès lors l'ennemi politique avec son inévitable
préoccupation?

Seconde remarque essentielle : l'écriture est rapide, impatiente et légère. Elle ne ressemble, en aucune façon, à l'écriture d'un homme, quel qu'il soit
d'ailleurs, qui abandonne et réprime les habitudes de
sa main, pour s'assimiler et traduire les habitudes
d'une main étrangère. L'imitation servile est absolument exclusive du tour léger, rapide et impatient que
supposerait l'œuvre si artificieusement combinée par
l'ennemi politique. Peut-on écrire d'une main aussi
hardie et aussi fébrile, lorsqu'on a à surveiller tous

les jambages des lettres dont on veut produire l'imitation? Cela est impossible.

Telles sont les deux remarques qui saisissent l'esprit à la première inspection du billet.

Mais il convient de se livrer à un examen plus rapproché, voudrais-je dire, et plus attentif de la fatale zapiska. Je résume cet examen dans trois observations qui méritent, je crois, toute l'attention du tribunal. Elles ne se rencontrent en effet, messieurs, ni dans le rapport de M. l'expert Delarue, ni dans les plaidoiries, si remarquables d'ailleurs, que vous avez entendues. Vous allez les juger.

Je constate, en premier lieu, que l'orthographe des deux noms Woronzow et Dolgoroukow n'est pas la même dans le billet et dans la lettre du prince Dolgoroukow. Dans le billet on écrit *Woronzoff, Dolgorouky;* dans la lettre, *Woronzow, Dolgoroukow.* Le faussaire, ne l'oubliez pas, a pris tous les éléments de la composition du billet dans la lettre du 4 juin; c'est là le modèle qu'il s'agit d'imiter servilement. Comment expliquer que le faussaire, uniquement préoccupé de faire apparaître, sous l'identité de rédaction et l'imitation exacte de l'écriture, la main du prince Dolgoroukow, ne donne pas aux deux noms la forme extérieure qu'ils affectent dans la lettre? De pareils changements n'auraient-ils pas pour effet d'éveiller les soupçons dans l'esprit du maréchal? Le simple rapprochement des orthographes ne va-t-il pas donner

à penser au maréchal que peut-être une main étrangère a fabriqué l'écrit? Encore une fois, que devient
le système de l'ennemi politique si laborieusement
conçu et jusque-là si habilement exécuté ?

Ah! messieurs, si, anticipant sur l'ordre des preuves, je me plaçais, dès à présent, dans l'hypothèse de
la fabrication de l'écrit anonyme par le prince Dolgoroukow, combien il serait facile d'expliquer de sa part
ces différences d'orthographe...

Voilà ma première observation; voici la seconde:—
Le billet anonyme donne l'intitulé de l'ouvrage généalogique en langue russe : *Rossiskaïa* (Russe) *Ro-*
doslovnaïa (généalogique) *Kniga* (livre). Où l'ennemi
politique a-t-il trouvé ce titre? Ce n'est pas dans la
lettre du prince Dolgoroukow; le titre ne s'y trouve
pas. Puisqu'il n'a, pour atteindre son but, qu'à s'effacer complétement, il aura grand soin de n'introduire
aucun élément nouveau et d'ailleurs tout à fait superflu dans sa composition. Qu'on nous explique, si on le
peut, pourquoi il néglige de suivre l'inspiration de la
plus vulgaire prudence. Autant il paraîtrait naturel que l'auteur de l'ouvrage généalogique, qui
est plein de son sujet, trouvât, même involontairement, sous sa main, l'intitulé de son livre..., autant il
est difficile d'admettre qu'une main étrangère, vénale
ou ennemie l'ait introduit sans utilité dans le billet.

L'invraisemblance ne s'arrête pas là; il est à remarquer, en effet, qu'on n'a pas écrit l'intitulé *in ex-*

tenso et tel que je viens de le prononcer; on l'a écrit par abréviation. L'abréviation du titre se comprendrait très-bien de la part de l'auteur du livre; c'est une habitude chez lui; chaque jour il a l'ouvrage sous les yeux. L'intitulé est un peu long, l'auteur prend l'habitude de l'abréger, cela s'explique à merveille. Mais pour le tiers, pour l'ennemi politique, c'est déjà trop d'avoir introduit le titre du livre généalogique dans le billet anonyme! Quant à l'abréviation, elle est encore moins naturelle de sa part, et ne peut véritablement s'expliquer à ses yeux.

Troisième observation: L'examen très-attentif que j'ai fait, messieurs, de l'écriture émanée de la main du prince Dolgoroukow a donné lieu à une remarque importante que je signale, avec confiance, à toute votre attention. Le prince Dolgoroukow a l'habitude bizarre, lorsqu'il écrit en langue française, de placer au-dessus de la lettre *m* un trait horizontal ayant toute la longueur de cette lettre ($\overline{m}$). Ce trait se détache de la lettre; c'est une singularité assurément fort caractéristique; ce trait horizontal affecte, je le répète, toute la dimension de la lettre, dans le sens de la longueur. C'est comme un caprice de la main, une sorte de tic d'écriture, un *lapsus calami*, une distraction, tout au moins, et je ne suppose pas qu'il y ait deux personnes au monde qui aient une pareille habitude.

Si ce trait horizontal placé sur la lettre *m* n'a pas de raison d'être, il s'explique cependant et voici comment. L'alphabet russe possède une lettre ayant la figuration de la lettre *m* de notre alphabet; cette lettre se prononce *t* en russe. L'alphabet russe possède une autre lettre, qui n'a pas d'équivalent dans l'alphabet français, et dont la forme serait exactement représenté par un *u* à trois jambages (*ш*). cette lettre se prononce *cha*. Les Russes, écrivant dans leur langue, ont, en général, l'habitude de placer sur la lettre *m* un trait horizontal (*m̄*), et sous la lettre *ш*, un trait semblable (*ш̱*) pour marquer que la lettre, selon quelleest formée en haut ou en bas, correspond au son *t* ou au son *cha*.

C'est cette habitude qui a été transportée dans l'écriture française par le prince Dolgoroukow, au moins en ce qu'elle s'applique à la lettre *m*, et, je le répète, la chose est, à coup sûr, fort caractéristique.

Voici maintenant mon raisonnement. Par une circonstance que je pourrais presque dire providentielle, il n'existe, au dossier, qu'une seule lettre du prince Dolgoroukow qui n'ait pas de lettre *m* barrée, c'est précisément celle du 4 juin, celle qui conténait le billet. Que le tribunal l'examine avec soin, il n'y trouvera pas un seul des traits horizontaux dont j'ai parlé. Ce point est capital. Comment, en effet, l'ennemi politique, ou même un tiers quelconque obligé de chercher, dans cette lettre du 4 juin, tous les éléments de la composition de la zapiska, aurait-il pu céder, lui aussi, à la singulière habitude qui n'appartient, ai-je dit, qu'au prince Dolgoroukow? Cela ne pourrait s'expliquer en aucune manière... Eh bien ! prenez maintenant le fameux écrit anonyme, qu'y voyez-vous? Cinq *m* barrés, deux au mot *imprimé* de la 3ᵉ ligne (imprimé), deux au mot *somme* de la 7ᵉ ligne (somme) et un dans le mot *temps* de la 10ᵉ ligne (temps). Le tribunal m'a-t-il bien compris? (Mouvement d'approbation.)

Une chose semble singulière au premier abord : c'est que la lettre du 4 juin, qui, d'après le système plaidé, aurait servi de modèle, n'ait pas un seul de ces petits traits. L'exacte vérification de tous les documents émanés de la main du prince Dolgoroukow m'a démontré que l'habitude signalée n'est pas constante. Ses *m* sont tantôt barrés et tantôt non barrés. Dans la zapiska elle-même vous trouverez plusieurs *m* non barrés. Vous remarquerez aussi, messieurs, la lettre adressée par le prince Dolgoroukow au prince Louis W... au sujet du général T...; lettre dont j'avais tout à l'heure l'honneur de vous donner lecture; cette lettre est au moins aussi longue que celle du 4 juin; elle n'a qu'un seul *m* barré, dans le mot *ami*, le dernier de la lettre. L'habitude n'est donc pas constante. Le prince Dolgoroukow y cède toujours quand il écrit précipitamment; beaucoup moins quand ses lettres sont écrites avec quelque attention; jamais quand elles sont rédigées avec calcul. Or, l'expertise établit que la lettre du 4 juin a été tracée avec attention; j'ajoute, moi, qu'elle a été écrite avec le calcul le plus profond, et je le prouverai bientôt.

Si l'habitude que je signale n'est pas constante, elle existe et elle est propre au prince Dolgoroukow. Elle existe si bien, messieurs, qu'elle se manifeste avec plus ou moins de persistance, dans tous ses écrits, et ils sont nombreux au dossier. Je fais passer au tribunal les lettres que le prince Dolgoroukow a cru devoir m'adresser à l'occasion de ce procès; je lui fais passer aussi les enveloppes de ces diverses lettres, — il y en a cinq. — Le tribunal fera, comme moi, cette observation que la lettre *m* de mon nom est toujours surmontée d'un trait horizontal. Ces lettres, ont été, en général, écrites précipitamment; aussi le plus souvent l'auteur commet-il le *lapsus calami*, la distraction dont il s'agit.

Sans revenir sur l'argument, que je considère comme capital, et qui a été parfaitement compris, je le résume en disant : Il y a cinq *m* barrés dans la *zapiska;* la lettre qui l'apportait et servait, dit-on, de modèle au tiers n'a pas un seul de ces traits... Comment un tiers, qui copiait servilement et ne traçait pas un seul jambage qui n'eût son pareil dans la lettre du 4 juin, comment ce tiers a-t-il exactement les mêmes distractions, le même tic d'écriture que le prince Dolgoroukow lui-même? Je crains fort qu'on ne réponde à cette argumentation décisive.

Je me place enfin, messieurs, en présence de la dernière hypothèse : le prince Dolgoroukow a-t-il écrit lui-même le billet anonyme contenu dans sa lettre au maréchal prince Woronzow ? — Je pourrais m'arrêter ici. L'hypothèse du billet fabriqué par le maréchal est absurde, on l'abandonne. Celle d'un faussaire, vénal ou ennemi, est deux fois impossible : matériellement et moralement. La conséquence nécessaire, rigoureuse, absolue, c'est que l'écrit émane du prince Dolgoroukow; la démonstration est complète. La lumière est donc faite, et je pourrais m'asseoir.

Ce sont là des preuves indirectes, dira-t-on, et ce n'est pas assez. — Soit! voyons les preuves directes. Que le prince Dolgoroukow eût intérêt à fabriquer le billet, cela n'est pas douteux ; l'intérêt était, en perspective, de 50,000 roubles (200,000 francs). Est-ce que la maxime *is fecit cui prodest* ne serait pas applicable à la cause ? C'est ce que le tribunal décidera.

Les preuves directes se diviseront aussi en preuves morales et matérielles. Je vais d'abord m'occuper de ces dernières, afin de n'y plus revenir. Rassurez-vous, messieurs, l'examen des preuves matérielles ne sera pas long.

L'écrit existe, l'auteur est quelque part... *Prolem non sine matre creatam...* Il faut le découvrir.

L'éminent avocat du prince Woronzow le disait avec raison : il ne s'agit pas ici de ressemblances, l'identité est complète ! Pas une ligne, pas un mot, pas une lettre qui trahisse une autre main. Il n'est pas jus-

24

qu'aux accidents ordinaires à la plume du prince Dolgoroukow, qui se retrouvent dans la zapiska et dans
la lettre du 4 juin. Ces accidents se manifestent, de
part et d'autre, notamment aux lettres *l, c*. La plume
semble s'arrêter brusquement pour revenir ensuite
sur la lettre, et le double passage se manifeste par une
difformité très-caractérisée. J'en tire, pour ma part,
cette induction que c'est la même main, la même
plume, qui a tracé, sans désemparer, et la lettre et le
billet...

On objecte que ce dernier est écrit sur du papier d'O-
dessa? Je n'aperçois pas la portée de l'objection. Le
prince Dolgoroukow a longtemps habité Odessa ; et il
y a, d'ailleurs, dans cette ville, une manufacture importante de papier qui approvisionne une partie de
l'empire russe. Sans doute le maréchal a été gouverneur d'Odessa, mais qu'est-ce à dire? Le maréchal
a-t-il écrit lui-même le billet? On n'ose plus le prétendre. Qu'un des familiers du maréchal a employé
son papier? On reviendrait donc à l'hypothèse de la
main vénale, à laquelle on a renoncé, et dont j'ai démontré le néant? C'est impossible. Reste le système
de la main ennemie. Mais l'ennemi politique n'appartient pas à l'entourage du maréchal. Que prouve,
dans ce système, le papier d'Odessa, lorsqu'il est bien
établi et avéré, d'autre part, que le prince Pierre Dolgoroukow, ayant longtemps habité Odessa, a pu en
rapporter le papier en question ?

L'expertise, messieurs, est un élément sérieux du débat. Sans doute, elle n'est pas judiciaire ; ce n'est pas même une expertise contradictoire, et elle n'est pas dès lors de nature à faire une impression décisive sur vos esprits ; mais enfin elle a son importance. C'est l'œuvre de M. Delarue, et vous connaissez cet expert de longue date. Pour lui, il n'y a aucun doute ; mieux même, il y a évidence : l'identité des écritures de la lettre et du billet est manifeste. A quoi servirait, dans le procès une expertise judiciaire ? Vous ne trouveriez pas un expert au monde qui pût déclarer que le billet émane d'une autre main que celle qui a écrit la lettre du 4 juin 1860.

Voilà, dans son ensemble, la physionomie du rapport de l'expert. On a cherché en vain à produire une déclaration contraire, on n'a pas pu la trouver, et le prince Dolgoroukow se présente les mains vides devant le tribunal. Je sais bien qu'un expert n'a que son autorité personnelle ; mais cependant, quand, à côté d'une appréciation raisonnable et raisonnée, se rencontrent des preuves lumineuses, éclatantes, quand ces preuves sont empruntées à toutes les circonstauces du fait, à l'appréciation morale des caractères, le tribunal peut bien puiser dans l'affirmation de l'expert un sérieux élément de conviction.

Une objection se présente peut-être à l'esprit du tribunal. Lorsque je m'occupais tout à l'heure de l'hypothèse de l'ennemi politique, je donnais comme

une circonstance exclusive de ce système, qu'il y
avait un certain déguisement d'écriture; comment
puis-je attribuer avec tant de confiance le billet au
prince Dolgoroukow? N'y a-t-il pas eu de contradiction? — Non. Le prince a senti le besoin de cacher
sa main sous un certain déguisement; mais ce déguisement est grossier; on s'est contenté de sauver les
apparences les plus saillantes, surtout en grandissant
l'écriture. Les premières observations, les observations superficielles, semblent laisser supposer que le
billet émane d'une autre main ; mais le grossissement
de l'écriture n'en a pas détruit la physionomie intime;
quand on se livre à des observations plus rappro-
chées, plus scrupuleuses, l'artifice disparaît. Le tribunal dira, comme moi, que le plus simple bon sens,
toute habileté mise à part, commandait au prince
Dolgoroukow de se ménager, en cas d'échec, un
moyen de retraite et une possibilité sérieuse, du
moins en apparence, de dénégation complète ; c'est
là précisément ce qu'il a fait.

Le prince Dolgoroukow n'aime pas les preuves matérielles ; c'est, chez lui, une prévention systématique.
Je la lui pardonne; mais je dis qu'il n'y a pas besoin
d'expertise. Je serais même disposé, dans une affaire
si grave et qui intéresse, à un si haut point, l'honneur
de deux familles illustres, à faire bon marché des
preuves matérielles et à ne discuter que la preuve
morale à la main. La preuve morale, c'est la lumière

qui éclaire le débat; c'est l'âme qui illumine le corps. Elle a d'ailleurs ce caractère qu'elle renferme en quelque sorte l'aveu émané de la personne contre laquelle elle est apportée. Elle fait lire dans son cœur; elle s'inspire fondamentalement de l'étude de sa vie tout entière, et elle trahit ainsi son secret intime.

Dans cette affaire, messieurs, nous sommes heureusement très-riches en preuves morales; elles abondent. Eh bien! consultons-les maintenant; mais rappelons, avant d'entrer dans cet examen, les trois preuves matérielles tirées de l'orthographe des noms, de la citation abrégée du titre de l'ouvrage, et des traits horizontaux, arguments tout à fait exclusifs de l'intervention d'un tiers, et qui, par là même, prouvent énergiquement que l'écriture du billet ne peut émaner que du prince Dolgoroukow.

Si je parviens maintenant à apporter l'appoint des preuves morales, en combinant alors ces deux éléments, je pourrai affirmer que la lumière judiciaire est faite, qu'elle est complète. Je divise ainsi les preuves morales :

1° Celles qui résultent de la correspondance de 1856; ce sont les plus importantes;

2° Celles qui résultent des étranges inexactitudes commises par le prince Dolgoroukow, dans l'article du *Courrier du Dimanche* du 6 mai 1860;

3° Enfin celles qui résultent des variations, des tergiversations dans les allures, dans le langage, dans l'attitude du prince Dolgoroukow.

J'examine d'abord la correspondance. La lettre du 4 juin commence ainsi :

« Mon prince,

« Je m'occupe en ce moment à mettre la dernière main au quatrième volume de mon livre généalogique; dans ce volume se trouveront les Wéliaminow, et, par conséquent, les Woronzow. J'examine scrupuleusement les papiers que Votre Altesse m'a envoyés, et jusqu'à présent il m'a été impossible de découvrir, dans les vieux documents et les chroniques, des preuves de l'authenticité des papiers en question. »

Ainsi, le prince Dolgoroukow examine scrupuleusement, et JUSQU'A PRÉSENT il lui a été impossible de reconnaître l'authenticité des documents. Qu'est-ce à dire ? La question n'est pas vidée ; le procès n'est pas jugé ; l'affaire n'est pas encore complétement éclairée pour le généalogiste. La seule chose contestable, d'ailleurs, à ses yeux, c'est l'authenticité des papiers. Je continue :

« Les sentiments de respect et d'admiration que je professe pour Votre Altesse m'auraient rendu bien doux le plaisir de vous être agréable ; mais je serai obligé d'imprimer l'article d'une manière complétement opposée à celle que vous auriez désirée, mon prince, si vous ne vous pressez point de m'envoyer des documents supplémentaires. »

Le prince Dolgoroukow a fait des recherches et, *jusqu'à présent*, il n'est point satisfait ; il poursuivra donc ces investigations. Pourquoi dit-il aussitôt au maréchal qu'il est *obligé d'imprimer la généalogie d'une manière complétement opposée à celle qu'on eût désirée ?* Non, il n'y est pas encore obligé, il faut attendre ; lorsque l'examen sera achevé, alors seulement on prononcera. N'avait-il pas promis de vive voix au maréchal de ne point émettre une opinion tranchée ? Pourquoi déclare-t-il donc qu'il est obligé d'imprimer l'article d'une manière complétement opposée aux désirs du maréchal, encore bien que l'étude ne soit pas complétée !...

« Si vous ne vous pressez point de m'envoyer des documents supplémentaires qui, éclaircissant les passages obscurs, auraient pu lever toutes difficultés. »

Comment expliquer ces expressions ? Des passages obscurs ! La généalogie est établie, les actes sont probants, *l'authenticité seule manque aux documents;* c'est le prince Dolgoroukow qui l'écrit.... Pourquoi donc demande-t-il des *documents supplémentaires* destinés à éclaircir des passages obscurs..., et qui auront pour effet *de lever toutes les difficultés ?* Je ne comprends plus ces appréciations, et ce raisonnement me confond.

On a demandé au maréchal des documents ; le maréchal s'est empressé de les envoyer. A coup sûr, il n'aura pas gardé, par devers lui, ceux qui étaient de nature à lever toutes les difficultés. Imagine-t-on que des documents supplémentaires qui n'ont ni le caractère, ni le degré de force de ceux compris dans le premier envoi, puissent lever toutes les difficultés, en éclaircissant tous les passages obscurs?

Tout cela, messieurs, n'est-il pas de nature à faire une vive impression? Pressons encore l'argument. Comment! ces *documents supplémentaires*, que leur qualification même caractérise d'insuffisants par eux-mêmes, ils auront un effet décisif? Ils n'auront pas besoin, eux, d'un complément de preuves? A eux seuls, quoi! ils lèveront toutes les difficultés.

Ah! messieurs, si, au lieu de ces mots : *documents supplémentaires*, vous voulez bien écrire le chiffre de la zapiska (50,000 roubles), si vous opérez cette substitution, toute difficulté disparaît, toute obscurité est dissipée.

Disons-le hautement, il est impossible qu'une telle lettre émane d'un généalogiste sérieux, qui fait une œuvre consciencieuse. Qu'eût fait un généalogiste véritable? Consultez les hommes spéciaux ; ils vous diront que lorsqu'une chaîne généalogique n'est pas fortement reliée par des documents authentiques, le généalogiste recherche et précise quel est l'anneau de la chaîne qui est brisé, afin de la souder, s'il est possible, à l'aide d'un document supplémentaire, spécial, désigné. Ainsi il dira : Envoyez-moi tel acte pouvant relier telle génération à telle autre. — Tel document est obscur, et il l'indique clairement ; envoyez-moi, pour l'éclaircir, telle pièce qui doit se trouver ici ou là. Voilà le langage du généalogiste.

Quelle est, au contraire, la conséquence du langage tenu par le prince Dolgoroukow ? C'est de jeter le trouble et la confusion dans l'esprit du maréchal Woronzow ; c'est de lui faire croire qu'il n'a pas confiance dans sa généalogie. Cela posé, il se montre résolu, inflexible, et il dit nettement : «Je publierai votre généalogie dans un sens tout à fait opposé à celui que vous avez désiré. »

Puis il termine ainsi : « Le temps marche : il faut se hâter dans l'envoi des documents. Je resterai ici à la campagne jusqu'aux premiers jours d'octobre. Mon adresse est...., etc.

« Je prie Votre Altesse d'agréer l'hommage du profond respect et du sincère dévouement avec lesquels j'ai l'honneur d'être

  « Votre très-obéissant serviteur,

   « Prince PIERRE DOLGOROUKOW.

« Ce 4/16 juin 1856. »

Peut-on se méprendre encore sur les intentions de

cet homme vénal? J'en ai assez dit sur cette lettre.
Pour ne pas fatiguer l'attention du tribunal, je me
dispense de lui donner une nouvelle lecture de la réponse du maréchal Woronzow; je la résume en disant que le maréchal avait certainement compris la
pensée du prince Dolgoroukow et qu'il n'a jamais eu
l'idée que la zapiska émanât d'une autre source. Seulement il ne s'abaisse pas à formuler de telles appréciations. Quand on est le maréchal Woronzow, on
méprise, fût-il prince aussi, l'écrivain éhonté qui
vend sa conscience, et on témoigne son mépris en
vrai gentleman.

L'expression de ce mépris elle est dans le *post-
scriptum* :

« *P.-S.* J'ai trouvé, à ma grande surprise, dans
votre lettre, une *zapiska* non signée et d'une main
qui me paraît différente de la vôtre, dont je vous
envoie ci-joint la copie. Vous saurez peut-être apprendre qui a osé envoyer une pareille *zapiska* dans
une lettre cachetée par vous et de votre cachet. J'ai
cru devoir garder l'original avec la lettre que vous
avez bien voulu m'écrire, et quand nous nous verrons je serai prêt à vous remettre cette *zapiska* dans
l'idée que peut-être vous voudrez en faire usage pour
découvrir la main qui l'a écrite.

« Wilbad, ce 26 juin / 9 juillet. »

Peut-être ! Ce mot-là est répété deux fois. Ce *peut-être* est vraiment d'un grand seigneur, et ce qui pourrait m'étonner, c'est qu'un autre grand seigneur ne semble pas l'avoir compris.

Le prince Pierre Dolgoroukow, en réponse au maréchal, adresse une seconde lettre que je dois lire au tribunal :

« Mon prince,

« J'ai eu l'honneur de recevoir votre lettre de Wilbad du 27 juin/9 juillet. J'ai été stupéfait en lisant dans cette lettre que vous aviez trouvé dans la mienne un billet à écriture inconnue (non ! ce n'est pas cela qu'écrivait le maréchal), et en parcourant la copie du contenu du billet que vous m'avez envoyée. J'aurais été bien curieux de savoir qui a osé se permettre ce tour audacieux, cette action qui n'a pas de nom.

« Pour en revenir, mon prince, à la question généalogique sur laquelle nous avons chacun une manière de voir différente, vous me dites, dans votre lettre, qu'après la publication, etc., etc. »

Ainsi le maréchal vous fait savoir qu'il a reçu, scellé de votre cachet et de vos armes, une lettre anonyme contenant une infamie... Quels doivent être votre premier besoin et votre premier devoir, si vous êtes innocent ? N'est-ce point de protester violemment ? Eh quoi ! l'homme éminent auquel vous accordez respect et admiration, l'illustre maréchal vous fait savoir que vous courez le risque d'être accusé de la tentative la plus flétrissante, de l'escroquerie la plus cynique, et, pour toute réponse, vous dites à cet homme : *Je serais curieux de savoir qui a pu se permettre ce tour audacieux !*

Et vous avez hâte d'en revenir à la question généalogique. Voilà la seule formule de votre indignation. Ah! vraiment, il s'agit bien de généalogie! Il s'agit bien désormais d'établir que les Woronzow actuels descendent ou ne descendent pas des anciens boyards Woronzow! Etablissez donc, tout d'abord, que vous n'avez pas sali le nom que vous portez et déshonoré le blason de votre antique famille! Mais non ; vous discutez généalogie, vous parlez de protestations et de contre-protestations, lorsque le débat est vidé entre le prince Woronzow et vous, par cette phrase du maréchal, si hautaine et si digne : « Il dépend de vous de faire là-dessus tout ce que vous voudrez! » Ah! tenez, votre incroyable réponse est la preuve la plus éclatante de l'indignité de votre âme.

Je la lis jusqu'au bout :

« Pour en revenir à la question généalogique sur laquelle nous avons chacun notre manière de voir différente, vous me dites dans votre lettre qu'après la publication, en hiver, du quatrième volume de

mon livre généalogique, vous publierez une protestation. C'est très-juste ; chacun a le droit de protester
contre un livre imprimé; mais une fois cette polémique engagée, je me réserve de faire alors paraître,
à mon tour, une contre-protestation, appuyée sur
des faits et des preuves irréfutables. Le public jugera. »

N'êtes-vous pas profondément surpris, messieurs,
par la nouvelle attitude et par les révélations tout
à fait inattendues du prince Dolgoroukow? N'oubliez
pas que, le 4 juin, il avait, au sujet de la descendance
de Woronzow, des doutes portant seulement sur
l'authenticité des papiers. Ces doutes, l'envoi de
documents supplémentaires pouvait les faire disparaître complétement......: « Des documents supplé-
« mentaires qui, en éclaircissant les passages obs-
« curs, auraient pu lever toutes les difficultés. »
Quelques documents supplémentaires, et il n'y aura
plus un nuage! Voilà bien le langage de la première
lettre. — La seconde lettre, messieurs, elle est tout
autre. Il ne s'agit plus de doutes... Le prince Dolgoroukow tient en réserve, contre les prétentions
du maréchal, des faits et des preuves irréfutables !
Qu'on explique encore cette contradiction !

Si je comprends bien cette nouvelle attitude et ce
nouveau langage, c'est à la menace qu'on a recours
maintenant. Le 4 juin, le prince Dolgoroukow était
plein de déférence et d'obséquiosité vis-à-vis du

noble maréchal.... On risquait avec plus ou moins d'habileté l'infâme proposition que vous savez... Le 16 juillet, la manœuvre n'a pas réussi et la proposition est rejetée. Dès lors on ne laisse aucune lueur d'espoir et on emploie la menace. Nouvelle voie, nouveau moyen qui trahit, avec plus d'âpreté peut-être, les mêmes mobiles et les mêmes appétits. Comparez enfin, messieurs, les formules finales de ces deux documents où tout est important.

Le 4 juin : « Je prie Votre Altesse d'agréer l'hommage du profond respect et du sincère dévouement avec lesquels j'ai l'honneur d'être votre très-obéissant serviteur. »

Le 16 juillet : « Je prie Votre Altesse d'agréer l'hommage de mon respect. »

Quel contraste ! pourquoi donc les formules sont-elles aussi notablement modifiées ? Le maréchal n'a adressé aucun outrage au prince Dolgoroukow ; il a eu la politesse de lui répondre comme s'il s'abusait sur l'origine de l'écrit anonyme ; sa lettre est la lettre d'un grand seigneur à un grand seigneur. Pourquoi donc le prince Dolgoroukow a-t-il changé de langage ?

Je n'ai plus rien à vous apprendre à cet égard, messieurs, et je me résume ainsi : La lettre du 4 juin, la zapiska qu'elle contenait et la lettre du 16 juillet, forment un ensemble de documents dont les éléments s'expliquent les uns les autres, se supposent mutuellement et se complètent! Je dis qu'ils se complètent, parce qu'il y avait un point très-essentiel qu'on n'avait pu traiter dans la première lettre ; il fallait une pièce additionnelle qui posât le chiffre du marché proposé, et je déclare, avec une douleur qui n'est égalée que par la conviction la plus inébranlable, que, dans ma pensée c'est pour ce chiffre que la zapiska a été écrite.

J'en ai fini avec la correspondance.

La seconde preuve morale contre Dolgoroukow se tire des inexactitudes singulières contenues dans l'article du *Courrier du Dimanche* du 6 mai.

On lit dans cet article : « Pendant les dernières années de mon séjour en Russie, j'ai publié en russe quatre volumes de généalogies. Ce livre souleva de vives susceptibilités et me valut de nombreux ennemis. Parmi les personnages dont les prétentions généalogiques n'étaient point admissibles, se trouvait le maréchal prince Michel Woronzow. Pendant son dernier séjour à Pétersbourg, en 1856, il ne cessa de me solliciter de dire, dans le quatrième volume que j'allais faire paraître, que les Woronzow actuels sont issus de l'ancienne maison des boyards Woronzow (éteinte à la fin du xvie siècle); il affirmait avoir en sa possession les documents à l'appui. Je savais que son assertion était contraire à la vérité, mais les égards dus à ses cheveux blancs d'octogénaire ne permettaient point une négation directe;

je me bornai à lui répéter, chaque fois qu'il m'en parla, que je serais charmé de voir et d'examiner ces documents. M'étant rendu à la campagne et comptant, à mon retour à Saint-Pétersbourg, mettre sous presse le quatrième volume, je crus convenable, en souvenir des politesses dont m'avait comblé le vieux maréchal, de lui écrire que le volume paraîtrait bientôt, et que je regrettais vivement de n'être point à même de satisfaire à son désir, n'ayant point eu l'occasion de voir les documents historiques dont il m'avait parlé. C'était un acte de courtoisie vis-à-vis d'un vieillard qui, plus d'une fois, avait conduit nos troupes à la victoire. »

La vérité est que les documents avaient été remis par le prince Woronzow au prince Dolgoroukow. Ces documents étaient considérables. Ils ne s'étaient pas égarés ; les lettres des 4 juin et 16 juillet en font foi. Ah ! on ne savait pas, le 6 mai 1860, date de l'article, que la correspondance de 1856 avait été précieusement gardée par le maréchal Woronzow et par le prince Simon, son fils !

Second passage : « On peut juger de ma stupéfaction et de mon indignation, en recevant du maréchal une lettre où il me faisait l'injure de m'écrire, comme si, dans la lettre que je lui avais adressée, il avait trouvé un billet, d'une écriture différente de la mienne, où on lui proposait de m'envoyer 50,000 roubles. Indigné, je répondis au maréchal par une lettre peu polie, où j'exigeais que l'original du billet en question fût produit.

C'était là, j'en conviens, la conduite que devait tenir l'auteur de l'article s'il eût été innocent. Devant cette accusation, si outrageante par elle-même et tombée de si haut, la question généalogique disparaissait entièrement; il fallait réclamer le billet et démasquer la fraude, chercher du moins, sans trêve ni repos, la main criminelle! — Eh bien! non, l'original du billet infâme n'a pas été produit, et le prince ne l'a ni exigé, ni accepté : « J'aurais été curieux de savoir qui a osé se permettre ce tour audacieux, cette action qui n'a pas de nom. » Pas un mot de plus; cela ressemble-t-il à une sommation ?

Dernier passage : « J'attendis en vain une réponse pendant plusieurs semaines. Dans l'état d'anarchie où se trouvent les tribunaux en Russie, la procédure n'étant chez nous qu'une fusion de l'arbitraire et de la vénalité, je savais bien que toute plainte portée contre un homme puissant à la cour aboutirait infailliblement à une fin de non-recevoir. Il ne me restait qu'à m'adresser à l'équité du gouvernement, et c'est ce que je fis sans aucun succès. Je revins à Pétersbourg, j'allai voir le ministre de la police, le prince Basile Dolgoroukow, je lui montrai la lettre du maréchal, je le priai d'en parler à l'empereur, et je demandai une enquête sévère. Le prince Basile me répondit que l'on ne pouvait procéder à une enquête dans une affaire où se trouvait impliqué un chevalier de Saint-André, un maréchal. Je lui demandai s'il existait, pour les maréchaux et les chevaliers de Saint-André un privilége d'impunité pour des actes qui, chez les simples particuliers, constituent un crime de faux. Le prince Basile me déclara qu'il ne parlerait point à l'empereur, qu'il n'y aurait point d'enquête, et se refusa même à prendre la lettre du maréchal pour la montrer à l'empereur. Je répondis au prince Basile que j'espérais le voir revenir sur sa décision, et que je reviendrais lui en parler au bout d'une semaine. J'avais le projet, si l'on continuait à vouloir étouffer cette affaire, d'en publier le récit à l'étranger, afin d'obliger le maréchal lui-même à demander une enquête. »

Rien de tout cela n'a été fait, messieurs ; et il n'y a, dans ce long article du *Courrier du Dimanche*, qu'un tissu d'allégations mensongères. Le prince Dolgoroukow n'a tenté aucune démarche sérieuse pouvant aboutir à une enquête. Il n'a pas publié le récit de l'affaire à l'étranger ; il est question de cette affaire, pour la première fois, le 6 mai 1860.

Dira-t-on que, le prince Michel Woronzow étant mort, on n'avait plus aucun intérêt à protester ? Mais le maréchal avait un fils ; et la lettre qu'on eût dû arguer de faux, était dans les mains de ce fils. Pourquoi ne l'a-t-on pas réclamée, alors surtout qu'elle avait été offerte par le maréchal ? Non , de 1856 à

1860, aucune réclamation, aucune démarche ; silence absolu ! L'outrage n'était-il donc pas sanglant ? Etait-il besoin d'une injure plus cruelle pour faire sortir Dolgoroukow de son inexplicable léthargie ?

Le prince Michel Woronzow était à Moscou le 26 août 1856, à l'occasion du sacre de Sa Majesté l'empereur Alexandre. Son fils et sa famille lui formaient cortége. Tous les grands de la Russie s'étaient donné rendez-vous dans la vieille capitale. — Le prince Dolgoroukow y était-il ? Il affirme être resté à la campagne. Je crains qu'il ne se calomnie lui-même. Le prince Simon Woronzow, voulant se renseigner sur ce point auprès des membres de la famille de son adversaire, a écrit dans les termes que voici à madame la comtesse Panine :

« Paris, ce 22 décembre.

« Madame la comtesse,

« J'ai l'honneur de m'adresser à vous, en vous priant de vouloir bien me donner un renseignement dont j'ai un besoin urgent dans ce moment.

« Pourriez-vous certifier avoir vu et reçu chez vous le prince Pierre Dolgoroukow, à Moscou, dans le courant du mois de juillet ou du mois d'août 1855, lors du séjour dans notre ville capitale de S. M. l'empereur, pour les cérémonies de son sacre, époque à laquelle se trouvaient réunies presque toutes les personnes marquantes de l'empire, et parmi elles, mon père, le prince Michel Woronzow?

« Je vous supplie, madame, de me donner là-dessus, par écrit, un renseignement positif.

« Je suis vraiment au désespoir de vous causer cet ennui; ne m'en voulez pas de grâce; mais je suis obligé de m'adresser à votre loyauté, pour faire jaillir la vérité sur un point très-important.

« Veuillez, madame la comtesse, agréer l'expression de mes respectueux hommages.

« WORONZOW. »

Voici la réponse :

« La précision avec laquelle vous me demandez, mon prince, si j'ai vu mon cousin Dolgoroukow à Moscou, lor: du couronnement, ne me laisse point douter que ce renseignement ne vous soit nécessaire pour l'affaire qui m'afflige si profondément, et à laquelle j'avais voulu rester complétement étrangère; mais je dois répondre à l'appel que vous avez fait à ma loyauté, en vous disant que mon cousin le prince Pierre Dolgoroukow est venu me voir une fois à Moscou, dans le courant du mois d'août 1855; ceci est positif.

« Agréez, mon prince, l'assurance du regret que j'éprouve d'avoir l'air d'être une des personnes si nombreuses qui lapident mon malheureux cousin;

mais, comme je vous l'ai dit plus haut, je devais à la vérité de vous parler de notre entrevue.

« Agréez l'assurance de mes sentiments distingués.

« Comtesse PANINE. »

Si le prince Dolgoroukow était à Moscou lors du sacre, pourquoi n'y a-t-il pas vu le maréchal? pour-- quoi n'a-t-il pas réclamé de lui une explication deve- nue indispensable? Qu'on ne dise plus qu'il ne l'a pas fait, parce que le prince Michel Woronzow ne l'avait pas cru l'auteur de l'écrit. Non, le prince Dolgorou- kow n'avait pas pu se méprendre sur le véritable sentiment du maréchal. De toute façon, d'ailleurs, une entrevue était nécessaire, indispensable; le désir de l'obtenir sans délai devait suffire pour attirer le prince Pierre Dolgoroukow à Moscou.

Mais il affirme n'y être pas allé, et voici la lettre qu'il produit à l'appui de son assertion :

« Mon prince,

« Je viens de recevoir votre lettre de ce 24 décem- bre; vous me demandez un témoignage écrit, et cet appel à ma loyauté est trop sérieux pour que j'hé- site à vous le donner.

« Je me trouvais à Moscou pendant les fêtes du sacre de S. M. l'empereur Alexandre II, en août et septem- bre 1856.

Je n'ai pas eu l'honneur, mon prince, de vous voir,

chez moi, ou de vous rencontrer ailleurs à cette
époque, et je n'ai jamais entendu dire que vous soyez
alors venu à Moscou.

« Veuillez recevoir, mon prince, l'assurance de mes
sentiments très-distingués.

« Princesse TROUBETZKOI,

« née princesse de BÉLOZERSK. »

Je livre ce document à l'appréciation du tribunal.
Il n'a pas, à mes yeux, la portée décisive que prétend
lui attribuer celui qui l'invoque. Madame la princesse
Troubetzkoi déclare *n'avoir pas vu, chez elle, le prince
Dolgoroukow et n'avoir pas entendu dire qu'il ait
paru à Moscou pendant les fêtes du sacre*. J'admets
la parfaite sincérité de cette déclaration ; mais en
quoi contredit-elle l'affirmation si nette, si catégorique et tout aussi sincère, à coup sûr, de madame la
comtesse Panine, cousine du prince Dolgoroukow ?
« *Mon cousin est venu me voir à Moscou dans le courant du mois d'août* 1856 ; *ceci est positif...* »

J'avais parlé d'inexactitudes étranges ; ne pourrais-
je maintenant, messieurs, leur donner un autre nom ?
et n'aurais-je pas le droit de qualifier sévèrement
la conduite de celui qui s'en est rendu coupable ?
« Le déshonneur accompagne le mensonge, dit Kant,
et ne quitte pas plus le menteur que l'ombre ne
quitte le corps..... Le mensonge est l'avilissement et
en quelque sorte l'anéantissement de la dignité

d'homme. » Je laisse le prince Dolgoroukow sous le poids de cette sentence du philosophe allemand.

La troisième preuve morale établissant que le billet anonyme émane du prince Dolgoroukow résulte de ses tergiversations, des variations nombreuses d'allure, d'attitude et de langage, dont le récit fidèle afflige votre audience. Je n'ai pas à insister sur ces variations parce déjà j'ai dû vous en entretenir et qu'elles ont déterminé les divisions principales de ce discours ; je les rappelle en quelques mots.

Le numéro du *Courrier du Dimanche* qui a donné lieu aux débats porte la date du 6 mai 1860. La lettre adressée par le prince Simon Woronzow à M. de Tolstoy suivit de très-près et, dès le mois de juillet, était lancée l'assignation contre le prince Dolgoroukow. Celui-ci avait publié, dans le *Courrier du Dimanche*, que le maréchal était l'auteur de l'écrit anonyme ; c'était le premier système.

Qu'a répondu le prince Dolgoroukow à l'assignation du prince Woronzow ? Qu'une main vénale avait fabriqué le billet ; second système.

Dix-huit mois s'écoulent, et on vient produire pour la première fois, devant vous, un système qui contredit tout ce qu'on a allégué jusque-là. Oui, messieurs, il a fallu dix-huit mois pour trouver ce singulier système, le système calomnieux de l'ennemi politique !

Tous ces systèmes, toutes ces affligeantes tergiversations, que prouvent-elles? Une seule chose, en dehors de laquelle, quoi qu'on fasse, elles restent inexplicables : le trouble d'une conscience coupable, condamnée à chercher un refuge impossible dans les plus misérables expédients.

Est-ce tout? Aucun élément sérieux n'est, ce me semble, resté sans réponse, et la réponse a été, sur tous les points, nette et catégorique.

Toutefois il pourrait peut-être rester encore quelques nuages, si je ne répondais, en quelques mots au moins, à deux objections principales.

Il y a, dit-on, des invraisemblances choquantes dans le système qui tend à rendre le prince Dolgoroukow responsable du billet anonyme. Tout d'abord, le cynisme du moyen employé révolte la conscience, et supposerait, chez son auteur, une défaillance morale et une déchéance qui semblent impossibles. On ajoute que le prince Dolgoroukow, doué d'une intelligence peu commune, aurait trouvé, pour arriver à un but honteux, des équivalents qui n'eussent pas trahi sa personnalité; il aurait tenté, de vive voix, une demande au maréchal, employé un intermédiaire, ou procédé par le moyen si connu et si peu compromettant des propositions voilées. Enfin, comment concevoir, en cas de succès du chantage, l'exécution du marché et l'envoi, de Wilbad (Allemagne) en Russie, des 50,000 roubles argent.

Voilà une première série d'objections. Au point où

nous en sommes, je ne leur dois que quelques mots de réponse.

Le moyen éhonté? il ne saurait plus nous étonner de la part de l'homme que j'ai dû m'appliquer à vous faire connaître; tant de preuves morales et matérielles s'accumulent sur sa tête! Une proposition de vive voix? Il n'eût jamais osé la formuler en face de ce noble vieillard dont la fière attitude commandait le respect. L'intermédiaire? Le prince Dolgoroukow pouvait-il donc charger un tiers d'aller dire au maréchal qu'il lui offrait sa conscience au prix de 50,000 roubles? Quoi! il y aurait eu, au monde, un tiers devant lequel le prince Dolgoroukow et le maréchal Woronzow lui-même, s'il eût accepté la proposition, eussent dû rougir de honte! Passons. En cas de succès, comment envoyer la somme considérable destinée à payer l'infamie du prince Dolgoroukow et le déshonneur de sa race? Cette difficulté n'est pas sérieuse. Un mot de la main du maréchal, un simple engagement, quelque voilé qu'il fût, eût suffi. La généalogie eût été publiée, et vous savez dans quel sens. Ce mot eût pleinement rassuré et satisfait les honteuses convoitises du généalogiste.

On fait une dernière objection, d'une autre nature; on dit : Si le prince Dolgoroukow a été capable de concevoir et d'essayer un pareil chantage, il ne s'est pas arrêté à un acte isolé, et il sera facile de découvrir, à chaque pas sur sa route, la trace de faits analogues;

que si l'accusation du prince Woronzow est la seule qu'on puisse relever, la plus vulgaire prudence exige qu'on mette en doute sa sincérité.

Au nom du prince Dolgoroukow, on nous apprenait, à la dernière audience, que son ouvrage généalogique ne contient pas moins de soixante pages de rectification. Je n'ai pas la preuve que ces rectifications aient été le résultat de honteux trafics ; mais une pareille déclaration, faite par l'homme que vous savez, donne fort à réfléchir ; soixante pages de rectifications ! Il n'y a pas à discuter un pareil fait, je me borne à le signaler à vos consciences... En outre, de deux choses l'une : ou bien ceux auxquels le prince Dolgoroukow s'est adressé ont subi le chantage, ou bien, à l'exemple du maréchal, ils l'ont repoussé. Quant à ceux qui l'ont subi, croyez-vous qu'ils soient disposés à divulguer le marché? Croyez-vous qu'ils puissent se démasquer et venir dire : Il y a un homme qui nous a proposé un marché déshonorant, et nous avons donné la main à cet homme? Cela n'est pas possible ; le silence est forcé de leur part et le tribunal ne peut attendre, de ce côté, aucune lumière. Et ceux qui ont résisté au chantage peuvent-ils dénoncer la tentative, même infructueuse, faite auprès d'eux par le prince Dolgoroukow? Pas davantage, qu'on y réfléchisse bien. Le maréchal Woronzow lui-même avait gardé le silence ; si son fils n'a pas eu la même réserve, c'est qu'on la lui a rendue impossible, et qu'il ne s'agissait de rien moins que de venger la mémoire de son père. Le prince Dolgoroukow était trop habile pour s'adresser aux familles dont les généalogies étaient basées sur des pièces et documents publics respectés par les révolutions. Les autres, elles ne peuvent dénoncer publiquement les propositions honteuses dont elles ont pu être l'objet, sans faire naître des soupçons sur la valeur des titres en leur pouvoir. Quant au maréchal Woronzow, outre qu'il eût autorisé par là des doutes sur la descendance, si légitimement ambitionnée par lui, des fameux boyards, il en eût trop coûté à la dignité de son caractère de livrer au mépris public un homme qui porte l'un des noms les plus illustres de la Russie.

J'ai terminé, messieurs, l'examen de ce grave procès. Que votre justice prononce maintenant! qu'elle descende sur ceux qui l'ont appelée, qu'elle les atteigne, les frappe ou les console, et que chacun l'attende et la recueille avec respect.

J'ai fini ; mais avant de m'asseoir, permettez-moi de placer ici quelques dates, dans un simple rapprochement que je n'ai jamais fait sans une vive émotion, pendant les longues heures de méditation et de recueillement que j'ai dû m'imposer.

C'est au mois de juin 1856 que fut conçu et fabriqué l'écrit anonyme qui devait amener de si terribles conséquences. C'est au mois d'août de la même année que le prince Michel Woronzow recevait la dignité de feld-maréchal, suprême récompense d'une longue et glorieuse existence utile à son pays. Trois mois après, le 18 novembre 1856, la Russie perdait en lui un de ses plus dignes enfants.

Certes, le noble vieillard était loin de prévoir que sa mémoire allait être outrageusement attaquée; mais s'il l'eût prévu, la sérénité de son âme n'en eût point été altérée. Les souvenirs qu'il laissait après lui ne devaient-ils pas le défendre contre d'odieuses imputations? Ne pouvait-il pas, d'ailleurs, dire avec le poëte, et plus heureux que lui :

Nascetur et quondam nostris ex ossibus ultor !

Le prince Simon Woronzow a dignement rempli ce devoir de la piété filiale ! Je ne sais pas, pour ma part, d'attitude plus digne que la sienne de sympathies et de respect, et je ne connais pas de cause plus noble, plus juste et plus légitime que celle qu'il est venu défendre.

Nous avons l'honneur, messieurs, de prendre les conclusions suivantes.

Sur la demande en dommages-intérêts formée par le prince Woronzow contre le prince Dolgoroukow :

Attendu que, dans l'article publié dans le *Courrier du Dimanche* du 6 mars 1860, le prince Dolgoroukow impute au feld-maréchal prince Woronzow d'avoir eu l'*effronterie* de lui écrire, comme si, dans la lettre qu'il lui avait adressée, le maréchal avait trouvé un billet où on lui proposait d'envoyer audit prince Dolgoroukow une somme de 50,000 roubles, afin qu'il consentît à écrire, dans le quatrième volume qu'il allait faire paraître, que les Woronzow actuels sont issus de l'ancienne maison des boyards Woronzow;

Que le prince Dolgoroukow ajoute qu'il *ne veut point troubler la cendre d'un mort*, mais qu'*il doit dire que cet épisode projette une lueur honteuse sur l'administration russe*. « *Voilà*, dit-il, *un faux évident; mais l'on se refuse à toute enquête, parce qu'un chevalier de Saint-André, un maréchal, y serait impliqué!* »

Attendu que l'imputation de ces faits est évidemment attentatoire à l'honneur du feu maréchal prince Woronzow;

Qu'il n'est pas contesté que le prince Simon Woronzow, son fils, a qualité pour en poursuivre la réparation;

Qu'en se reconnaissant l'auteur de cet article, d'ailleurs signé de lui, le prince Dolgoroukow allègue, pour se disculper, qu'il a usé du droit de légitime réponse;

Mais que rien, dans la cause, n'autorise à penser que la lettre, signée Michenski, et publiée par le journal le *Courrier du Dimanche*, dans son numéro du 29 avril 1860, soit l'œuvre du prince Woronzow, ou qu'il ait, même indirectement, concouru à sa rédaction ou à sa publication ;

Que le prince Dolgoroukow ne peut donc décliner la responsabilité de cet article, ni l'obligation de réparer le dommage causé ;

Il plaise au tribunal condamner le prince Dolgoroukow à payer au prince Woronzow, à titre de dommages et intérêts, telle somme qu'il lui plaira fixer, et condamner le prince DOLGOROUKOW AUX DÉPENS.

Sur la demande en dommages formée par le prince Woronzow contre le sieur Laurent, rédacteur du journal le *Courrier du Dimanche* :

Attendu que le sieur Laurent reconnaît avoir inséré dans ses colonnes l'article dont il s'agit, et que la solidarité est de droit ;

Il plaise au tribunal, condamner le sieur Laurent, solidairement avec le prince Dolgoroukow, à payer au prince Simon Woronzow, à titre de dommages et intérêts, la somme qui aura été arbitrée par le tribunal et les dépens de l'instance ;

Sur la demande en dommages formée par le prince Dolgoroukow contre le prince Worouzow ;

Attendu qu'en tant que cette demande repose sur la lettre signée Michenski et insérée dans *le Courrier du Dimanche* du 29 avril, cette demande est dépourvue de tout fondement ;

Qu'il a été établi que le prince Woronzow est complétement étranger à cet écrit ; d'où la conséquence que la responsabilité n'en saurait peser sur lui ;

Qu'il est vrai que, dans son acte de conclusions, le prince Woronzow impute au prince Dolgoroukow d'être l'auteur du billet anonyme inséré dans la lettre par lui écrite le 4 juin 1856, et qui contient la proposition honteuse qui donne lieu au procès ;

Qu'assurément, et au point de vue du caractère de ces allégations, on ne saurait douter qu'en thèse, elles ne puissent donner lieu à la réparation du dommage qu'elles ont pu causer ;

Mais attendu qu'antérieurement, et dans l'article publié par le journal le *Courrier du Dimanche*, le prince Dolgoroukow avait lui-même imputé au maréchal prince Woronzow d'avoir fabriqué le billet, en se demandant *s'il existait pour les maréchaux et les chevaliers de Saint-André un privilége d'impunité pour des actes qui, chez les simples particuliers, constituent le crime de faux;*

Que de ces attaques contre feu le maréchal prince Woronzow, est né, pour le prince Simon Woronzow, son fils, le droit incontestable de défendre l'honneur et la réputation de son père, et, par conséquent, de rechercher et de poursuivre l'auteur du billet qui constitue, suivant l'application qui sera faite des éléments de ces débats, ou un faux audacieux, ainsi que l'a dit le prince Dolgoroukow, ou un honteux chantage, ainsi que l'a déclaré le prince Woronzow ;

Que si, de la défense légitime du prince Simon Woronzow et des faits qu'elle a dû mettre en lumière, résulte un dommage pour la réputation du prince Dolgoroukow, il ne saurait, dans ces circonstances, prétendre que le dommage provienne d'un fait illicite ou accompli sans droit;

Il plaira au tribunal relaxer le prince Woronzow de la demande en dommages et intérêts formée contre lui par le prince Dolgoroukow et condamner ce dernier aux dépens.

OBSERVATIONS DE Mᵉ MARIE

I

Je ne veux pas revenir sur tout ce qu'il y a d'essentiel dans le débat; je ne veux que détruire quelques objections de détail, peu importantes d'ailleurs par elles-mêmes, et uniquement dans le but de ne rien laisser sans réponse. Dans un procès où tant de colères se glissent sournoisement, où tant d'hostilités secrètes et qui n'osent pas avouer les véritables raisons qui les poussent en avant, fournissent à nos adversaires des arguments bien ou mal armés, il est bon que les magistrats soient en garde contre le parti que l'on chercherait à tirer du silence ou de l'indifférence du prince Dolgoroukow.

II

J'ai attaché un grand intérêt à démontrer au tribunal que la raison des attaques pdieuses produites par Mi-

26

chenski était politique. Si, en effet, le prince Dolgoroukow n'avait pas publié son livre sur la Russie, personne
ne l'eût calomnié. Le prince Woronzow ne pensait pas
plus à se montrer agresseur envers lui, qu'il ne songeait, lui, à se montrer agresseur envers le prince Woronzow. Mais il a dit la vérité à la Russie, et alors a
surgi le calomniateur pseudonyme qui, ne pouvant discuter l'histoire, a calomnié l'historien. Ces tactiques
sont connues.

J'aurais pu, si je l'avais voulu, faire de cette cause
une cause politique, étaler au soleil de l'audience
toutes les vérités qui déplaisent tant aux conservateurs
satisfaits de l'administration russe. De belles et grandes
sources se seraient ouvertes devant moi ; je n'ai pas
voulu entrer dans cette voie, je n'ai dit sur l'ouvrage du
prince que ce qu'il fallait rigoureusement en dire pour
éclairer la conduite de Michenski, le tribunal me rendra
cette justice, et je n'ai point à me préoccuper de ce
que pourraient en dire les amis des adversaires. Je crois
à cet égard la lumière faite. Oui, le calomniateur a pris
la plume sous une inspiration politique ; oui, il a écrit
sous une inspiration politique ; oui, qu'il le sache ou
qu'il ne le sache pas, le prince Woronzow, qui croit
venger son injure personnelle, en réalité sert beaucoup
moins sa cause que la cause des ardents ennemis politiques du prince Dolgoroukow. La preuve ! elle est éclatante dans le silence des Woronzow depuis 1856, dans
le fait qu'ils sont restés étrangers, du moins ils le pro-

clament, à l'article de Michenski, dans cet article lui-
même. Passons.

III

Le prince Dolgoroukow a-t-il dû répondre à la diffamation de Michenski?

Oui, la réponse n'était pas un droit seulement, elle
était un devoir.

Soit, dit-on, il pouvait se défendre en niant l'accusation, en prouvant qu'elle était fausse, calomnieuse ;
mais il a diffamé le maréchal en l'accusant d'avoir fabriqué le billet faux ; or là est la diffamation.

Non, il n'est point exact de dire que le prince ait accusé le maréchal d'avoir fabriqué le faux billet, ni même
de l'avoir fait fabriquer.

Qu'on lise l'article, qu'on le relise, et qu'on me montre cette accusation formulée.

J'analyse. Dans une première partie, — récit des conversations généalogiques, — rien de plus.

Dans une seconde partie, — doutes sur ce point que
le billet incriminé ait été trouvé sous son cachet, récit
de ses démarches pour une enquête ardemment désirée
par lui, — rien encore qui formule une accusation.

Dans une troisième partie il relève cette assertion de
Michenski : « Le prince fit autographier l'épître et en
expédia la copie à des milliers de lecteurs. » Ah ! c'est
ici qu'il proteste, je l'avoue, avec une grande vigueur.

Non, dit-il, il n'est pas vrai que le prince ait fait cela ; car il est mort avant d'avoir pu le faire, et alors il proclame que ce billet qui aurait été publié est un faux ; et alors aussi, en présence de la prétendue publication, il déclare que le maréchal, qui se le serait ainsi approprié, se serait de lui-même impliqué dans le faux ; — mais un mot, un mot qui affirme que le maréchal ait fait fabriquer ou fabriqué lui-même le billet ? Non, ce mot n'y est pas.

Eh bien, le prince a-t-il eu droit de dire cela dans les termes ou dans les limites où il l'a dit ?

Voilà la question.

Ne déplaçons pas le débat ; le prince Dolgoroukow ne fuit pas devant ce qu'il a dit, mais il demande qu'on n'aille pas au delà de ce qu'il a dit.

IV

Maintenant précisons encore. J'ai dit : Le prince Dolgoroukow a pu écrire ce qu'il a écrit, si effectivement il a été calomnié, c'est-à-dire s'il est étranger au billet. Cette proposition est incontestable, et je pourrais ajouter incontestée.

J'ai dit encore : Il a pu intenter une demande reconventionnelle si, étranger au billet, le prince Woronzow l'a cependant accusé de l'avoir fabriqué. Cette proposition est incontestable encore.

Pour résoudre la première comme la seconde proposition, il faut donc prouver que le prince Dolgoroukow est l'auteur du billet. La déduction est logique et aussi incontestable.

Qui doit faire la preuve ? Le prince Woronzow.

Cette preuve est-elle rapportée ?

Voyons.

V

Trois questions doivent être posées et résolues. Soit.

Première question. — Est-ce Woronzow qui est l'auteur du billet ? Non, dit-on, on ne l'en accuse même pas.

Deuxième question. — Est-ce un tiers vendu ou ennemi ? Non, on ne le prouve pas.

Troisième question. — Est-ce le prince Dolgoroukow ? Oui, puisque ce n'est ni le prince Woronzow, ni un tiers vendu, ni un tiers ennemi.

Reprenons.

1° La solution donnée à la troisième question est au moins étrange. La preuve à faire contre le prince Dolgoroukow doit être positive, affirmative. De ce qu'il ne pourrait pas indiquer la personne qui a fabriqué le billet, une raison impartiale et sérieuse n'en pourrait certainement pas conclure que c'est lui qui est l'auteur. Ceci n'a pas besoin de démonstration. Tout ce qu'on peut lui demander à l'égard des tiers, ce sont des probabilités, des présomptions, des vraisemblances qui soient de nature à saisir l'esprit.

Quoi qu'il en soit, examinons de plus près.

2° J'ai dit pourquoi et comment je n'avais pas accusé le maréchal. Je renvoie, sur ce point, à la réplique.

Seulement, qu'on ne me dise pas que sa position le met à l'abri d'une pareille attaque, car alors j'ai le droit de revendiquer pour le prince Dolgoroukow le même privilége, et on ne peut me le refuser.

N'entrons pas dans cet ordre d'idées, car nous avons trop vécu pour ne pas savoir que trop souvent, sous de hautes positions, se sont abritées de tristes et désolantes actions, que l'histoire a révélées. Je ne cite pas de noms, parce que cela me répugne, voilà tout.

Pourquoi avoir été, à propos d'un Dolgoroukow, révéler un fait qui, quelle qu'en soit la mauvaise nature, est, on en convient, tout à fait étranger au prince Pierre? Pour avoir le droit de dire que, dans cette famille, tous tous les membres n'étaient pas également purs? Le prince Woronzow n'avait pas abordé ces voies brûlantes, et à mon grand plaisir, car il m'avait épargné ainsi le devoir d'y entrer moi-même.

Je n'y entrerai pas non plus dans ces observations imprimés; mais je mettrai sous les yeux du tribunal des documents imprimés qui prouveront, non contre le maréchal, je m'empresse de le dire, mais aussi contre un membre ancien de sa famille, ce que je disais plus haut que les grandes dignités ne conseillent pas toujours de bonnes actions.

3° J'ai accusé un tiers, une main ennemie, d'être l'auteur du billet. Oui, et je persiste à dire qu'elle est la seule solution vraisemblable. Mes raisons, je les ai données, je n'y reviens pas.

Première objection. — Contradiction entre les conclusions, œuvre du prince, et la défense de son avocat ; l'un dit : Main vénale ; l'autre : Main ennemie.

Réponse. — 1° Le prince Dolgoroukow n'a pas fait les conclusions, qui sont l'œuvre d'un clerc d'étude. Jamais, pour ma part, je n'ai argumenté sur une telle base, et je crois être dans le vrai et dans la raison.

2° Les explications que l'avocat a données, il les a reçues du prince. Il en a mesuré la gravité, la vraisemblance, et c'est parce qu'elles lui ont paru telles, qu'il les a produites.

3° Vénale ou ennemie ! il importe peu. Peut-être l'un et l'autre est-il vrai. Qu'importe encore ! Est-ce la main d'un tiers ? Voilà ce qu'il faut se demander.

Deuxième objection. — Comment la main d'un tiers aurait-elle pu introduire ce billet sous le cachet du prince ? La lettre du 4 juin ne s'est arrêtée nulle part, si ce n'est dans la main du maréchal et après un temps de parcours qui n'a duré que ce qu'il devait durer ; et puis, comment se procurer un cachet du prince ?

Réponse. — Nous voici, en vérité, à l'âge d'or de la pureté et de la loyauté des relations entre les hommes ! Faut-il donc discuter sérieusement, après tout ce que nous avons vu dans le monde, depuis tant d'années, la possibilité de briser une enveloppe de lettre, fût-elle scellée des armes de celui qui l'a écrite ? Est-ce en Russic plus que dans tout autre pays qu'il serait si difficile de se procurer des cachets ou des sceaux falsifiés?

La lettre, dit-on, a suivi son parcours sans s'arrêter, et elle n'a mis à ce parcours que le temps exactement nécessaire.

C'est une erreur.

Partie le 5 juin, la lettre devait arriver à Moscou le 7 au matin ; elle a dû en repartir immédiatement, car les postes se correspondent comme en France, et arriver à Pétersbourg le 9 ; — le 12 au plus tard elle abordait l'Allemagne; — le 14 elle était à Wilbad. Voilà le trajet normal ; accordez quelques jours de retard, soit, je le veux bien.

Mais elle n'est arrivée que le 25 au lieu d'arriver le 14, donc elle s'est arrêtée en route, aux bureaux du maréchal à Moscou, ou ailleurs, je ne sais, — entre les mains de ceux-ci ou de ceux-là, je ne sais encore ; — mais elle s'est arrêtée, voilà ce qui est certain.

Troisième objection. — Le prince Dolgoroukow n'avait pas d'ennemis en 1856.

Réponse. — 1° Il serait bien privilégié, vraiment, s'il en était ainsi. J'aurais grand désir d'invoquer pour lui ce privilége, qui prouverait bien quelque vertu dans cet homme.

2° Mais on oublie qu'en 1842 ou 1843 il avait déjà publié un premier ouvrage de généalogie. On oublie que, si, dans ce livre, il avait pu être agréable aux Woronzow, qui ne l'avaient pas payé pour cela cependant, et si le maréchal le tenait alors en grande estime et le recevait à sa table, il avait eté désagréable à d'autres personnes qui lui en avaient gardé une forte rancune. Son exil de Pétersbourg avait pu lui prouver qu'il ne comptait pas seulement des amis parmi ses compatriotes. Au retour de l'exil, il avait trouvé le maréchal fort gracieux pour lui, et avait retrouvé ainsi ses ennemis à leur poste.

En résumé, quelle main ennemie a tracé le billet ? Il est difficile de le dire ; mais, en vérité, la difficulté ne vient pas de ce que Dolgoroukow n'aurait pas eu d'ennemis ; elle viendrait plutôt de ce qu'il en aurait eu trop, et que, dans le nombre, ce serait un grand travail de saisir et de désigner une individualité.

Toutes ces objections sont donc vaines.

4° Reste maintenant à examiner la vraie question : Est-il prouvé que le prince Dolgoroukow soit l'auteur du billet ?

On invoque des preuves matérielles et des preuves morales.

Examinons les objections seulement sur les unes et et sur les autres, afin de ne pas faire double emploi avec les plaidoiries auxquelles nous renvoyons.

VI

PREUVES MATÉRIELLES.

Le ministère public, sans les rejeter complétement, a reconnu qu'on ne pouvait y attacher qu'une foi très-limitée, si à côté de ces preuves ne venaient pas se placer des raisons de décider plus sérieuses.

C'est ce que j'ai plaidé, et je n'ai rien à ajouter sur ce point.

Toutefois, on a relevé encore quelques indices que l'on a rattachés aux indices déjà signalés.

Sur ces derniers, je renvoie aux plaidoiries et aux observations. Je recommande au tribunal, surtout, quelques observations dernières sur une lettre de M. le comte Schouvalow.

Cette lettre, je ne la cite, qu'on le remarque, que comme type de comparaison. J'y ai bien lu aussi que l'auteur refusait de se rendre chez le prince Dolgoroukow, et qu'il y disait que s'il avait à prendre parti dans les affaires du gouvernement russe, ce serait aux ordres de ce gouvernement qu'il se mettrait. (Je ne cite pas textuellement, mais c'est bien le sens de la lettre.) Soit, je n'ai à contester ni la fidélité ni le dévouement du comte; je me féliciterai même avec lui, s'il le veut, de la publicité que va recevoir sa lettre, ce qui lui sera utile en Russie. Seulement, qu'il soit bien entendu que le prince Dolgoroukow ne lui avait donné aucun rendez-vous mystérieux, il ne s'agissait nullement d'une conspiration contre le gouvernement russe; et que si en communiquant sa lettre il a voulu soulever encore un peu d'irritation politique, eh bien! ce sera peine perdue.

Cela dit, je le répète, je prends sa lettre, tout bonnement et tout simplement comme type de comparaison d'écritures, et parce que j'y trouve des rapprochements très-curieux, très-utiles à la cause, et que je ne saurais trop recommander à l'attention du tribunal.

Quant aux remarques nouvelles du ministère public et qui consistent à dire que certaines lettres, la lettre *m* notamment, porterait un trait allongé, soit en dessus, soit en dessous, et que ce serait là, chez le prince, une habitude caractéristique.

Je réponds deux choses :

1° Que lui-même a reconnu que le prince tantôt mettait ce trait, tantôt ne le mettait pas; que dès lors il était fort difficile qu'il échappât à cet argument. Car si le billet incriminé n'avait pas porté de traits semblables, on aurait pu dire : Voyez telle écriture du prince, il n'y a pas de traits non plus, donc habitude caractéristique; il est le faussaire. Le billet en porte, au contraire, alors on se reporte à telle autre écriture qui en porte aussi et l'on conclut !

2° Que ce trait est, non pas dans les habitudes particulières du prince, mais dans les habitudes de tous les Russes, et cela s'explique : certaines lettres russes, en effet, portent ce trait tantôt en dessus, tantôt en dessous, ainsi la lettre *t,* qui s'écrit ainsi $\overline{m}$, — la lettre *cha*, qui s'écrit ainsi $\underline{u}$, etc. ;

3° C'est probablement parce qu'il sait ces choses que le prince Woronzow n'a pas souligné l'argument que nous discutons.

A côté de ces remarques, on a placé encore celle-ci : Un

faussaire aurait écrit *Dolgoroukow* et non *Dolgorouky*,

Je réponds qu'il pouvait écrire, ce faussaire, comme il a écrit, parce que ce nom s'écrit dans les habitudes vulgaires avec les finales *i*, *ow*, *off*. Le prince ne se sert que de la seconde finale. Voilà son habitude caractéristique, et le fausaire n'a pas écrit ainsi.

VII

PREUVES MORALES.

Qu'on me permette de regarder comme intactes toutes les preuves morales que j'ai développées dans mes plaidoiries, et d'affirmer encore aujourd'hui qu'aux yeux de la raison, les preuves morales des adversaires ne supportent pas le parallèle.

Encore ici, je ne veux répondre qu'à quelques objections.

J'avais dit : L'ouvrage des généalogies est considérable; qu'on me cite une plainte qui vienne se placer à côté de l'accusation de Woronzow ! On a gardé le silence.

Objection.— On peut croire qu'il y a eu *chantage* auprès d'autres familles. — Celles-ci ne se plaignent pas, parce que, si elles ont payé, elles n'osent pas avouer leur propre honte.

Réponse. — Et sur quoi donc alors s'établira le chantage? Où donc sera le droit de l'affirmer, quand personne ne s'en plaint? Comment un homme d'honneur, à qui on n'a pas un fait de ce genre à reprocher, pourra-t-il être accusé et condamné, sous le prétexte que ceux qui *pourraient peut-être* l'accuser n'osent pas l'accuser, e qu'en effet, ils ne l'accusent pas! Quelle preuve morale grand Dieu! Tuez donc un homme avec une pareille arme!

Mais les familles à qui l'on aurait voulu vendre et qui n'ont pas voulu acheter, où sont-elles? où sont-elles? Elles n'ont point à rougir, elles; pourquoi donc ne se lèvent-elles pas !

Il y a eu chantage ! Mais il doit être riche alors; car il a reçu beaucoup d'argent ; car il n'a ni dépense de luxe, ni dépense de désordre ; sa vie s'écoule tout entière dans les soins qu'il donne à ses livres, et les Woronzow insinuent qu'il n'a rien ! Où donc a-t-il mis l'or provenant de sa conscience vendue?

Plus heureux, il peut prouver qu'il lui reste une petite fortune ; mais il en indique la source loyale, légitime.

Il y a eu chantage! Mais il n'est connu, ce prince, que par des actes de désintéressement.

Il s'est marié, et tout le monde sait que son mariage n'a point été un acte de spéculation comme il y en a tant.

Il a écrit malgré les menaces d'exil, malgré les menaces réalisées de confiscation de sa fortune.

Il y a eu chantage! Croit-on donc que, s'il avait voulu spéculer comme un écrivain, il n'aurait pas trouvé à vendre la suppression de son livre *la Vérité sur la Russie !*

Allons! allons! rien dans la vie du prince Dolgoroukow n'autorise personne à lui prêter de telles actions.

Des preuves! des preuves! et s'il n'y en a point, qu'on ne mette pas des soupçons que rien ne motive à la place des preuves qui manquent.

Je ne réponds rien à cet argument : « Il n'a pas osé parler, il a écrit. » J'ai déjà répondu, et d'ailleurs je ne puis pas trop saisir la grande différence qu'il y a entre parler et écrire, surtout quand on scelle un écrit de ses armes.

Je ne réponds rien non plus à l'argument tiré tardivement du mot *documents supplémentaires ;* j'ai répondu aussi ; et d'ailleurs pourquoi aurait-il fait une allusion si détournée, quand à côté de la lettre il plaçait une demande directe de **200,000** francs très-effrontée ? Ces petites escarmouches sont sans valeur, et sans valeur aussi la preuve morale que l'on voudrait tirer de là.

Venons au billet lui-même.

Première objection. — Le billet parle du livre généalogique ; comment, dit-on, un tiers pouvait-il en parler ? Le prince Dolgoroukow seul pouvait y faire allusion.

Réponse. — On oublie qu'à ce moment trois volumes in-8° étaient déjà publiés et connus de toute la Russie. Nous pourrions ajouter d'autres réponses, mais celle-là suffit.

Il faut encore renoncer à cette preuve morale.

Deuxième objection. — Lorsqu'il envoie sa lettre avec le billet, la lettre est fort polie ; quand il répond à la lettre deWoronzow, sa réponse est peu polie, on voit qu'il est irrité de n'avoir pas réussi.

Réponse. — Il avait dit, en effet, dans sa réponse à Michenski, que la lettre qu'il avait répondu était peu polie, et Me Mathieu avait relevé son assertion, qu'il appelait gracieusement un mensonge.

Il faudrait pourtant s'accorder.

Qu'on lise la lettre, on verra qu'elle est froide, et voilà tout.

Troisième objection. — Les lettres de Woronzow, d'un autre côté, témoignent bien le dédain d'un grand seigneur, d'un parfait gentilhomme, auquel on a proposé un chantage.

Réponse. — Grand seigneur ! parfait gentilhomme ! soit ; mais du dédain dans sa lettre ! du dédain que la proposition d'un chantage aurait provoqué !

Non, non, cela n'est pas exact.

Il ne faut pas lire seulement le *post-scriptum* de la lettre, il faut lire la lettre tout entière : trois pages.

Ah ! il est dédaigneux, irrité, cet homme qui, dans une interminable lettre, discute ses prétentions généalogiques avec! Le prince le dédain est ordinairement plus bref.

Si le *post-scriptum* était seul, je comprendrais peut-être l'argument ; mais le *post-scriptum* n'est pas seul, et je dis, moi, qu'un grand seigneur, qu'un parfait gentilhomme, ne raisonnerait pas pendant une heure avec un homme qui veut imposer un tribut honteux à sa vanité. Je dis qu'un roturier, pourvu qu'il fût homme d'honneur, n'écouterait pas une seconde ce spéculateur éhonté; je dis que si le maréchal avait eu la pensée qu'on lui suppose et contre laquelle il proteste, au reste, dans son *post-scriptum* même, et que ce-relations pendant il eût continué avec le prince Dolgo-roukow ses épistolaires, je croirais en vérité bien peu à sa délicatesse.

Encore une preuve morale donc, à laquelle il faut renoncer.

Quatrième objection. — Le prince Dolgoroukow était à Moscou lors du couronnement; — comment n'a-t-il pas vu le maréchal, ne lui a-t-il pas demandé le billet, ne s'est-il pas entendu avec lui pour une enquête?

Réponse. — Le prince Dolgoroukow affirme qu'il n'é-tait pas à Moscou pour le couronnement; qu'il n'y est allé que beaucoup plus tard et quand aucun des per so-nages qui ont accompagné l'Empereur n'y étaient plus.

Il affirme qu'il était alors à sa terre, qu'un régiment ayant passé là à cette même époque, il a reçu chez lui le colonel de ce régiment.

S'il avait été à Moscou alors, il n'y aurait pas gardé l'incognito, ou, s'il avait voulu s'y cacher, il aurait été plus simple de n'y point aller du tout. Or ses amis les plus recherchés ne l'y ont point vu et n'ont pas même su qu'on pût l'y voir. Une lettre de madame dans ce sens est au dossier.

C'est une preuve négative, dit-on, et madame la comtesse Panine affirme, au contraire, y avoir vu le prince.

Je réponds : 1° Oui, c'est une preuve négative au point de vue de la logique ; mais au point de vue du bon sens et de la loyauté, cette preuve vaut la lettre de madame la comtesse ; car, encore une fois, si le prince avait été à Moscou, mille personnes l'auraient vu ; ses amis surtout.

2° Madame la comtesse se trompe évidemment, et le prince en est convaincu. Il en a dit les raisons à M. l'avocat impérial, il les redira à Messieurs, si cela est nécessaire.

3° Au reste, si l'on veut une enquête aussi sur ce point, soit ; mais qu'elle ne se fasse pas à l'aise, à la diligence de nos adversaires, sans formalités, sans garanties et parmi les amis des Woronzow ou les ennemis de Dolgoroukow.

Qu'on laisse au moins à celui-ci, en tout cas, le temps de produire ses preuves. C'est après les plaidoiries que cette articulation a surgi. Immédiatement le prince a écrit, sur ma demande, à de grands personnages en Russie, pour faire certifier par eux son affirmation, dont il est sûr ; il attend. Jusqu'ici il serait plus qu'imprudent de prendre parti sur un tel fait.

4° Au reste, pourquoi donc, s'il s'était trouvé à Moscou en même temps que le maréchal, aurait-il fui sa présence ? Le maréchal, jusqu'alors, ne lui avait rien dit qui pût l'outrager : mieux que cela, il lui avait offert de lui remettre le fameux billet, et, nous l'avons déjà dit,

s'il se sentait coupable, il avait grand intérêt à le reprendre. Pourquoi le fuir 'alors? — Et puis, s'il voulait le
fuir, pourquoi se rendre à Moscou ?

Est-ce que, par hasard, en allant voir le maréchal, il
craignait que celui-ci ne le contraignît à ouvrir ou à
faire ouvrir une enquête ! Mais est-ce que le maréchal
ne pouvait pas, tout seul, provoquer cette enquête ?
Est-ce qu'il n'avait pas intérêt à la provoquer, si surtout il croyait à la culpabilité du prince qui avait brisé
sa généalogie ? Est-ce qu'il n'avait pas assez de puissance, plus de puissance mille fois qu'il n'en fallait pour
vaincre toute résistance à cette enquête qu'il aurait sincèrement voulue, lui ? Est-ce que le prince Dolgoroukow, si l'enquête était provoquée, n'avait pas intérêt
à ce qu'elle fût faite contradictoirement !

Voilà ce que j'appelle encore des preuves morales
qui valent mieux sans doute que l'affirmation erronée
d'une personne qui, apparemment, n'a pas la prétention d'être infaillible.

Mais quoi ! on oublie donc, quand on prétend que le
prince aurait redouté une enquête, qu'il l'a au contraire
provoquée ! Je ne reviens pas sur les preuves déjà données à cet égard ; mais qu'on les reprenne. A mes yeux
elles sont décisives.

La présence du prince à Moscou est donc encore
une hypothèse à laquelle la justice ne s'arrêtera pas.

Je crois avoir répondu à toutes les objections de quelque importance. Je n'ai rien à ajouter à ce j'ai dit sur

l'exactitude du *Livre des Généalogies*, elle n'est pas
sérieusement contestée, même par les Woronzow ; rien
sur les prétendues inexactitudes de l'article du prince
en réponse aux calomnies de Michenski : je les ai déjà
combattues et expliquées dans les plaidoiries ; — rien
sur la variété des versions tour à tour adoptées, dit-on,
par le prince, sur la main qui aurait tracé le billet ; ces
variations sont plus apparentes que réelles, et d'ailleurs
la vraie, la seule question du débat est toujours celle-
ci : Est-ce le prince qui a écrit le billet ?

Je maintiens la considération posée sur la provenance
du papier de ce billet, provenance d'Odessa. Comment,
dit-on, une main tierce aurait-elle pu s'en procurer ?
Cela ne serait pas difficile, si cette main, quoique inconnue du maréchal, n'était pourtant pas étrangère à
ses bureaux, où ce papier pouvait se trouver en masse.
D'ailleurs, on dit aussi que les fabriques d'Odessa fournissent la Russie ; si cela est, la main tierce aurait pu
facilement s'en procurer. Quoi qu'il en soit, nous n'ad-
mettons pas qu'on puisse dire, en tout cas, que le prince
Dolgoroukow, qui n'avait visité Odessa qu'accidentel-
lement, qui n'y était pas retourné depuis cinq ans quand
le billet a été écrit, ait pu posséder une provision de ce
papier, tandis qu'on n'en aurait pas trouvé dans les bureaux du maréchal, qui, lui, avait vécu longtemps à
Odessa, qui est mort à Odessa, où sa veuve habite jusqu'à ce jour.   MARIE. — Me CHAGOT, avoué.

OBSERVATIONS NOUVELLES

SUR LES ÉCRITURES

I

Mon honorable contradicteur, Mᵉ Mathieu, m'a communiqué trois lettres du prince Dolgoroukow à M. le comte Schouvalow, datées des 13, 14 et 17 octobre 1861.

Ces lettres, m'a-t-il dit, seront produites par moi *surtout à titre de pièces de comparaison.*

Si tel doit être, en effet, le motif de la production, et aucun autre motif ne m'est, en effet, indiqué, on aurait pu, en vérité, s'épargner toutes recherches à cet égard. Le prince Dolgoroukow ne cache pas son écriture, et si les magistrats en désirent, ils en auront bientôt les mains pleines. Jamais un faussaire ne s'est montré, sur ce point, ni moins prudent, ni plus libéral.

II

Aux lettres qu'il se propose de remettre à M. l'avocat impérial, mon honorable contradicteur a joint *une copie de la réponse faite* par M. le comte Schouvalow à l'une des lettres du prince, le 16 octobre (1).

Cette copie est-elle de la main du comte? Je le crois; mais je ne puis cependant l'affirmer.

Mais quoi qu'il en soit, et quelle que soit la main qui l'a tracée, je ne puis que me féliciter de cette production, et je demande à la loyauté de mes adversaires de la laisser aussi, comme pièce de comparaison, parmi les documents du procès.

III

Cela dit, voici les observations que j'ai à présenter sur cette pièce, émanée du comte Schouvalow ou de tout autre, peu importe.

Pour rendre ces observations plus sensibles, j'ai pris la liberté de souligner au crayon noir les lettres sur lesquelles je désire appeler l'attention du tribunal. En raison du motif et du but, on voudra bien me le pardonner.

On a signalé, dans le billet attribué au prince Dolgoroukow :

1° Les deux *ss* du mot *Altesse*, ces deux *ss* bouclées à la base, et on y a vu une grande ressemblance avec les *ss* du même mot *Altesse*, dans les lettres de comparaison (photographiées).

---

(1) Cette pièce, je ne puis la faire photographier; mais je prie instamment chacun de Messieurs de l'examiner attentivement en lisant les observations suivantes.

Or, regardez dans la copie de la lettre Schouvalow, 2e ligne, les deux *ss* du mot *adresse*. Certes, on ne peut nier qu'il n'y ait entre ces lettres une grande ressemblance, et qui prouve, ainsi que nous l'avons déjà dit, que cette forme est assez dans les habitudes russes.

2° Les deux *rr* du mot *Pierre*, tellement confondues, qu'ils semblent former une *n*, et on y a vu une grande ressemblance avec les deux *rr* du mot *Pierre* des lettres de comparaison (photographiées).

Or, regardez dans la copie de la lettre Schouvalow, 3e ligne, les deux *rr* du mot *erreurs*; c'est la même confusion conduisant au même résultat; les deux *rr* forment une *n*.

3° La syllabe *or*, du mot *Dolgoroukow*, les deux lettres liées ensemble et présentant sous cette liaison une ressemblance avec la même syllabe d'une des lettres de comparaison (photographiées).

Or, voyez dans la copie Schouvalow, 6e ligne, la même syllabe du mot *encore*, et à la 1re ligne du *verso*, la même syllabe du mot *j'ignore* et du mot *sont*; n'y a-t-il pas là, aussi, une ressemblance remarquable avec la syllabe *or* du billet incriminé?

Voyez aussi la même forme de l'*o* se liant avec l'*u*, dans les mots — *tous*, 6e ligne, — *vous*, 7e ligne, — *vous*, 2e ligne, au verso, — *redoutez*, 3e ligne, idem, — *toute*, 6e ligne, idem.

4° Les lettres *g* et *e* du mot *généalogie* présentent une grande similitude, dit-on, avec les *g* et *e* du mot généalogique, d'une des lettres de comparaison (photographiées).

Or, voyez **7ᵉ** ligne de la copie Schouvalow, le mot *énergie*, et dites si l'*e* et le *g* de ce mot ne sont pas aussi d'une ressemblance saisissante avec l'*e* et le *g* du billet incriminé.

5° Il serait possible d'établir la même comparaison sur la lettre minuscule *d*, par exemple.

IV

Que conclure de ces détails?

1° Non pas, sans doute, qu'on peut accuser le comte Schouvalow d'être l'auteur du billet ;

Mais que, si l'on avait eu intérêt à le faire, on aurait pu trouver aussi, entre son écriture et celle du billet incriminé, des ressemblances prêtant avec une égale certitude à la solution des vérificateurs en écritures.

2° Qu'il y a, entre les écritures, de ces ressemblances, de ces analogies nées d'habitudes générales, et contre lesquelles on ne saurait trop se mettre en défiance.

Ainsi, par exemple, si en se laissant trop influencer par ces quelques ressemblances de détail, on voulait encore comparer la copie Schouvalow avec le billet incriminé, est-ce que vraiment la physionomie générale des deux écrits ne dirait pas que c'est l'écriture Schouvalow, plutôt que l'écriture Dolgoroukow, qui a été dissimulée?

Je regrette, pour ma part, que M. Delarue n'ait pas
eu la copie Schouvalow sous les yeux quand il a fait son
travail.

V

Maintenant, et en ce qui touche les trois lettres du
prince, que l'on a l'intention de produire, on n'y trouvera rien, ce me semble, de ce que l'on y cherche sans
doute.

Nous recommanderons seulement au tribunal les lettres P. Il y en a plusieurs, mais pas une qui ressemble
aux lettres P du billet incriminé.

MARIE.

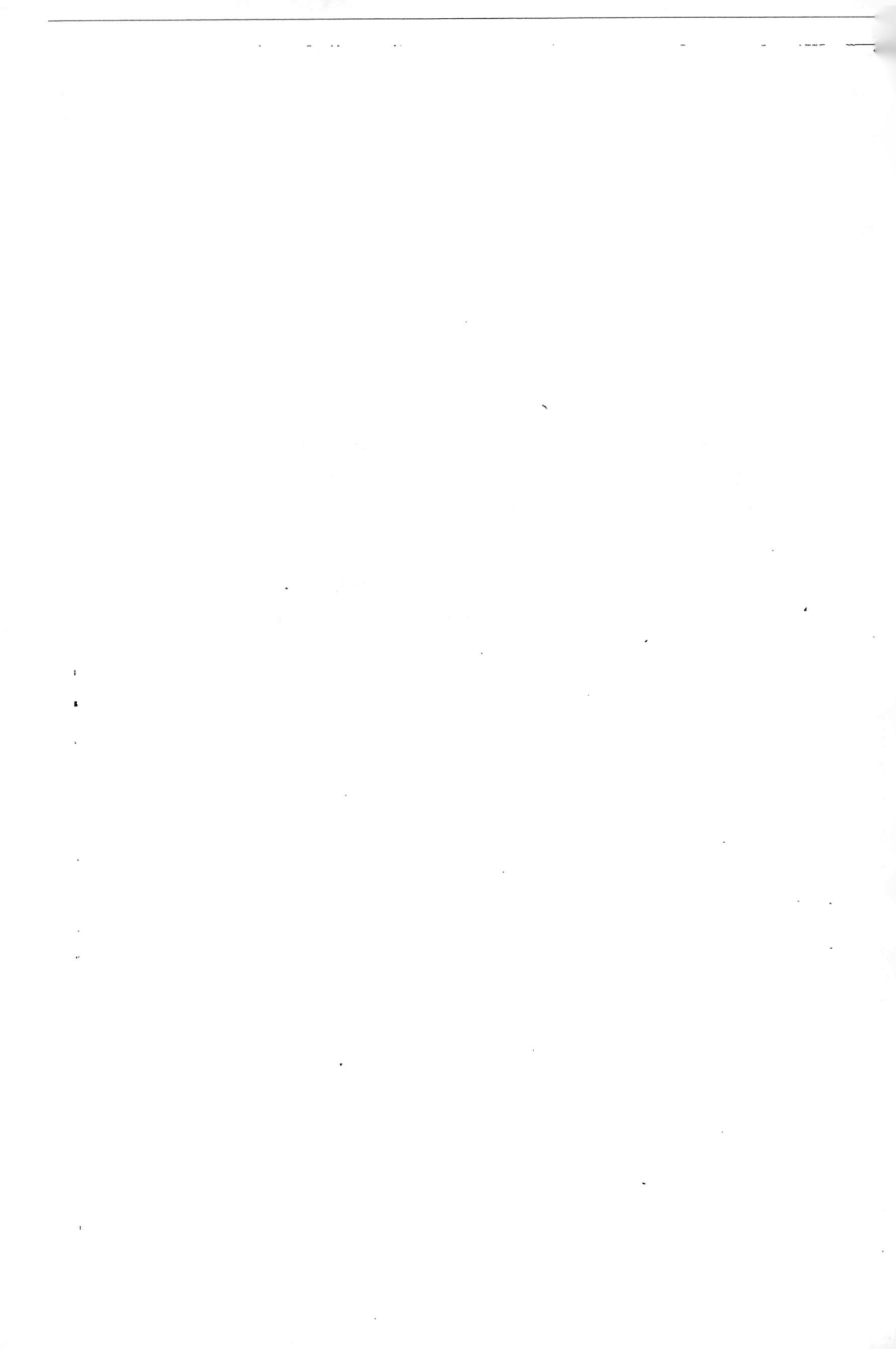

RÉPONSE

POUR M. LE PRINCE SIMON WORONZOW

A L'ÉCRIT INTITULÉ

QUELQUES OBSERVATIONS POUR M. LE PRINCE DOLGOROUKOW

Le prince Simon Woronzow ne songeait pas à rouvrir le débat, il attendait avec calme et respect la décision du tribunal, et il n'eût pas rompu le silence si une publication nouvelle de son adversaire n'était venue l'y provoquer. Cette publication lui arrive lorsque, selon toute apparence, le tribunal a délibéré, et à une heure où le temps matériel manque peut-être pour qu'une réponse soit écrite et parvienne aux magistrats qu'elle peut éclairer. Il n'importe, si difficile, si inutile même que soit la tâche, nous ne pouvons, nous ne voulons pas reculer devant elle.

I

Le prince Dolgoroukow se plaint de colères sournoises ameutées contre lui, de secrètes hostilités qui n'osent avouer les mobiles qui les poussent en avant. Il ferait mieux de songer aux protecteurs qui l'assistent dans l'ombre, n'osant le faire en plein soleil, qui déclinent toutes relations publiques avec lui et s'expriment sur son compte, dans leurs correspondances, en termes dont la défense du prince Woronzow n'a pas osé égaler l'énergie et l'amertume ; s'il songeait à cela, il comprendrait que des gens de cœur viennent *à visage découvert* apporter à la justice la lumière dont elle a besoin, faisant peser dans sa balance le poids de leur témoignage public, et, pour réduire à néant ses dénégations intéressées, apportent dans ce débat les documents qui sont en leur possession, et que le prince Dolgoroukow ne peut récuser et ne récuse pas.

II

L'adversaire persiste à attribuer à des causes et à des colères politiques l'attaque dont il s'est cru, dont il était l'objet dans le *Courrier du Dimanche*. Nous n'avons aucun intérêt à le contredire, et nous maintenons sur ce point tout ce que nous avons dit à la justice sur le rôle véritable du prince Simon Woronzow. Nous ajouterons un seul mot dans l'intérêt de la vérité. Tandis que le *Courrier du Dimanche* parlait de Michenski comme d'un collaborateur congédié, étranger désormais à sa rédaction, et dont on ignorait désormais l'existence et la demeure, Michenski assistait à l'audience et témoignait ainsi de sa vie et de son individualité. A qui fera-t-on croire que le *Courrier du Dimanche* égare ainsi ses rédacteurs sans pouvoir retrouver leur trace? à qui le prince Pierre Dolgoroukow persuadera-t-il qu'il puisse, lui, se méprendre, là même où il se cacherait sous un transparent anonyme, sur l'auteur réel de l'article? Et, s'il le connaît, pourquoi ne le démasque-t-il pas? Pourquoi, si ce n'est parce que cette révélation condamnerait au néant ce thème commode des passions politiques qui grandit le débat, et avec lui le rôle de l'écrivain, dans lequel la justice peut être alors disposée à voir une victime politique digne de ménagements et de pitié. Dites-nous ce qu'est Michenski ; dirigez contre lui vos attaques, car il est le vrai coupable, selon vous ; car c'est lui qui, descendant à ce rôle de *bravo* politique, a voulu, dans l'ombre, assassiner votre honneur et tuer du même coup votre influence d'écrivain. Quand vous l'aurez placé en face de vous, tous les voiles disparaîtront, et l'on saura si l'article du *Courrier du Dimanche* exécutait les vengeances du gouvernement russe, ou s'il a été simplement inspiré par les rancunes ou les convictions personnelles de l'écrivain. Faut-il nécessairement, d'ailleurs, être un séide de la Russie et de son administration pour haïr le livre qui en dévoilerait les hontes? Nous l'avons dit, et c'est tout ce que, nous aussi, nous nous permettrons sur ce triste livre : *Une mère*, si criminelle, si chargée de honte, si digne de mépris qu'on la suppose, doit être toujours respectable et sacrée pour celui qu'elle a porté dans ses flancs : il doit cacher sa dégradation à tous les yeux, et, comme les fils de Noë, jeter un manteau sur son ivresse. La patrie est une mère ; malheur à ceux qui ne le comprennent pas !

III

On persiste à nier la diffamation et à affirmer le droit, bien plus, le devoir du prince Dolgoroukow à produire dans sa lettre au *Courrier* les affirmations que le prince Simon Woronzow y a relevées.

Cela n'est pas sérieux et nous ne pouvons croire que notre défense soit condamnée à une démonstration sur ce point.

« Il n'est pas exact, *dites-vous*, que le prince ait ac-« cusé le maréchal d'avoir fabriqué le faux billet ni même « de l'avoir fait fabriquer. »

Pour répondre, il suffit de citer l'article du *Courrier*, ce que ne fait pas l'adversaire ; cet article, le voici :

« Je revins à Saint-Pétersbourg, j'allai voir M. le mi-« nistre de la police, le prince Basile Dolgoroukow ; je « lui montrai la lettre du maréchal, je le priai d'en par-« ler à l'Empereur et je demandai une enquête sé-« rieuse. *Le prince Basile me répondit que l'on ne* « *pouvait procéder à une enquête dans une affaire où* « *se trouvait impliqué un chevalier de Saint-André,*

« *un maréchal*. JE LUI DEMANDAI S'IL EXISTAIT POUR LES
« MARÉCHAUX ET LES CHEVALIERS DE SAINT-ANDRÉ UN PRIVILÉGE
« D'IMPUNITÉ POUR DES ACTES QUI, CHEZ LES SIMPLES PARTICU-
« LIERS, CONSTITUENT UN CRIME DE FAUX. »

Et plus loin :

« En Russie, quand on a affaire à un homme puissant
« en cour, il n'y plus ni justice ni équité. *Voilà un faux*
« *évident qui vient* d'être commis, et le Ministre de la
« police, homme personnellement intègre (il le flatte
« parce qu'il est Dolgoroukow, et peut-être aussi parce
« qu'il est ministre de la police), mais imbu des funestes
« traditions du despotisme asiatique, se refuse à toute
« enquête, par la raison qu'un chevalier de Saint-
« André, un maréchal, y serait impliqué! L'on se
« croit au fin fond de l'Asie! »

Eh quoi! il n'y a pas dans ces lignes une imputation
de faux? Cette imputation ne s'adresse point au maréchal? Nous nous arrêtons; il ne faut pas essayer de
démontrer l'évidence.

Mais, nous le remarquons en passant, partout l'adversaire recule. Accusé de diffamation, d'outrage, d'injures,
il s'efforce d'établir que le maréchal est complétement
désintéressé dans ses attaques. On l'accuse d'être, lui,
l'auteur de cet écrit anonyme qu'il qualifie de faux.
Il se prétend diffamé à son tour, et demande des dommages-intérêts. Mais que fait-il pour se justifier? Il se
croit, et il a raison, devant un tribunal criminel, et il plaide
le doute, l'absence de preuves suffisantes et décisives,

l'absence de certitude, sans laquelle il ne peut être condamné.

IV

C'est là encore le suprême effort, le but unique de l'écrit auquel nous répondons.

Examinons-la, cette défense, et acceptons les conditions du combat, telles que notre adversaire les pose.

Oui, Simon Woronzow vous a accusé d'être l'auteur de ce billet anonyme; oui, il a formulé cette proposition dès le moment où il abordé la justice française.

Oui, il a reproduit cette affirmation dans le débat public, et, pour que la justice fût saisi de la question, il l'a précisée dans des conclusions qui invitent le tribunal a déclarer « que le prince Pierre Dolgoroukow est bien l'auteur du billet anonyme, et qu'il l'a écrit de sa main. »

Oui, Simon Woronzow est demandeur, et c'est à lui de faire la preuve.

La fait-il?

V

Le billet anonyme a un auteur, puisqu'il existe.

Quel est cet auteur?

Trois hypothèses seules sont possibles; l'adversaire le reconnaît avec nous.

La première, celle de la lettre au *Courrier*, attribue le billet au maréchal.

Celle-là, on l'a abandonnée. Veut-on la ressaisir? Qu'on le dise nettement et nous répondrons. Mais, si on l'abandonne définitivement, que ce soit sans réserve et sans réticence. La mémoire du maréchal n'en souffre, et son fils n'en accepte aucune. Et nous n'admettrons jamais que le prince Pierre Dolgoroukow, se mettant en parallèle avec cette grande et pure renommée, dise :

« Si la position du maréchal le met à l'abri d'une pareille attaque, j'ai le droit de revendiquer pour moi le même privilége, et on ne peut me le refuser. »

Le prince Pierre Dolgoroukow, en tenant ce langage, oublie trop facilement les abîmes qui le séparent de son adversaire descendu dans la tombe; mais le tribunal ne l'oubliera pas. Soixante années de services rendus à son pays dans la paix et dans la guerre, une réputation intacte de probité, d'honneur, de loyauté, pendant une longue vie, pèsent d'un poids plus lourd devant la conscience des magistrats que quelques pamphlets dans lesquels on vilipende sa patrie.

Ce qu'on dit d'un membre ancien de sa famille, nous ne pouvons le deviner, et il nous est impossible de répondre aux documents imprimés que l'adversaire menace de mettre sous les yeux du tribunal, et non sous les nôtres.

Deuxième hypothèse. — Une main étrangère, *vénale* ou *ennemie*.

28

C'est l'hypothèse préférée de l'adversaire, et il y persiste comme dans la seule vraisemblable; il y persiste,
parce qu'en dehors d'elle il n'en existe qu'une, celle qu'
accuse son client. Mais les raisons? Il les a données;
il n'y revient pas.

Nous en appelons aux souvenirs du tribunal : où sont
ces raisons? Nous les avons cherchées, nous les cherchons encore, et vainement. L'adversaire s'est borné
à des affirmations sans preuves; à ses affirmations,
nous avons opposé les invraisemblances choquantes qui
les démentent; l'organe du ministère public y a ajouté
la puissance de sa conviction et des objections que sa
sagacité patiente y a ajoutées.

L'adversaire le comprend, et ces objections il essaye
de les combattre.

Y réussit-il?

On lui reproche d'abord les contradictions et les
systèmes divers de son client.

On lui dit: *L'article du Courrier impute le billet
au maréchal, et il l'accuse d'un faux.* (Pourquoi un
faux, si ce n'est qu'aux yeux du prince Dolgoroukow,
le billet est d'une écriture semblable à la sienne.)

*Le procès s'engage, et alors apparaît dans les con-
clusions signifiées* cette hypothèse étrange, impossible,
d'une main vénale saisissant au passage la lettre du
4 juin 1856 dans les bureaux du prince Woronzow,
y glissant furtivement le billet anonyme, dans l'espoir
absurde et irréalisable que le maréchal, guidé par un

hasard singulier, choisira pour négociateur auprès du prince Dolgoroukow l'auteur à lui inconnu de ce tour audacieux.

Puis, à l'audience et dans la plaidoirie du défenseur, apparaît une troisième hypothèse (sera-ce la dernière?), *la main vénale.*

Que répond-on à cela?

1° On ne se préoccupe pas de l'hypothèse diffamatoire du *Courrier ;*

2° Quant à celle des conclusions, on s'en débarrasse 'en disant : Le prince Dolgoroukow n'a pas fait les conclusions; elles sont l'œuvre d'un clerc d'étude.

Sans doute, il n'en a fait ni la grosse ni la copie ; mais que le tribunal daigne s'y reporter (nous les avons retrouvées, et elles sont parmi nos pièces), et il verra qu'elles ont été inspirées par lui seul, qu'il en a fourni les éléments, qu'un clerc ne pouvait deviner ; il verra, et son expérience le lui a d'ailleurs appris, que, dans une affaire aussi grave, un avoué ne se hasarde pas à produire les affirmations que ces conclusions renferment, sans y être autorisé par son client.

Quoi qu'il en soit, la défense, aujourd'hui, écarte cette main vénale trouvée par le prince Pierre Dolgoroukow, et elle s'en *tient à la main ennemie.*

Laquelle? avons-nous demandé; *pourquoi et comment aurait-elle agi?*

En 1856, au mois de juin, la *Vérité sur la Russie* n'était ni publiée ni rêvée; aucune haine politique ne veillait dans l'ombre pour y accomplir cette œuvre ténébreuse.

On l'avoue, et on nous dit : En 1842 et 1843, il avait déjà publié un livre généalogique, et si, dans ce livre, il avait pu être agréable aux Woronzow, qui ne l'avaient pas payé pour cela, il avait été *désagréable* à d'autres personnes, qui lui en avaient gardé une forte rancune.

Ainsi, ce n'est plus *la haine politique*, c'est *la forte rancune* de personnes auxquelles ses publications anté-rieures avaient été *désagréables*, qui a été le mobile de cette indigne action.

Un mot d'abord sur les Woronzow à propos des pu-blications de 1842 et 1843. La famille Woronzow n'avait eu ni à s'en louer ni à s'en plaindre, et Dolgoroukow n'était ni son ami ni son adversaire : *Nec odio, nec amicitia.*

Voilà pour les amitiés.

Quant aux rancunes, qu'on en donne donc une preuve, un indice seulement...

Qu'on nous montre ensuite comment le fait a pu s'accomplir : comment une main ennemie a pu saisir au passage la lettre du 4 juin, l'ouvrir, concevoir la pensée de ce crime, s'inspirer de l'écriture de Dolgoroukow de façon à la contrefaire, exécuter l'anonyme, puis refermer l'enveloppe et expédier le tout à son adresse?

Il faut du temps pour cela.

Ce n'est pas l'œuvre d'un jour.

L'adversaire avait, il le croyait du moins, la ressource

du temps écoulé entre la date de la lettre, 4 juin, et celle de sa réception, 25 juin, *vingt et un jours !* C'est un siècle ; tous les crimes peuvent tenir dans un pareil intervalle, et l'on calcule de nouveau, et l'on soutient que la lettre partie le 5 juin devait arriver à Moscou le 7 au matin, le 9 à Pétersbourg, le 12 à la frontière allemande, et le 14 à Wilbad... On nous accorde quelques jours de retard, et on nous dit : Elle s'est arrêtée en route. Où? Je n'en sais rien ; mais elle s'est arrêtée, et cela me suffit.

On oublie nos réponses, afin de se dispenser de les réfuter ; nous les reproduisons.

Nous avons dit : « Le trajet est le même de Wilbad à la résidence du prince Pierre Dolgoroukow, et de cette dernière à Wilbad, cela est certain. Or le maréchal répond, dès le 27 juin, à la lettre du 4. Quand parvient-elle au prince Pierre Dolgoroukow? Le 16 ou le 17 juillet, puisqu'il y répond *immédiatement*, et que sa réponse est datée du 17 juillet. (C'est un détail que l'original de la lettre permet de vérifier, et *peut-être* le tribunal le trouvera-t-il dans le dossier de l'adversaire.) Eh bien! si la lettre du maréchal, que rien n'a arrêtée en route, a mis *dix-neuf ou vingt* jours pour franchir la distance, pourquoi s'étonner qu'il en ait été de même de la lettre adressée au maréchal par le prince Pierre Dolgoroukow? »

Voilà notre réfutation, et nous y tenons.

Elle écarte sans réplique cette hypothèse vague et élastique de la main vénale ou ennemie.

Que reste-t-il alors?

Une seule chose possible, parce qu'elle est la seule vraie, à savoir, que le prince Pierre Dolgoroukow est l'auteur du billet anonyme.

Oui, vous avez raison, c'est à nous de faire la preuve; mais n'est-ce rien, cette conséquence irrésistible à laquelle le raisonnement nous conduit?

Ce n'est pas le prince Woronzow;

Ce n'est pas une main vénale et ennemie:

Donc, c'est vous; car, en dehors de ces deux hypothèses, ce ne peut être que vous!

Cela ne suffit pas, nous en demeurons d'accord; aussi nous ne nous arrêtons pas là. *On veut des preuves matérielles, elles abondent.*

VI

PREUVES MATÉRIELLES.

La première de toutes, en dehors de l'écrit lui-même, c'est ce fait, sur lequel nous insistons, *que le billet anonyme a été trouvé par le maréchal sous la même enveloppe et le même cachet que la lettre authentique du 4 juin, et que ce cachet était celui du prince Dolgoroukow.*

Nie-t-on cela? Non.

En doute-t-on? Nous en offrons la preuve, et déjà une lettre de madame la comtesse Kisselew l'a commencée.

Supposons-la faite; est-ce que ce n'est pas la plus grave, la plus accablante des preuves?

Comment! Voilà un billet anonyme qui voyage avec une lettre de vous, sous la même enveloppe, sous le même cachet, sous le sceau de vos armes, et il n'y aura pas dans cet ensemble de circonstances la plus puissante des présomptions, bien mieux, la preuve que tout cela a la même origine, que lettre et billet ont la même source et viennent de vous l'une et l'autre?

Ou il faut renoncer aux présomptions en matière de fraude, ou il faut dire que jamais il ne s'en est rencontré de plus sérieuse. Mais à côté, et au-dessus de cela, se trouve l'écriture.

Nous maintenons sur ce point notre inébranlable conviction, *la foi de nos yeux* et de notre esprit, et nous ajoutons ceci :

Qu'un expert, M. Delarue, affirme en son âme et conscience que l'identité d'origine est évidente entre l'anonyme et les lettres du prince Dolgoroukow, ce n'est pas une preuve sans doute, mais c'est, on le reconnaîtra, une autorité de quelque poids.

Que sera-ce donc, s'il est vrai que le prince Pierre Dolgoroukow a demandé à deux experts honorables un rapport qui pût contredire les opinions de M. Delarue, et que ces deux experts s'y sont refusés, tant l'identité d'origine est certaine?

Est-ce vrai cela?

Le tribunal se rappelle les questions posées par nous à l'adversaire. Il se rappelle son silence; qu'il juge!

Ces preuves matérielles, quelque chose les a fortifiées : c'est la remarque faite par M. le substitut, au sujet du *m* et du *n* et du trait caractéristique qui les surmonte.

Que répond-on?

Que ce trait n'est pas dans les habitudes particulières du prince Dolgoroukow, mais dans celles de tous les Russes, à cause de deux lettres de leur alphabet qui portent ce signe tour à tour en-dessous ou en-dessus.

Mauvaise réponse! et qu'un mot va confondre.

Oui, les Russes écrivant dans leur langue tracent ce signe au-dessous ou au-dessus des lettres qui l'exigent; mais les Russes écrivant en français ne transforment pas dans notre idiome des formes qui ne s'adaptent point à nos lettres. Que le tribunal prenne au hasard les lettres nombreuses de notre dossier et de celui de l'adversaire écrites en langue françaises par les Russes, et il n'y trouvera pas un seul exemple de ce trait caractéristique, si ce n'est dans les lettres du prince Pierre Dolgoroukow.

Qu'en conclure, sinon que c'est là, chez lui, et chez lui seul, un habitude, un signe, un cachet d'individualité?

Peu importe que, dans ces lettres, on ne le trouve pas toujours, qu'il en soit absent quelquefois; ce n'en est pas moins quelque chose qui lui est particulier et personnel.

Et ceci a conduit justement M. le substitut à une remarque grave et décisive contre l'hypothèse d'une main vénale et ennemie.

Par un hasard singulier, la lettre du 4 juin est peut-être de tous les écrits du prince Dolgoroukow le seul dans lequel ne se rencontre pas ce signe sur *m* et sur *n*.

Or, comment un étranger, s'inspirant de cette lettre, la seule qu'il ait eue sous les yeux, aurait-il transporté sur les *m* et les *n* de l'écrit anonyme ce signe dont le type n'était nulle part?

Ce n'est donc pas une main ennemie, c'est donc celle du prince Dolgoroukow qui a tracé le billet anonyme; voilà à quoi on est fatalement ramené.

Mais il y a dans les billets au comte Schouvalow une autre preuve pour qui les voudra lire avec soin.

Qu'est-ce, nous le demandons, que cette méprise inexplicable et inexpliquée qui place dans l'enveloppe destinée au comte Schouvalow la lettre destiné à l'autre?

Qu'est-ce surtout que ce *billet* que le prince Dolgoroukow suppose joint à cette lettre, et que M. Schouvalow n'a jamais reçu, comme si l'habitude de son correspondant imprévu était de glisser des billets dans toutes les lettres qu'il écrit.

Que le tribunal lise avec soin, qu'il examine et qu'il pèse, car tout cela est grave et, selon nous, décisif.

Les lettres à M. de Schouvalow n'étaient pas destinées à la publicité; sa réponse surtout, et nous l'attes-
tons, ne s'attendait nullement à cet honneur et à cet
avantage. L'organe du ministère public, frappé de ce
qu'elle avait de noble et d'énergique, l'a lue, c'était son
droit. L'auteur n'a pas cherché de quelle utilité elle
pourrait lui être en Russie, et le prince Dolgoroukow, en
lui prêtant ces mobiles intéressés et misérables, montre
trop quels sont les calculs habituels de son esprit et de
son cœur. Il a tort de mesurer les autres à sa taille!

VII

PREUVES MORALES.

Si les preuves matérielles sont graves, nombreuses
et décisives, les preuves morales ne le sont pas moins,
et, quoi qu'en dise l'adversaire, si les siennes sont
intactes, nous maintenons qu'il a laissé les nôtres debout.

Parmi les siennes, il en est une, la seule qui garde
une apparence, tant est grande notre faiblesse pour les
noms illustres, tant il est facile d'abriter sous un nom
glorieux les hontes de sa vie, quand elles n'ont pas éclaté
au grand jour. Cette preuve, c'est l'homme lui-même,
c'est le prince Pierre Dolgoroukow.

Parce que nous n'arrivons pas les mains pleines de
preuves de tentatives semblables à celle qui fait l'objet

du procès, on nous répond que cette tentative est impossible.

On croit rêver!

Est-ce que le prince Woronzow avait à faire une enquête en Russie sur ces tentatives? Est-ce qu'on ne comprend pas la répugnance naturelle des grands noms auxquels il eût dû s'adresser à intervenir dans un semblable débat et à y apporter leur contingent de preuves? Ce qu'a dit l'organe du ministère public sur ce point reste debout, comme l'expression d'une vérité de bon sens que l'adversaire n'a pas détruite.

Mais, ajoute-t-il, indigne comme vous le faites, il devrait être riche; or, il n'a, il ne lui reste qu'une petite fortune, dont il indique la source loyale et légitime. Puis on en fait un héros de désintéressement : il s'est marié par amour; il a écrit malgré les menaces d'exil, malgré les menaces réalisées de confiscation de sa fortune.

Je vous arrête!

Il n'a subi ni la confiscation ni l'exil. Quand il a voulu publier *la Vérité sur la Russie*, il a vendu ses biens, réalisé sa fortune, *emporté sa patrie à la semelle de ses souliers*, ce que jugeait impossible le cœur de Danton. Sa fortune ne craint pas les confiscations qui veillent; car le grand-livre, en France et en Angleterre, est inviolable.

Quant à son mariage, nous admirons qu'on en parle ainsi quand le débat est clos, et qu'il nous est impossible de le rouvrir. Dieu veuille, pour le prince Dolgoroukow, que ce témoin qu'il invoque ne se dresse pas un jour contre lui !

Mais, à côté de ces glorifications, n'y a-t-il donc rien contre cet homme?

Un historien, lui! Un amant de la vérité, qui lui sacrifie repos, patrie, fortune!

Que le tribunal veuille donc relire sa rétractation relative au général T..., qu'il en saisisse le caractère, et il verra ce qu'il faut penser de sa *sincérité* et de son courage.

Son langage, il change au gré de ses passions et de ses intérêts du moment : témoin ce qu'il inspire à son défenseur au sujet du *Livre de velours*, et ce qu'il a écrit dans son livre *la Vérité sur la Russie*.

Ses généalogies, procédant de cette source, que valent-elles, et que peuvent-elles être, quand il y trouve la ressource d'opposer ce livre arbitraire comme une preuve officielle et authentique, ou d'en contredire les affirmations au profit de ceux qui consentiront à lui envoyer des *documents supplémentaires !*

Ah! ce mot vous gêne; et ce qui doit vous gêner, c'est l'analyse de cette lettre du 4 juin, analyse lumineuse et impitoyable, et qui en a mis à nu toutes les précautions captieuses. Oui, le magistrat avait raison : le *chantage*, puisqu'il faut l'appeler par son nom, il est dans cette lettre, il y est tout entier déjà, et le billet anonyme a été écrit uniquement pour indiquer le chiffre de la rançon. Oui, il avait raison ce Russe qui nous abordait à l'issue de la première audience, pour nous dire qu'en Russie, de la part de ceux qui pratiquent cette honteuse industrie, le mot *documents supplémentaires* ne signifiait pas autre chose que ceci : Envoyez-moi de l'argent. C'est ce qu'on appelle aussi parfois en France des *arguments irrésistibles !*

Mais nous l'avons dit, ce qui achève la démonstration, ce sont les mensonges que nous avons relevés tant de fois, et que nous ne nous lasserons pas de relever dans cette lettre du 6 mai 1860, origine et cause du procès.

Le premier mensonge (nous ne pouvons trouver un autre mot) est dans cette assertion de la lettre, « que le « maréchal aurait affirmé avoir en sa possession des « documents relatifs à la généalogie de sa famille; que « lui, Dolgoroukow, savait que son assertion était con- « traire à la vérité, mais que, les égards dus à ses « cheveux blancs d'octogénaire ne permettant pas une « négation directe, il crut convenable de lui écrire « qu'il ne pouvait satisfaire à son désir, *n'ayant point* « *eu l'occasion de voir les documents historiques dont* « *il lui avait parlé.* »

Est-ce vrai cela?

Le maréchal avait-il des documents? Les avait-il remis à Dolgoroukow? Ce dernier avait-il eu l'occasion de les voir?

Nous renvoyons à la lettre du maréchal du 27 juin , nous renvoyons à celle de Dolgoroukow lui-même du 4 juin : « *J'examine scrupuleusement les papiers que*

Votre Altesse m'a envoyés, et jusqu'à présent, etc. »

Il les a donc reçus : *premier mensonge*.

Est-ce le seul ?

En voici un plus grave.

Il raconte au public la réception de la lettre du
maréchal, et il dit : « L'on peut juger de ma stupéfac-
« tion et de mon indignation, en recevant du maréchal
« une lettre où il avait l'effronterie... (la lettre du
Courrier dit : où *il me faisait l'injure...*, la variante est
dans la *Vérité sur la Russie*)... « de m'écrire comme si,
« dans la lettre que je lui avais adressée, il avait trouvé
« un billet d'une écriture différente de la mienne... (le
« maréchal dit : « d'une écriture qui *paraît* différente
« de la vôtre »)... où on lui proposait de m'envoyer
« 50,000 roubles. *Indigné, je répondis au maréchal*
« *par un lettre peu polie, où j'exigeais que l'original*
« *du billet en question fût produit.* »

Le tribunal connaît la réponse ; il peut dire si elle est
d'un homme stupéfait et indigné ; il peut dire aussi
si elle est peu polie. La première était obséquieuse ;
celle-là est plus froide, mais elle est polie, cela est
certain.

On l'accuse d'une indigne action. Le maréchal, dit-il,
a l'*effronterie* de lui écrire, comme si, malgré cette
écriture qui lui paraît différente de la sienne, il le con-
sidérait comme l'auteur de la proposition.

Que répond-il ? Il ne faut pas se lasser de le redire :

« Mon prince,

« J'ai eu l'honneur de recevoir votre lettre de Wilbad,
« du 26 juin. J'ai été stupéfait en lisant dans cette lettre
« que vous aviez trouvé dans la mienne un billet à écri-
« ture inconnue (le maréchal dit : écriture qui paraît dif-
« férente de la vôtre), et, en parcourant la copie du con-
« tenu de ce billet, que vous m'avez envoyée, *j'aurais*
« *été bien curieux de savoir qui a osé se permettre ce*
« *tour audacieux, cette action qui n'a pas de nom.* »
Et c'est tout.

Et il continue : « Pour en revenir, mon prince, à la
question généalogique, ... » Quoi ! il n'est pas coupable, et il écrit ainsi, quand en 1860 il avoue que la
lettre du maréchal a été à ses yeux une injure, une
effronterie ! Qui le croira ?

Mais le plus grave, c'est cette affirmation audacieuse qu'il a écrit au maréchal pour EXIGER que l'original du billet en question fût produit, et qu'il attendit
vainement une réponse pendant plusieurs semaines.

Le tribunal sait ce que vaut cette affirmation.

Il n'a rien exigé.

C'est le maréchal, au contraire, qui lui a offert cet
original, sans que le prince Dolgoroukow osât le venir
prendre.

Reproduisons le *post-scriptum* de la lettre qui le
prouve :

P.-S. « *J'ai trouvé à ma grande surprise, dans*

votre lettre, une zapiska non signée et d'une main qui me paraît différente de la vôtre, dont je vous envoie ci-joint la copie. Vous saurez peut-être apprendre qui a osé envoyer une pareille zapiska dans une lettre cachetée par vous et de votre cachet. J'ai cru devoir garder l'original avec la lettre que vous avez bien voulu m'écrire, et quand nous nous verrons, je serai prêt à vous remettre cette zapiska, dans l'idée que peut-être vous voudrez en faire usage pour découvrir la main qui l'a écrite. »

Voilà ce qu'écrit le maréchal.

On sait la réponse de Pierre Dolgoroukow.

Pourquoi, en 1856, ne vient-il pas au-devant de l'offre du maréchal, et pourquoi, en 1860, prétend-il, contre toute vérité, l'avoir sommé vainement, avoir exigé et attendu pendant plusieurs semaines la remise d'un original qu'on offrait de lui rendre et qu'il n'a pas osé saisir?

Qu'on explique cela, si l'on peut, et nous comprendrons alors qu'on parle de la faiblesse de nos preuves morales. Jusque-là nous les maintiendrons comme décisives, parce qu'à nos yeux de tels mensonges, nécessaires en 1860 pour faire accepter par le public le rôle qu'on se donne devant lui, prouvent qu'en 1856, quand on tenait une conduite opposée, on était coupable.

Mais cette preuve, le tribunal le sait, s'est compliquée et fortifiée d'un incident contre lequel l'adversaire, si je ne me trompe, se débat vainement.

Cet incident, le voici.

On peut dire : Le prince Dolgoroukow voulait sans doute demander au maréchal le billet anonyme (quoique sa lettre ne le prouve guère). Le maréchal est mort le 18 novembre; il n'a pu le rencontrer et réclamer de lui l'exécution de sa promesse.

En répliquant à Me Marie, j'ai montré le maréchal et le prince se rencontrant à Moscou, lors des fêtes du couronnement, et Dolgoroukow fuyant, au lieu de la chercher, cette main qui de Wilbad lui tendait le billet anonyme.

Le prince Dolgoroukow m'interrompit pour nier sa présence à Moscou.

Pourquoi la niait-il, sinon parce qu'il en comprenait la gravité?

Comment dès lors, s'il était réellement à Moscou, comment ne pas attacher une importance énorme à sa présence, et surtout au mensonge de sa dénégation?

Eh bien! y était-il?

Comment en douter, quand sa parente, madame la comtesse Panine, l'affirme, et en termes qui ne comportent pas la discussion.

Madame la comtesse se trompe, dit l'adversaire; Dolgoroukow en a dit les raisons à M. l'avocat impérial, il les redira à ces messieurs si cela est nécessaire.

Pourquoi ne pas les dire à nous qui devons les réfuter? S'il les a confiées à M. l'avocat impérial, elles n'étaient guère convaincantes en tous cas, à en juger par le résultat.

29

Qu'oppose-t-on à cette lettre?

Celle d'une dame dont l'adversaire cache le nom, et dont le mari, oubliant ses écrits d'hier, patronne dans l'ombre et désavoue en public le prince Pierre Dolgoroukow.

Que dit cette lettre?

Que la signataire n'a pas reçu le prince Pierre Dolgoroukow en août 1856 à Moscou, pendant les fêtes du couronnement ; rien de plus. Et c'est la preuve ! Cette dame, en 1857, était mariée à peine... Pourquoi s'étonner qu'elle n'ait pas reçu le prince Pierre Dolgoroukow, et en quoi cela prouve-t-il qu'il n'était pas à Moscou, quand la comtesse Panine l'atteste ?

Voilà nos réfutations et nos preuves à nous ! Plus nous descendons dans leur examen, plus nous interrogeons notre conscience et plus elle nous crie que l'auteur du billet anonyme c'est le prince Dolgoroukow.

A. MATHIEU, avocat.

Me CASTAIGNET, avoué.

JUGEMENT

Le Tribunal ouï, en leurs conclusions et plaidoiries :

MATHIEU, avocat, assisté de CASTAIGNET, avoué du *Prince Simon Woronzow* ;

CHAUDEY, avocat, assisté de DÉBÉNAZÉ, avoué de *Laurent* ;

MARIE, avocat, assisté de CHAGOT, avoué du *Prince Pierre Dolgoroukow* ;

Ensemble en ces conclusions,

M. DUMAS, substitut de M. le Procureur Impérial,

Après en avoir délibéré, jugeant en premier ressort.

Attendu que, par sa lettre publiée le 6 mai 1860, dans le journal *le Courrier du Dimanche*, le prince Pierre Dolgoroukow a porté à la mémoire du maréchal prince Michel Woronzow, et à l'honneur de son nom, une grave atteinte au sujet du billet anonyme dont s'agit au procès, billet où il était dit que moyennant cinquante mille roubles, il serait satisfait au désir du maréchal sur les origines de sa famille, dans un livre de généalogie qu'allait publier ledit prince Dolgoroukow ;

Qu'il a, en effet, raconté l'histoire de ce billet, de manière à faire croire que le maréchal avait trempé, suivant ses propres expression, *dans la calomnie la plus infâme et d :ns le faux le plus audacieux qui ait jamais été commis, en disant que ce vieux guerrier avait manqué à la loyauté ; en demandant s'il existait en Russie pour les maréchaux et les chevaliers de Saint-André un privilége d'impunité pour des actes qui, chez les simples particuliers, constitueraient un crime de faux ;* en écrivant enfin : *« Voilà un faux évident qui vient d'être commis, et le ministre de la police, un homme personnellement intègre, mais imbu des funestes traditions de despotisme asiatique, se refuse à toute enquête, par la raison qu'un chevalier de Saint-André, un maréchal y serait impliqué ; »*

Attendu que l'outrage est patent ; qu'il n'a nullement été provoqué par la famille Woronzow, étrangère à l'article du journal auquel répondait Dolgoroukow ; et qu'il est, non seulement diffamatoire, mais calomnieux ;

Attendu que la responsabilité qui en résulte pour Dolgoroukow serait plus grave encore, s'il était vrai qu'il fût lui-même l'auteur du billet qu'il imputait au maréchal ; ce que le tribunal va être appelé à examiner sur sa propre demande ; mais que, quant à présent, et indépendamment de cet élément d'aggravation, le préjudice est constant, et que le prince Simon Woronzow, doublement atteint, et dans la mémoire du maréchal, son père, et dans l'honneur du nom qu'il en a reçu, est fondé à demander une réparation ;

Attendu, en ce qui touche le *Courrier du Dimanche*, qu'il s'est associé au préjudice par une imprudence dont il ne saurait décliner la responsabilité; que le premier il a donné lieu par la légèreté avec laquelle il a admis dans ses colonnes l'article signé Michenski qui a précédé la lettre de Dolgoroukow ; qu'il a eu ensuite le tort plus grave d'accueillir, sans réserve, la diffamation ouverte de Dolgoroukow contre le maréchal Woronzow ; qu'il est d'autant moins excusable en cela, que les Woronzow n'étaient nullement désignés dans l'article signé Michenski, et que c'est gratuitement, à leur égard, qu'il a prêté sa publicité à la lettre qui leur fait grief ;

En ce qui touche la demande reconventionnelle de Dolgoroukow, contre Simon Woronzow, tendante à ce qu'il soit condamné à des dommages-intérêts pour avoir affirmé que Dolgoroukow était l'auteur du billet anonyme dont s'agit au procès ; — attendu que si Dolgoroukow est réellement l'auteur de ce billet, Simon Woronzow n'a fait qu'user de son droit de légitime défense en le lui attribuant ; qu'il y avait un double intérêt ; d'abord, pour faire apprécier à toute sa gravité la première imputation de Dolgoroukow que le maréchal en serait l'auteru, ensuite pour décharger complétement la mémoire du maréchal de cette imputation ;

Attendu que la question est donc de savoir si Dolgoroukow est ou n'est pas l'auteur du billet, et que le tri-

bunal, saisi de cette question par la demande reconventionnelle de Dolgoroukow lui-même, et pour la complète
appréciation de la demande principale de Simon Woronzow, est doublement appelé à l'examiner;

Attendu, à cet égard, que toutes les circonstances,
toutes les présomptions de nature à déterminer la conviction, établissent que le billet émane de celui-là seul
qui y avait intérêt, c'est-à-dire de Dolgoroukow ;

Attendu, en effet, que le billet est parvenu au maréchal dans une lettre de Dolgoroukow, scellée de ses
armes ;

Qu'il est d'une écriture tout à la fois différente, par
recherche, et semblable par habitude à celle de Dolgoroukow ;

Que la lettre et le billet se rapportent si réciproquement
par leur contexte, que la supposition, dénuée de tout
fondement, qu'une main tierce aurait adapté le billet à
la lettre, laisserait encore à expliquer comment la lettre
était si bien conçue pour le billet ;

Que sur la réponse courtoise du maréchal, l'informant
qu'il avait trouvé dans sa lettre un billet anonyme dont
il lui envoie copie, avec offre de lui remettre, à leur
première entrevue, l'original, dans l'idée qu'il voudrait
en rechercher l'auteur, Dolgoroukow laisse tomber
cette offre qu'il aurait dû s'empresser d'accepter, s'il eût
été innocent;

Qu'il s'est jugé lui-même, à cet égard, dans sa lettre
au *Courrier du Dimanche*, en prétendant avoir exigé

par sa réponse au maréchal, la production du billet ;
que c'est là, en effet, ce qu'il aurait dû faire ; mais que
sa réponse, représentée, lui donne un démenti sur ce
point ; que non-seulement il n'y réclame, en aucune façon cette production ; mais qu'il évite l'offre spontanée
que lui en fait le maréchal ;

Que la réclamation qu'il prétend avoir adressée, avec
tant d'insistance, au ministre de la police, pour obtenir
une enquête sur le faux par lui imputé au maréchal,
n'était évidemment pas sérieuse, dès lors que la pièce
qui aurait constitué le corps du faux et le premier élément de l'enquête, le billet même, lui étant offerte, il en
éludait ainsi la production, et qu'il évitait pareillement
toute explication personnelle avec le maréchal ;

Que cette imputation, que le maréchal serait l'auteur
ou le complice d'un faux billet, a été, du reste, abandonnée par Dolgoroukow ; qu'il a eu successivement recours, alors, à la double hypothèse, d'une main tierce,
d'une main vénale, d'abord, puis d'une main ennemie,
qui aurait inséré le billet dans la lettre ; mais que cette
double hypothèse est toute gratuite ; qu'elle ne se soutient
par aucune ombre de vraisemblance, et qu'elle a contre
elle, outre ses propres impossibilités, toutes les circonstances matérielles et morales, toutes les présomptions si
graves et si concordantes qui accusent Dolgoroukow ;

Attendu qu'il résulte de tout ce qui précède, que l'auteur du billet ne peut être que Dolgoroukow ; que Simon
Woronzow a été complétement autorisé à le lui attri-

buer ; et que, dès lors, la demande reconventionnelle en dommages intérêts de Dolgoroukow contre Simon Woronzow doit être rejetée ;

Attendu, en ce qui touche les conclusions additionnelles du prince Simon Woronzow, que le tribunal n'a pas à faire de constatation par voie de dispositif sur ce qui n'est qu'un simple moyen, consacré à ce titre, par les motifs du jugement.

Par ces motifs :

Condamne le prince Pierre Dolgoroukow et Laurent, en sa qualité de gérant du *Courrier du Dimanche*, conjointement et solidairement de leur frais, mais seulement, pour Laurent, dans la proportion d'un sixième, à l'insertion du présent jugement, avec ses motifs, dans cinq journaux, dont trois de Paris, un de Saint-Pétersbourg et un de Londres, non compris l'insertion qui devra avoir lieu dans le premier numéro du *Courrier du Dimanche*, qui paraîtra après la signification du présent jugement ;

Autorise le prince Simon Woronzow à faire lesdites insertions dans les journaux de son choix ;

Dit n'y avoir lieu d'accorder des dommages-intérêts en argent, le prince Simon Woronzow n'ayant pas conclu à un chiffre déterminé ;

Dit n'y avoir lieu de statuer sur les conclusions additionnelles dudit prince Simon Woronzow ;

Rejette la demande reconventionnelle en dommages intérêts du prince Pierre Dolgoroukow, l'en déboute ;

Condamne Dolgoroukow et Laurent ès-nom, conjointement et solidairement à titres de dommages-intérêts, aux dépens, dans la proportion de cinq sixièmes pour Dolgoroukow et d'un sixième pour Laurent avec distraction à Castaignet, avoué, qu'il a requis aux offres de droit.

ANNEXES

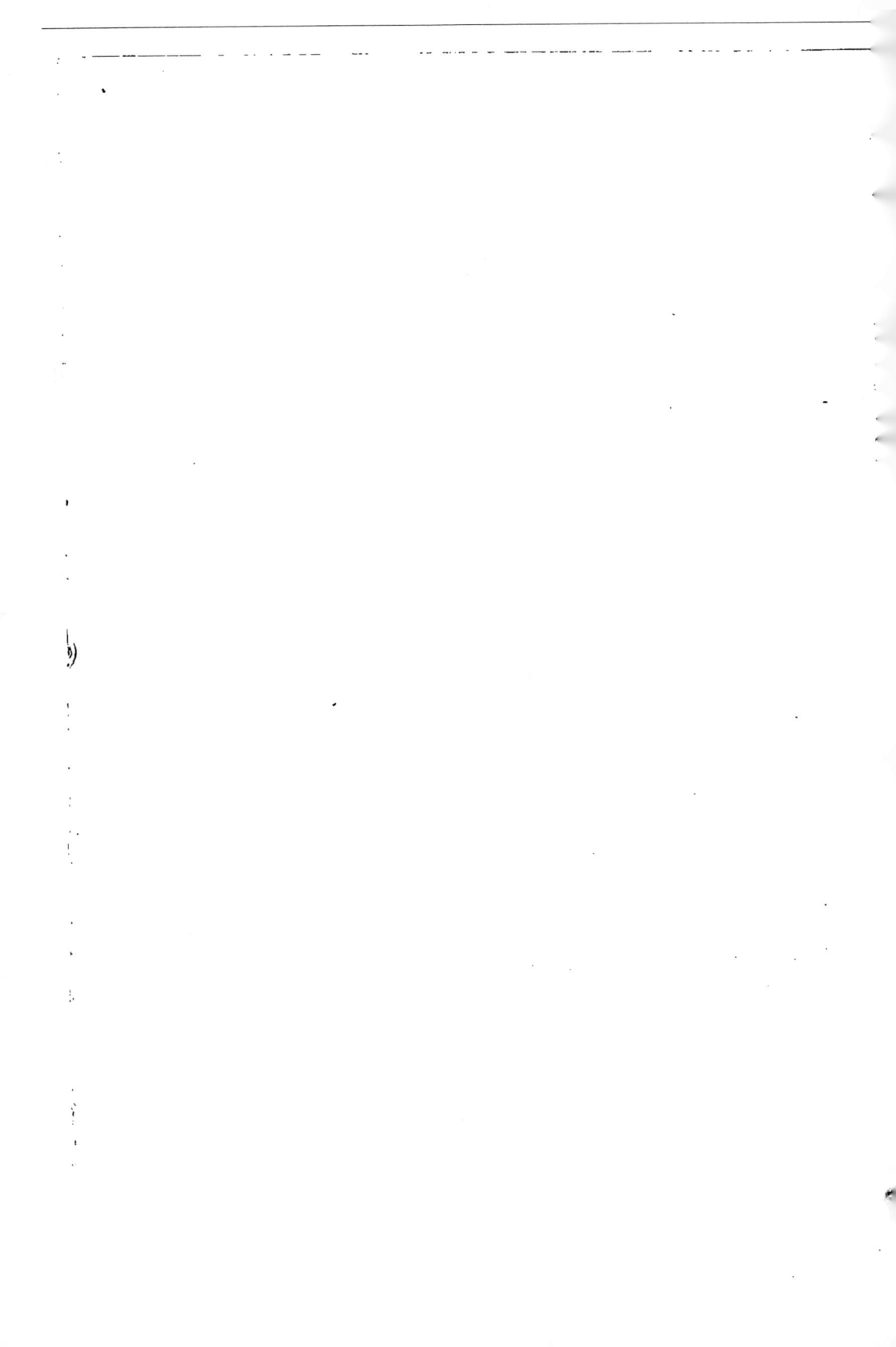

ANNEXES

ARTICLE DE MICHENSKI AU COURRIER DU DIMANCHE

LA VÉRITÉ SUR LA RUSSIE PAR UN RUSSE (1).

Qui ne se rappelle la tempête soulevée dans les salons de toutes les capitales de l'Europe, aussi bien que dans la presse périodique de tous les pays, à l'apparition de l'ouvrage de M. le marquis de Custine sur la Russie? Les outrages les plus cruels ne furent point alors épargnés au noble auteur; on l'accusa même d'avoir abusé de l'hospitalité pompeuse que lui accordèrent le tzar Nicolas Ier et l'aristocratie de la métropole du Nord. Qui ne se rappelle que notre célèbre Balzac, s'étant rendu quelque temps après à Saint-Pétersbourg, trouva les portes des palais russes fermées, et qu'à son retour parmi nous l'illustre romancier déclara avoir reçu de la noblesse moscovite le soufflet qu'elle destinait à M. le marquis de Custine?

Or, nous avons en ce moment sous les yeux un ouvrage bien autrement curieux que celui du marquis de Custine; c'est la *Vérité sur la Russie*, par le prince Pierre Dolgoroukow, un boyard moscovite, et descendant de Jacob Dolgoroukow, le patriote populaire.

(1) *La Vérité sur la Russie,* par le prince PIERRE DOLGOROUKOW, chez A. Franck, libraire. Paris, 1860.

Chaque fois qu'apparaissent des ouvrages de hautes révélations, qui frisent de près la délation très-caractérisée et visent au scandale patent, la tâche du bibliographe devient on ne peut plus difficile. En effet, malgré l'extrême curiosité de pareils écrits, on se voit forcé de se tenir sur la réserve, de crainte de servir d'instrument aveugle aux rancunes et aux mauvaises passions d'un auteur bilieux. De plus, un bibliographe privé des éléments indispensables à un contrôle sérieux, court le risque de se rendre complice de l'auteur, en propageant à son insu des faits faux ou erronés.

Il y a quelque temps, nous étions sur le point d'analyser un ouvrage qui, de prime-abord, nous offrait un grand attrait ; il s'agissait de la biographie généalogique des familles aristocratiques d'un pays étranger, — lorsqu'on nous mit sous les yeux une lettre que l'auteur de cet ouvrage avait adressée à un des hauts personnages dont la généalogie devait figurer dans ledit recueil biographique. Cette lettre était une invitation catégorique de remettre une somme de 50,000 roubles au signataire qui, moyennant cette taxe, s'engageait à annuler les documents qu'il disait avoir en sa possession et qui rendaient incontestables, selon lui, l'origine et la descendance directe du personnage auquel il s'adressait. Le noble prince, indigné, voyant, comme nous le disons en France, un *honteux chantage* dans une semblable proposition, fit autographier l'épître audacieuse de l'auteur, et en expédia la copie à des milliers de lecteurs. Ce fut une de ces copies qui, en nous édifiant sur la moralité de l'écrivain, nous fit renoncer au compte rendu d'un ouvrage réduit désormais à nos yeux aux proportions d'un infâme libelle.

Ce n'est pas sans doute avec les mêmes sentiments d'appréhension que nous abordons l'examen de la *Vérité sur la Russie*.

Disons d'abord que cet ouvrage, du prince Pierre Dolgoroukow, est appelé à un succès exceptionnel ; et, pour notre compte, nous ne serions nullement étonnés d'apprendre un jour qu'il a atteint sa dixième, voire sa vingtième édition. Ces quatre cents pages grand in-8°, remplies des révélations les plus curieuses, des données les plus extraordinaires, des faits les plus inattendus, constituent un véritable acte d'accusation lancé par le prince Pierre Dolgoroukow contre sa patrie !

Que de fois n'a-t-on pas exprimé la crainte de voir l'Europe envahie par la Russie et amenée par le régime du *knout* sous l'autocratie moscovite? Cette Russie est-elle donc à craindre? Demandez-le au prince russe; — à l'entendre, « la Russie est en pleine dé-« composition sociale, — l'autocratie elle-même n'y existe plus « qu'à titre de simple tradition; la Russie est vouée, à cette heure, « à la plus ignominieuse de toutes les anarchies!... » C'est un Russe, bien plus, c'est un prince russe, un enfant terrible de la littérature moscovite, qui l'affirme péremptoirement et l'établit d'une manière claire, nette et précise.

La Vérité sur la Russie semble avoir mission de tranquilliser les âmes timorées de l'Occident, qui ont longtemps redouté pour le monde civilisé l'invasion moscovite.

Sans passer en revue tous les ouvrages qui ont été écrits sur la Russie depuis Voltaire jusqu'à nos jours, nous ne craignons pas d'affirmer qu'aucun écrivain ne nous l'a encore présentée sous un aspect aussi repoussant, disons même aussi dégradant, et cependant l'auteur ne saurait être assurément taxé de partialité ou d'ignorance! Il faut avoir renoncé à tout jamais à l'espérance de revoir sa patrie pour commettre de pareils écrits. Quoi qu'il en soit, ne possédant point, en semblable matière, la compétence du prince Pierre Dolgoroukow, nous devons avouer l'impuissance absolue où nous sommes de contester ses affirmations, d'autant plus qu'il n'est pas à notre connaissance qu'un écrivain ait jamais dressé contre son propre pays un réquisitoire aussi implacable, sans pièces probantes à l'appui. Nous devrons donc, jusqu'à nouvel ordre, accorder, sinon toute notre confiance, au moins notre attention la plus scrupuleuse au livre du prince Pierre Dolgoroukow, et considérer le noble écrivain comme un juge compétent et surtout désintéressé dans le procès qu'il intente à l'empire des tzars.

Comment ne pas être saisi par cette assertion réitérée et logiquement déduite dans son in-8°, que « la Russie n'est plus, à cette heure, une puissance de premier ordre; mais qu'elle est descendue au niveau des puissances du deuxième rang (*sic*). »

Devons-nous traiter de fables les mille et une révélations terribles qu'il porte à la connaissance du public, en déroulant à ses yeux les erreurs, les délits, les fautes et les crimes commis en plein jour et *au su* de leur souverain, par les hauts dignitaires de l'empire russe, alors que les noms, les titres et les qualités des coupables se trouvent articulés sans hésitation par un de leurs compatriotes.

La justice, la magistrature, l'administration civile, la bureaucratie, l'administration militaire, l'armée, la noblesse, la bourgeoisie, la classe des serfs, les finances, la police politique, le clergé, la presse, tous les éléments enfin qui constituent un pays sont exposés par le prince Pierre Dolgoroukow sous des couleurs aussi sombres qu'abjectes !

La Russie, suivant le prince Dolgoroukow, est menacée d'un cataclysme imminent et d'autant plus épouvantable, que les remèdes qu'il propose lui-même seraient en dépit, ou à cause de leur empirisme, incapables de l'en préserver.

En effet, en prenant à la lettre son assertion, « qu'en Russie, du « haut en bas on vole, et que d'en bas en haut on trompe, » le tzar ne saurait jamais trouver de serviteurs intègres, probes ni intelligents, pour le seconder consciencieusement dans l'œuvre de régénération de son pays qu'il entreprend en vain.

La *Constitution,* que le prince Dolgoroukow réclame à cors et à cris pour la Russie, comme l'unique sauvegarde de sa patrie, ne saurait, — du moins pour l'instant, — être pour l'empire du Nord aussi efficace que le sont des chartes analogues pour les pays qui en jouissent. Toute constitution, pour ne pas être une lettre morte, nécessite non-seulement l'assentiment de toutes les classes de la population à ce pacte entre les gouvernants et les gouvernés, mais encore une garantie réciproque des unes et des autres qu'elle sera religieusement respectée ; — de là, la nécessité des chambres représentatives. Or, de quels éléments, nous le demandons, pourrait se composer une assemblée représentative en Russie, s'il est vrai, ainsi que l'affirme l'auteur, « qu'on n'y trouve en haut que des voleurs et en bas que des coquins ? » Les trouverait-on dans la bourgeoisie, dans le clergé, dans le peuple ? demandera peut-être le lecteur curieux. Que ce dernier nous permette, pour toute réponse, de le renvoyer à la *Vérité sur la Russie;* il puisera dans cet étrange document la conviction qu'à moins d'avoir indignement calomnié sa patrie, le prince Pierre Dolgoroukow a eu l'insigne courage de prouver d'une manière irréfutable que la Russie court à pas précipités vers un abîme duquel le *Dieu de la Russie,* le *Rouski Bogh* de Poléjaéw, serait incapable de la préserver.

A. DE MICHENSKI.

LETTRE DU PRINCE DOLGOROUKOW

AU COURRIER DU DIMANCHE

———

Le prince Pierre Dolgoroukow adresse à notre directeur une longue lettre, non pas en réponse à l'article que nous avons publié sur son intéressant livre : *la Vérité sur la Russie*, mais à propos d'une anecdote qui s'y trouvait racontée. Bien que notre correspondant, M. Michenski, n'eût nommé ni le pays où le fait se serait passé, ni la personne qui aurait demandé une somme de 50,000 roubles, ni celle qui aurait eu à repousser une semblable proposition, et que, par conséquent, il eût couvert du plus inviolable anonyme cette anecdote ; bien, enfin, que notre correspondant eût pris le minutieux soin de dire, après avoir raconté l'incident : « *Ce n'est pas sans doute avec le même sentiment d'appréhension que nous abordons l'examen de la Vérité sur la Russie,* » nous ne refusons pas la rectification que réclame de notre loyauté le prince Dolgoroukow, et nous insérons sa lettre. Encore une fois, nous aurions pu lui refuser cette publication. Nous avons établi hautement une distinction absolue entre l'auteur qu'on avait accusé d'avoir demandé 50,000 roubles, et dont nous n'aurions jamais consenti à nous occuper, et le prince Dolgoroukow, que *le Courrier du Dimanche* s'est fait un plaisir de discuter à propos de son ouvrage *la Vérité sur la Russie*.

Mais puisque le prince Dolgoroukow reconnaît dans l'anecdote de notre correspondant une calomnie qu'on avait cherché à propager contre lui, nous sommes sincèrement heureux de lui avoir offert l'occasion d'en faire une aussi bonne justice.

Le secrétaire de la rédaction,

J. LAURENT.

30

A Monsieur le Directeur du *Courrier du Dimanche.*

Paris, 1er Mai 1860.

Monsieur,

Dans le numéro du 29 avril de votre journal, il y a un article de M. Michenski, au sujet de mon livre *la Vérité sur la Russie.* Je n'entends nullement entamer une polémique avec M. Michenski sur son appréciation de mon ouvrage. Je me bornerai à faire remarquer qu'il semble prendre plaisir à dénaturer mes intentions, en reportant sur la nation russe, aux admirables qualités de laquelle je rends toute justice et dont je m'honore de faire partie, le blâme sévère, mais mérité, infligé à l'administration russe et à ses turpitudes.

Mais l'article de M. Michenski contient, en outre, une assertion attentatoire à mon honneur, une assertion qui prend sa source dans la calomnie la plus infâme, et dans le *faux* le plus audacieux qui aient jamais pu être commis même en Russie, où l'impunité est assurée aux personnages haut placés et à leur entourage. Voici le récit exact de cette odieuse et ténébreuse affaire.

Pendant les dernières années de mon séjour en Russie, j'ai publié en russe quatre volumes de généalogies. Ce livre souleva de vives susceptibilités, et me valut de nombreux ennemis. Parmi les personnages dont les prétentions généalogiques n'étaient point admissibles, se trouvait le maréchal prince Michel Woronzow. Pendant son dernier séjour à Pétersbourg, en 1856, il ne cessa de me solliciter de dire, dans le quatrième volume, que j'allais faire paraître, que les Woronzow actuels sont issus de l'ancienne maison des boyards Woronzow (éteinte à la fin du xvıe siècle) ; il affirmait avoir en sa possession les documents à l'appui. Je savais que son assertion était contraire à la vérité, mais les égards dus à ses cheveux blancs d'octogénaire ne permettaient point une négation directe; je me bornai à lui répéter, chaque fois qu'il m'en parla, que je serais charmé de voir et d'examiner ces documents. M'étant rendu à la campagne, et comptant, à mon retour à Pétersbourg, mettre sous presse le quatrième volume, je crus convenable, en souvenir des politesses dont m'avait comblé le vieux maréchal, de lui écrire que le volume paraîtrait bientôt, et que je regrettais vivement de n'être point à même de satisfaire à son désir, n'ayant point eu l'occasion de voir les documents historiques dont il m'avait parlé. C'était un acte de courtoisie vis-à-vis d'un vieillard qui, plus d'une fois, avait conduit nos troupes à la victoire.

L'on peut juger de ma stupéfaction et de mon indignation, en recevant du maréchal une lettre où il me faisait l'injure de m'écrire, comme si dans la lettre que je lui avais adressée il avait trouvé un billet *d'une écriture différente de la mienne*, où on lui proposait de m'envoyer 50,000 roubles. Indigné, je répondis au maréchal par une lettre peu polie, où j'exigeais que l'original du billet en question fût produit. Mon projet était provoquer une enquête judiciaire, et ne pouvant croire qu'un vieux guerrier pût manquer à ce devoir de loyauté, j'attendis en vain une réponse pendant plusieurs semaines. Dans l'état d'anarchie où se trouvent les tribunaux en Russie, la procédure n'étant chez nous qu'une fusion de l'arbitraire et de la vénalité, je savais bien que toute plainte portée contre un homme puissant à la cour aboutirait infailliblement à une fin de non-recevoir. Il ne me restait qu'à m'adresser à l'équité du gouvernement, et c'est ce que je fis sans aucun succès.

Je revins à Pétersbourg ; j'allai voir M. le ministre de la police, le prince Basile Dolgoroukow ; je lui montrai la lettre du maréchal, je le priai d'en parler à l'empereur, et je demandai une enquête sévère. Le prince Basile me répondit que l'on ne pouvait procéder à une enquête dans une affaire où se trouvait impliqué un chevalier de Saint-André, un maréchal. Je lui demandai s'il existait pour les maréchaux et les chevaliers de Saint-André un privilége d'impunité pour des actes qui, chez les simples particuliers, constituent un crime de *faux*. Le prince Basile me déclara qu'il ne parlerait point à l'empereur, et qu'il n'y aurait point d'enquête, et se refusa même à prendre la lettre du maréchal pour la montrer à l'empereur. (Cette lettre se trouve dans mes papiers, déposés aujourd'hui en Angleterre.) Je répondis au prince Basile que j'espérais le voir revenir sur sa décision, et que je reviendrais lui en parler au bout d'une semaine. J'avais le projet, si l'on continuait à vouloir étouffer cette affaire, d'en publier le récit à l'étranger, afin d'obliger le maréchal lui-même à demander une enquête.

Trois ou quatre jours après ma conversation avec M. le ministre de la police, je dînais chez madame la baronne de Meyendorff, née

comte se de Stackelberg, et j'y appris qu'une dépêche télégraphique d Odessa venait d'annoncer la mort du maréchal. Je racontai à
M. et à madame de Meyendorff l'épisode dont je viens de parler,
et ils doivent se souvenir du chagrin profond que m'inspira la mort
du maréchal, à cause de l'impossibilité absolue, une fois décédé,
d'arriver à une enquête.

Aux personnes qui me connaissent et même à toutes celles qui
savent les fureurs soulevées par mon livre *la Vérité sur la Russie*, les explications sont inutiles; mais je crois de mon devoir de
les donner au public, qui ne me connaît point.

M. Michenski, dans son article, dit « que le signataire, moyennant cette taxe, s'engageait à annuler les documents qu'il disait
avoir en sa possession et qui rendaient contestables, selon lui, l'o-
rigine et la descendance directe du personnage auquel il s'adressait. »

Si M. Michenski et les misérables qui lui ont transmis cette calomnie connaissaient bien l'histoire de Russie, ils auraient su que
ces documents ne pouvaient être détruits, par la raison toute simple
qu'ils se trouvent dans le domaine public. Le principal d'entre eux,
le *Livre de velours*, recueil officiel de généalogies, où l'extinction
des anciens Woronzow se trouve constatée, a été imprimé en 1787;
et l'original officiel de ce livre se trouve en dépôt au département
héraldique du Sénat de Pétersbourg. Aux yeux de tout homme impartial, ce fait seul est la preuve évidente que le billet en question
est un *faux*.

M. Michenski dit : « Le prince fit autographier l'épître, et en
expédia la copie à des milliers de lecteurs. » Le prince, mort dans
l'automne de 1856, n'a pu faire autographier le billet que de son
vivant. Comment se fait-il que, durant quatre années consécutives,
aucune copie ne soit tombée ni sous mes yeux ni sous les yeux de
mes amis? Comment ces copies ont-elles pu ne point arriver à la
connaissance du gouvernement russe, auquel l'entretien de sa nombreuse police secrète coûte si cher? Et si ces copies étaient connues
du gouvernement, pourquoi ce dernier n'a-t-il point procédé à une
enquête? Comment se fait-il que ces copies n'ont fait leur apparition qu'après la publication du livre *la Vérité sur la Russie?* Pourquoi le maréchal Woronzow n'a-t-il point demandé une enquête,
qu'on ne lui aurait point refusée, à lui? Pourquoi n'a-t-il point ré-

pondu à la lettre dans laquelle j'exigeais la production de l'original du billet ?

Je ne veux point troubler la cendre d'un mort, mais je dois dire que cet épisode projette une lueur honteuse sur l'administration russe, et vient complétement à l'appui de ce que je dis dans mon livre. En Russie, quand on a affaire à un homme puissant en cour, il n'y a plus ni justice ni équité. Voilà un *faux* évident qui vient d'être commis, et le ministre de la police, un homme personnellement intègre, mais imbu des funestes traditions du despotisme asiatique, se refuse à toute enquête, par la raison qu'un chevalier de Saint-André, un maréchal, y serait impliqué! L'on se croit au fin fond de l'Asie !

Je somme M. Michenski de produire la copie de l'épître dont il a parlé, et de nommer les personnes qui la lui ont remise. S'il ne le fait point, je me verrai obligé de lui intenter, ainsi qu'à votre journal, un procès en diffamation.

Je réclame de votre loyauté, monsieur, l'insertion de ma lettre dans le prochain numéro de votre journal, et je vous prie d'agréer l'assurance de ma considération.

Prince PIERRE DOZGOROUKOW.

Son Altesse le Prince Woronzoff
a un moyen sûr de faire
emprunter la généalogie dans la
Pocc. Podoca. Il aura cette qu'il
la veut : c'est de faire cadeau
au Pce Pierre Dolgorouky
une somme de cinquante mille
roubles argent ; alors tout se fera
suivant ses désirs. — Mais il
n'y a point de temps à perdre. —

Mon Prince,

...upé en ce moment à mettre la dernière main au quatrième volume
...livre généalogique; dans ce volume se trouveront les Wéliaminow
...conséquent les anciens Woronzow. J'examine scrupuleusement les
...iers que Votre Altesse m'a envoyés, et jusqu'à présent, il m'a été
...ossible de découvrir, dans les vieux documents et les chroniques, des
...nes de l'authenticité des papiers en question. Les sentiments de respect
...d'admiration que je professe pour Votre Altesse m'auraient rendu bien
...ux le plaisir de vous être agréable, mais je serais obligé d'imprimer
...article d'une manière complètement opposée à celle que vous auriez
...ésiré, mon Prince, si vous ne vous pressez point de m'envoyer des
...ocuments supplémentaires, qui, éclaircissant les passages obscurs,
...auraient pu lever toutes les difficultés.
Le temps marche: il faut se hâter dans l'envoi des documents.
Je resterais ici à la campagne jusqu'aux premiers jours d'octobre. Mon
...dresse est: Мышкой уѣзднѣ, вр городо Черна.
Je prie Votre Altesse d'agréer l'hommage du profond respect et du
...ncère dévouement avec lesquels j'ai l'honneur d'être,

votre très-obéissant serviteur.

= Prince Pierre Dolgoroukow

...koïé-Spéschnévo,
...de Tchern, ce 4/16 de juin
1856.

LETTRE DU PRINCE WORONZOW

AU PRINCE DOLGOROUKOW.

Wilbad, 27 juin-9 juillet 1856.

Mon prince,

Je m'empresse de répondre à la lettre que vous avez bien voulu m'écrire du 4-16 juin. Vous me demandez des documents en addition à ceux que je vous ai remis à Pétersbourg et qui me paraissent suffisants pour prouver que les Woronzow actuels étaient de la même race et descendaient de père en fils de ceux qui ont joué un si grand rôle dans notre histoire jusqu'à leur ruine par le tzar Iwan Wassiliewitch. Après avoir examiné ces documents, vous m'avez dit franchement qu'ils ne vous avaient pas entièrement persuadé du fait, qui nous paraît à nous si clair ; mais que pour toute justice dans la controverse, vous imprimerez dans votre prochain volume tout ce que je vous ai communiqué, laissant au public de juger la controverse. A présent, vous me demandez de nouveaux documents, que je ne puis avoir, encore moins ici à Wilbad, en me pressant de le faire immédiatement, parce que vous êtes en train de publier votre quatrième volume, où il s'agira des Wéliaminow et par conséquent de ce que vous appelez les anciens Woronzow.

Il dépend de vous de faire là-dessus tout ce que vous voulez ; mais comme je crois à la vérité des documents que je vous ai livrés et que je ne voudrais pas qu'il soit dit, sans contestation, que les Woronzow actuels n'ont rien à faire avec les anciens, et que nous descendons de quelque vagabond, qui aurait pris, seulement depuis environ cent cinquante ans, le nom d'une famille de laquelle il ne descendait pas, — je me réserve le droit de protester par une publication de ma part, et de soumettre au jugement du public le sujet des controverses existantes sur ce point entre nous. — Permettez-moi, en attendant, de vous remercier pour la peine que vous vous êtes donnée dans toute cette affaire ; je regrette seulement que vous ne jugiez pas possible de me tenir la promesse que vous m'aviez faite de mettre mes documents en regard avec les pièces que vous aviez déjà sur notre famille, sans donner une opinion décisive, de votre part, là-dessus, et laissant la chose au jugement du public.

Veuillez agréer l'assurance, etc.

P.-S. J'ai trouvé, à ma grande surprise, dans votre lettre une zapiska non signée et d'une main qui me paraît différente de la vôtre, dont je vous envoie ci-joint la copie. Vous saurez peut-être apprendre qui a osé envoyer une pareille zapiska dans une lettre cachetée par vous et de votre cachet.

J'ai cru devoir garder l'original avec la lettre que vous avez bien voulu m'écrire, et quand nous nous verrons, je serai prêt à vous remettre cette zapiska, dans l'idée que, peut-être, vous voudrez en faire usage pour découvrir la main qui l'a écrite.

Mon Prince,

J'ai eu l'honneur de recevoir votre lettre de Wildbad, du 27 juin / 9 juillet. J'ai été stupéfait en lisant dans cette lettre que vous aviez trouvé dans la mienne un billet à écriture inconnue, et en parcourant la copie du contenu de ce billet que vous m'avez envoyée. J'aurais été bien curieux de savoir qui a osé se permettre ce tour audacieux, cette action qui n'a pas de nom !

Pour en revenir, mon Prince, à la question généalogique sur laquelle nous avons, chacun, notre manière de voir différente, vous me dites, dans votre lettre, qu'après la publication, en hiver, du quatrième volume de mon livre généalogique, vous publierez une protestation. C'est très-juste : chacun a le droit de protester contre un livre imprimé ; mais une fois cette polémique engagée, je me réserve, à mon tour, de faire alors paraître une contre-protestation, appuyée sur des faits et preuves irréfutables. Le public jugera.

Je prie Votre Altesse d'agréer l'hommage de mon respect.

Prince Pierre Dolgoroukow

Boloslovskoïé-Spéschnévo,
district de Tchern au
gouvernement de Toula,
ce 16/28 de Juillet 1856.

EXPERTISE DE M. DELARUE

Monsieur,

Comme expert en écriture, j'ai eu l'honneur de recevoir de vous communication d'un écrit anonyme et de deux lettres signées, avec prière de les examiner de façon à pouvoir reconnaître et dire si ces trois pièces sont du même écrivain.

En commençant, permettez de vous remercier de la marque de confiance que vous voulez bien me donner, et de vous dire que je vais y répondre, en toute conscience, le mieux qu'il me sera possible.

Les trois pièces dont il s'agit, une de question et deux de comparaison, ont été enregistrées à Paris, le 17 août 1860.

L'anonyme commence :

Son Altesse le prince Woronzoff;

Et finit :

Mais il n'y a pas de temps à perdre;

La première lettre commence :

Mon Prince, — Je m'occupe en ce moment;

Et finit :

J'ai l'honneur d'être votre très-obéissant serviteur;

La seconde lettre commence :

Mon Prince, — J'ai eu l'honneur de recevoir votre lettre;

Et finit :

Je prie Votre Altesse d'agréer l'hommage de mon respect;

Ces deux lettres sont signées :

Prince Pierre Dolgoroukow.

Ordinairement, lorsqu'il s'agit, comme dans le cas présent, d'une mission officieuse, qui, pour moi, offre toujours une plus grande responsabilité et quelque chose de plus délicat, encore, qu'une mission judiciaire, je ne l'accepte jamais qu'après m'être livré à un examen préalable ayant pour but de m'assurer du véritable état de la question, de quelle utilité peuvent être les lumières qu'on veut bien me prêter et me demander, de l'importance du travail à faire, et qu'après en avoir transmis un résumé à mon consultant. Or, en me livrant à cet examen préalable à l'égard de la présente mission, je suis resté étonné que vous en ayez eu la pensée; car, selon moi, pardonnez-moi de le dire, en faisant appel à l'expertise, en cette circonstance, votre tact et votre jugement semblent vous avoir fait défaut, et en y procédant, j'ai peur, moi-même, d'avoir l'air de mettre en doute la sagacité et l'expérience des magistrats sous les yeux desquels les trois écrits auront à passer. Il m'en coûte donc, je l'avoue, d'ajouter quelque chose à ce qui précède. Et si je ne vous renvoie pas les pièces, c'est que, malgré tout, je dois vous considérer comme meilleur juge que moi du parti que vous avez pris en me les adressant. Mais cela ne m'empêche pas d'éprouver quelque embarras et quelque confusion d'avoir à démontrer ce que tout le monde peut voir aussi aisément que moi; et il n'y a pas de mal que vous le sachiez.

Aussi, je me bornerai à citer quelques-uns des éléments d'appréciation dont la vue seule démontre, avec une éclatante évidence, la commune origine des trois écrits qui nous occupent; et à dire que la dissemblance générale qui existe entre l'écriture de l'anonyme et l'écriture des deux lettres, ne provient pas, comme on pourra, par impossible, le prétendre, de leur production par deux auteurs différents; mais tout simplement, comme chacun, en y apportant la moindre attention, le reconnaîtra, de ce que celui qui a produit ces écritures, a fait celle de l'anonyme d'une tout autre manière qu'il n'a fait celle des deux lettres; qu'il a tracé celles-ci naturellement, couramment, suivant sa coutume; tandis qu'il a tracé l'anonyme, au contraire, en y procédant d'une façon contre nature, toute nouvelle pour lui, et en cherchant à dissimuler son écriture habituelle connue. En cherchant à la dissimuler, ou en changeant la forme de quelques-uns de ses caractères courants, ou en leur donnant un développement exagéré et une inclinaison qu'ils n'ont pas d'ordinaire. Mais quoi qu'il ait fait, il n'en est venu, en définitive, qu'à produire une écriture grossière, ridicule, dans laquelle la marche maladroite de sa plume apparaît à chaque mot, et l'aveuglement de son esprit, partout.

Au reste, il n'en pouvait être autrement, car l'auteur de ces trois pièces, écrivain non très-habile, mais très-exercé, possède une plume naturelle extrêmement vive, impatiente en quelque sorte ; et de la part d'une telle plume, la dissimulation et l'imitation dans le cas de tromper un seul instant, sont absolument impossibles. Aussi, on ne saurait s'expliquer comment dès hommes intelligents peuvent se livrer à de pareilles tentatives, qui n'ont jamais pour effet que de révéler leur impuissance graphique, l'aberration de leur esprit, et de démontrer qu'il n'ont la conscience ni de l'une ni de l'autre, ni même la conscience du bon sens d'autrui.

Ainsi donc, faisant la part comme de raison et comme cela doit être, de la différence d'inclinaison et de développement qui existe entre les lettres de l'écrit anonyme et les lettres des deux missives signées, on constate une identité naturelle absolue pour le goût, l'habitude, la facture, les éléments constitutifs et la forme, entre les lettres que nous allons désigner. Mais avant de les désigner, nous devons faire remarquer, car cela doit être su pour ne pas être oublié, que presque toutes ces lettres, chose très-rare, et qui tient ici au caractère tant soit peu bizarre de l'écriture de comparaison, sont ce qu'on appelle, en vérification d'écriture, *caractéristiques* ; c'est-à-dire de ces lettres qui sont des éléments d'appréciation par deux raisons : par la forme et par la façon dont est produite cette forme qui sont le propre de l'écrivain, qui l'individualisent, pour ainsi dire, qu'on chercherait vainement, avec leur cachet particulier, dans les habitudes d'un autre. Aussi de telles lettres sont-elles des signes convictionnels des plus certains et des plus précieux, de ceux sur lesquels on peut s'appuyer, en parfaite sécurité, pour asseoir son opinion, surtout lorsqu'ils forment groupe, comme dans cette affaire, ce qui est tout à fait exceptionnel.

A présent, je dis que l'on constate une identité naturelle complète :

Entre la majuscule *A* (anonyme), au mot :

Altesse. . . . . 1re ligne;

Et la même majuscule (comparaison A), aux mots :

Altesse. . . . . 5e ligne ;

Altesse. . . . . 17e »

(Comparaison B), au mot :

Altesse. . . . . 16e ligne ;

Entre la majuscule **D** (anonyme), au nom :

Dolgorouky. . . . . 6e ligne ;

Et la même majuscule (comparaison B), au nom :

Dolgoroukow. . . . . . . 17e ligne ;

Entre la majuscule **P** (anonyme), aux mots :

Prince. . . . . 1re ligne ;

Prince. . . . . 8e »

Et la même majuscule (comparaison A), au mot :

Prince. . . . . 20e ligne ;

A l'égard de cette majuscule **P,** je ferai remarquer qu'elle est suivie, dans l'anonyme comme dans la pièce de comparaison, d'une minuscule *r* sans tête ; et que dans l'une et l'autre pièces, ces deux lettres réunies présentent, à l'œil, quelque chose de la forme générale d'une majuscule **T,** dont la seconde partie, interrompue vers le milieu, aurait été faite en deux fois. Or, cette particularité ne saurait être un effet du hasard, car elle ne tient pas seulement à la forme du **P** et à la forme de la lettre *r,* ce qui n'est pas seulement déjà quelque chose, mais ce qui est déjà beaucoup ; elle tient aussi à une manière de faire et à un mouvement de plume enracinés dans les habitudes naturelles de l'auteur, dont il n'est pas maître, dont il ne saurait se défaire, et qu'on chercherait vainement ailleurs ; ce qui est bien davantage encore, et bien plus démonstratif.

Entre la majuscule **W** (anonyme), au nom :

Woronzoff. . . . . 1re ligne ;

Et la même majuscule (comparaison B), au nom :

Wildbad. . . . . 2e ligne ;

Entre la minuscule *d* à tête si brève et quelquefois si singulière (anonyme), aux mots :

de	2ᵉ ligne ;
cadeau.	3ᵉ »
perdre.	10ᵉ »

Et la même minuscule (comparaison A), aux mots :

de, dedans.	3ᵉ ligne ;
de découvrir.	6ᵉ »

(Comparaison B), aux mots :

dans.	3ᵉ ligne ;
du.	4ᵉ »

Entre la minuscule *P* (anonyme), aux mots :

point, temps, perdre.	10ᵉ ligne ;

Et la même minuscule (comparaison A), aux mots :

preuves.	7ᵉ ligne ;
presse.	11ᵉ »

(Comparaison B), aux mots :

publierez, protestation.	11ᵉ ligne ;

Entre la minuscule *S*, bouclée à sa partie inférieure (anonyme), aux mots :

Altesse.	1ʳᵉ ligne ;
sa	3ᵉ »
suivant.	9ᵉ »

Et la même minuscule (comparaison A), aux mots :

se	3ᵉ ligne ;
professe, Altesse.	8ᵉ »
serais.	9ᵉ »

(Comparaison B), aux mots :

> *stupéfait, lisant.* . . . . 3ᵉ ligne ;
> *osé, se.* . . . . 6ᵉ »

Entre la minuscule *t*, remarquable aussi par sa boucle finale (anonyme), aux mots :

> *telle.* . . . . 4ᵉ ligne ;
> *tems.* . . . . 10ᵉ »

Et la même minuscule (comparairon A), aux mots :

> *Altesse.* . . . . 5ᵉ ligne ;
> *toutes.* . . . . 13ᵉ »

(Comparaison B), aux mots :

> *tour.* . . . . 6ᵉ ligne ;
> *dites.* . . . . 9ᵉ »
> *protestation.* . . . . 14ᵉ »

En terminant, je signalerai encore les rapports naturels intimes qui se constatent pour la forme générale, la liaison, le mouvement et l'économie de l'écriture, entre les trois syllabes : *Dol, go, rou* (comparaison A), au nom :

> *Dolgoroukow.* . . . . 20ᵉ ligne ;

Et les trois mêmes syllabes (anonyme), au nom :

> *Dolgorouky.* . . . . 6ᵉ ligne ;

Comme des rapports également caractéristiques ; car ils ne viennent pas seulement de la forme, puisqu'ici elle a été altérée intentionnellement ; mais surtout d'une sorte de mouvement machinal particulier à l'écrivain, ignoré de lui-même, et dont les effets se sont certainement produits à son insu dans l'anonyme, comme ils se produisent ordinairement sous sa plume.

Pardonnez-moi, monsieur, de ce que, après avoir été sur le point de ne vous rien dire, ce qui aurait peut-être été plus raisonnable, j'en ai tant dit pour démontrer l'origine commune et irrécusable de l'anonyme et des deux lettres que vous avez cru devoir me soumettre, en faisant appel à une scrupuleuse investigation de ma part; car, la vue seule de ces pièces, je ne saurais en douter, démontrera cette origine à tous les hommes éclairés, bien mieux, assurément, que je ne pouvais le faire.

Veuillez agréer, s'il vous plaît, monsieur, l'expression de mes sentiments les plus élevés pour votre personne.

Théophile DELARUE,

Expert près la Cour impériale.

Paris, ce 15 mai 1861.

68 — Paris. Imprimerie Poupart-Davyl et Comp.